面向"十三五"高职高专项目导向式教改教材·财经系列

财务管理理论与实务

陈小英　陈励颖　杨承亮　主　编
张仁杰　吴永影　李　敏　副主编

清华大学出版社
北　京

内容简介

本书以财务管理人员岗位的工作内容为主线，概括了筹资、投资、资金营运和利润分配四项财务活动，并结合财务管理"预测—决策—预算—控制—分析"的工作步骤，设计了 11 个项目，主要内容包括：认知财务管理、财务管理的价值观念、资金筹集、资金成本和资本结构、项目投资、证券投资、营运资金管理、利润分配管理、财务预算、财务控制、财务分析，将财务活动内容和财务管理工作流程有机结合，通过完成各项任务来实现教学目标，实现"教、学、做"一体化。

本书可作为高职高专会计、会计电算化、财务管理、物流管理等经济管理类专业的教学用书，也可供相关会计人员和企业管理人员自学、培训和参考之用。

本书封面贴有清华大学出版社防伪标签，无标签者不得销售。
版权所有，侵权必究。举报：010-62782989，beiqinquan@tup.tsinghua.edu.cn。

图书在版编目(CIP)数据

财务管理理论与实务/陈小英，陈励颖，杨承亮主编. —北京：清华大学出版社，2019（2021.8重印）
(面向"十三五"高职高专项目导向式教改教材·财经系列)
ISBN 978-7-302-53380-1

Ⅰ. ①财… Ⅱ. ①陈… ②陈… ③杨… Ⅲ. ①财务管理—高等职业教育—教材 Ⅳ. ①F275

中国版本图书馆 CIP 数据核字(2019)第 175948 号

责任编辑：梁媛媛
封面设计：刘孝琼
责任校对：李玉茹
责任印制：刘海龙

出版发行：清华大学出版社
网　　址：http://www.tup.com.cn, http://www.wqbook.com
地　　址：北京清华大学学研大厦 A 座　　邮　编：100084
社 总 机：010-62770175　　邮　购：010-62786544
投稿与读者服务：010-62776969, c-service@tup.tsinghua.edu.cn
质量反馈：010-62772015, zhiliang@tup.tsinghua.edu.cn
课件下载：http://www.tup.com.cn, 010-62791865

印 刷 者：北京富博印刷有限公司
装 订 者：北京市密云县京文制本装订厂
经　　销：全国新华书店
开　　本：185mm×260mm　　印　张：18　　字　数：438 千字
版　　次：2019 年 9 月第 1 版　　印　次：2021 年 8 月第 3 次印刷
定　　价：49.00 元

产品编号：081606-01

前　　言

　　财务管理是高职院校会计专业的一门专业课程。随着经济的发展，财务管理在现代企业中起着越来越重要的作用，许多注重管理的企业都建立了以财务管理为核心的管理模式。编者依据高职高专教育人才的培养目标，广泛汲取高职高专原有的财务管理教学和教材建设经验，联系财务管理学科新发展与企业财务管理实务，系统地阐述了企业财务管理的基本理论、内容、方法和技能。

　　本书以培养学生的企业财务管理岗位职业能力为核心，以企业财务管理工作过程为导向，以"教、学、做"一体化为目标，系统地介绍了企业筹资管理、投资管理、资金营运管理和利润分配管理等岗位的操作知识和方法。本书采用项目任务教学法组织教学内容，通过学习和训练，学生不仅能够掌握财务管理基础知识，而且能够掌握具体的财务项目操作技能，从而达到中小企业财务主管岗位所要求具备的财务管理技能。本书具有以下特点。

　　(1) 强调"理论够用"的原则。本书在保证框架、结构基本完整的基础上，力求把握内容的精、准、易理解。

　　(2) 注重能力的培养。本书以典型工作任务为导向，帮助学生理解财务管理理念，注重实际应用能力的培养，以提高学生分析问题和解决问题的能力。

　　(3) 本书注重知识巩固与能力训练，每个项目最后均配有项目小结和项目强化训练，便于学生在巩固所学知识的基础上提高实际操作能力。

　　(4) 本书配有电子课件和参考答案，方便教师教学使用，有助于提高教学效果。

　　本书由福建农业职业技术学院陈小英、陈励颖、杨承亮担任主编；福建农业职业技术学院张仁杰、吴永影，衡水职业技术学院李敏担任副主编。陈小英负责总体框架的设计、编写大纲的提出和全书的总纂与定稿，以及编写项目一、项目十一；张仁杰编写项目二、附录；吴永影编写项目三、项目四；陈励颖编写项目五、项目六；李敏编写项目七、项目八；杨承亮编写项目九、项目十。

　　本书在出版过程中得到了清华大学出版社的大力支持。另外，在编写过程中，我们参阅了许多财务管理教材，吸收、借鉴、引用了近年来高等职业教育的最新教改成果及有关资料，在此一并表示诚挚的谢意！

　　由于编者水平有限，书中难免有不妥之处，敬请读者批评指正，以便在修订时改正。

编　者

目 录

项目一 认知财务管理 1
案例引导 2
理论认知 2
任务一 财务管理概述 2
 一、财务管理的概念 2
 二、企业财务活动 2
 三、企业财务关系 4
 四、财务管理的内容 5
任务二 财务管理的目标 6
 一、企业目标对财务管理的要求 6
 二、财务管理目标 7
 三、财务管理目标的协调 9
任务三 财务管理的基本环节 11
 一、财务预测 11
 二、财务决策 11
 三、财务预算 12
 四、财务控制 12
 五、财务分析 12
任务四 财务管理的环境 13
 一、技术环境 13
 二、经济环境 13
 三、金融环境 15
 四、法律环境 16
案例解析 17
项目小结 17
项目强化训练 17

项目二 财务管理的价值观念 21
案例引导 22
理论认知 22
任务一 资金时间价值 22
 一、资金时间价值的概念 22
 二、资金时间价值的计算 23
任务二 风险价值 35

 一、风险的概念与种类 35
 二、资产收益的含义与类型 36
 三、单项资产的风险与收益 37
案例解析 40
项目小结 40
项目强化训练 41

项目三 资金筹集 45
案例引导 46
理论认知 46
任务一 企业筹资概述 46
 一、筹资动机 47
 二、筹资渠道和筹资方式 48
 三、筹资分类 50
 四、筹资原则 51
任务二 权益资金的筹集 52
 一、吸收直接投资 52
 二、发行普通股 54
 三、利用留存收益 56
 四、权益筹资的优缺点 56
任务三 债务资金的筹集 57
 一、银行借款 57
 二、发行公司债券 61
 三、融资租赁 63
 四、商业信用 65
 五、债务筹资的优缺点 67
案例解析 68
项目小结 69
项目强化训练 69

项目四 资金成本和资本结构 73
案例引导 74
理论认知 75
任务一 资金成本 75
 一、资金成本的含义 75

二、资金成本的构成 75
　　三、资金成本的作用 76
　　四、影响资金成本的因素 76
　　五、个别资金成本 77
　　六、综合资金成本 80
　　七、边际资金成本 80
　任务二　杠杆效应 81
　　一、与杠杆效应相关的概念 82
　　二、经营杠杆 87
　　三、财务杠杆 88
　　四、总杠杆 90
　任务三　资本结构 91
　　一、资本结构的含义和影响因素 92
　　二、资本结构决策 93
　案例解析 95
　项目小结 96
　项目强化训练 96

项目五　项目投资 103
　案例引导 104
　理论认知 104
　任务一　项目投资概述 104
　　一、项目投资的概念、特点及类型 104
　　二、项目投资的程序 105
　　三、项目计算期的构成 106
　　四、项目投资资金构成 107
　任务二　现金流量的内容及其估算 108
　　一、现金流量的含义 108
　　二、确定现金流量时应考虑的问题 109
　　三、现金流量的估算实例 110
　任务三　项目投资决策评价指标及其运用 112
　　一、静态指标 112
　　二、动态指标 114
　　三、项目投资决策分析方法的应用 117
　案例解析 120
　项目小结 121
　项目强化训练 122

项目六　证券投资 127
　案例引导 128
　理论认知 128
　任务一　证券投资概述 128
　　一、证券概述及证券投资的概念和目的 128
　　二、证券及证券投资的种类 130
　　三、证券投资的一般程序 131
　任务二　证券投资风险概述 132
　　一、证券投资风险的概念 132
　　二、证券投资风险的特征 134
　　三、单一证券投资风险的衡量 135
　任务三　证券投资决策 137
　　一、债券投资的收益评价 137
　　二、股票投资的收益评价 140
　任务四　证券投资组合 143
　　一、证券投资组合的概念 143
　　二、证券投资风险与收益 143
　　三、证券投资组合的策略与方法 146
　案例解析 147
　项目小结 148
　项目强化训练 148

项目七　营运资金管理 153
　案例引导 154
　理论认知 154
　任务一　营运资金概述 154
　　一、营运资金的概念 154
　　二、营运资金的特点 154
　　三、营运资金的周转 155
　　四、营运资金的管理原则 155
　　五、营运资金政策 156
　任务二　现金管理 157
　　一、现金管理的目的 157
　　二、企业置存现金的动机 157
　　三、编制现金收支预算 158
　　四、最佳现金持有量 162

五、现金收支的日常管理................165
任务三　应收账款管理................165
　　一、应收账款管理的目标................165
　　二、应收账款的功能................166
　　三、应收账款的成本................166
　　四、制定应收账款的信用政策................167
　　五、应收账款的日常控制................172
任务四　存货管理................173
　　一、存货管理的目的................173
　　二、存货的功能................174
　　三、存货成本................174
　　四、经济订货批量控制................175
　　五、存货 ABC 管理法................176
案例解析................179
项目小结................179
项目强化训练................179

项目八　利润分配管理................185

案例引导................186
理论认知................186
任务一　利润分配概述................186
　　一、利润构成................186
　　二、利润分配的程序................187
　　三、利润分配的基本原则................188
　　四、股利分配中的相关理论................188
　　五、股利支付形式................189
　　六、股利支付日程................191
任务二　股利分配政策................191
　　一、利润分配的影响因素................191
　　二、剩余股利政策................192
　　三、固定或稳定增长的股利政策................192
　　四、固定股利支付率政策................193
　　五、低正常股利加额外股利政策................194
案例解析................194
项目小结................194
项目强化训练................195

项目九　财务预算................199

案例引导................200

理论认知................200
任务一　财务预算概述................200
　　一、财务预算的概念及内容................200
　　二、财务预算的作用................200
任务二　财务预算的编制................201
　　一、固定预算与弹性预算................201
　　二、增量预算与零基预算................205
　　三、定期预算与滚动预算................206
任务三　现金预算的编制................208
　　一、现金预算的概念................208
　　二、现金预算的编制................208
案例解析................214
项目小结................214
项目强化训练................215

项目十　财务控制................219

案例引导................220
理论认知................220
任务一　财务控制概述................220
　　一、财务控制的含义和特征................220
　　二、财务控制的基本原则................220
　　三、财务控制的内容................221
　　四、财务控制的种类................221
　　五、财务控制的实现方式................223
　　六、财务控制的程序................223
任务二　责任控制................223
　　一、成本中心................224
　　二、利润中心................227
　　三、投资中心................229
　　四、责任结算与核算................231
　　五、现代财务控制的创新——战略成本控制................232
案例解析................232
项目小结................232
项目强化训练................233

项目十一　财务分析................237

案例引导................238
理论认知................238

任务一　财务分析概述	238
一、财务分析的含义	238
二、财务分析的基本功能	238
三、财务分析对企业的作用	239
任务二　财务分析方法	239
一、常用的财务报表分析方法	239
二、财务分析的局限性	242
三、财务分析的步骤	244
任务三　基本财务分析	244
一、偿债能力分析	246
二、营运能力分析	248
三、盈利能力分析	251
四、发展能力分析	253
任务四　财务综合分析	255
一、杜邦分析法	256
二、沃尔评分法	258
案例解析	259
项目小结	259
项目强化训练	259

附录 ... 265

参考文献 ... 279

项目一 认知财务管理

【知识目标】

- 理解财务管理的概念。
- 掌握财务管理的内容和目标。
- 熟悉财务管理的环节。
- 了解财务管理的环境。

【技能目标】

- 培养对财务管理活动的感悟。
- 认知财务管理目标对企业承担社会责任的重要性。
- 能运用财务关系分析与解决实际利润分配问题。

案例引导

佑威国际控股有限公司(U-Right International Holdings Limited，简称佑威国际)成立于1989年，并于2000年11月在香港联交所主板上市，股票代码为0627。据佑威国际年报披露，至2008年3月，公司已拥有佑威服装有限公司、佑威(香港)有限公司、佛山市佑威服装有限公司等20余家子公司，分别从事服装设计与加工、服装贸易与零售管理及纺织产品生产等业务。从公司年报来看，公司多年来一直具有良好的财务状况和经营业绩。在2005—2008年，公司的资产负债率都在40%~43%，流动比率在1.98以上；并且2005—2007年，公司的资产报酬率都在10%以上，销售利润率在8.91%以上。但是，由于无法偿还银行贷款，2008年10月佑威国际被德意志银行香港分行申请清盘，陷入破产清算困境。佑威国际破产清算时的财务指标表明其属于技术性破产清算，即企业虽处于盈利状态，但由于资金安排失误，无法偿付债务，从而被债权人申请破产清算。

分析：佑威国际在实现财务目标中出现了什么问题？导致其破产的原因何在？

理论认知

任务一 财务管理概述

一、财务管理的概念

财务管理是基于企业再生产过程中客观存在的财务活动和财务关系而产生的，是组织企业财务活动、处理与各方面财务关系的一项经济管理工作。本书主要从财务经理的角度，研究资本配置，提高资本使用效率和效果。由于资金营运(即资金的投放、使用和收回)又称为短期投资，所以从整体上来看，企业的财务活动由筹资、投资、分配三个环节组成。因此，企业财务管理的内容由筹资管理、投资管理、营运资金管理和利润分配管理组成。

二、企业财务活动

财务活动是企业资金运动的总称。企业的资金运动是通过财务活动来实现的，企业的财务活动包括资金的筹集、投资、营运和收益分配等方面。

(一)筹资活动

筹资活动是指企业为了满足生产经营活动的需要，从一定的渠道，采用特定的方式，筹措和集中所需资金的过程。筹集资金是企业进行生产经营活动的前提，也是资金运动的起点。一般而言，企业可以从三个方面筹集并形成三种性质的资金来源：一是从所有者处取得的资金，形成资本金；二是从债权人处取得的资金，形成负债；三是从企业获利中以留利形式取得的资金，形成一部分所有者权益。企业筹集的资金，可以是货币资金，也可以是实物资产或无形资产。在筹资过程中，一方面企业要确定筹资的总规模，以保证投资所需要的资金；另一方面要通过筹资渠道和筹资方式或工具的选择，确定合理的筹资结构，使筹资的成本较低而风险不变甚至降低。

(二)投资活动

企业在取得资金后，必须将资金投入使用，以谋取最大的经济效益。否则，筹资就失去目的和依据，还会给企业带来偿付所筹资金的本息风险。投资管理有广义和狭义之分。广义的投资管理是指企业将筹集的资金投入使用的过程，包括企业内部使用资金的过程及企业对外投放资金的过程。狭义的投资管理仅指对外投资管理。就前者而言，企业将筹集的资金投放在生产经营中，主要是通过购买、建造等过程，形成各种生产资料。即：一方面进行固定资产的购买和建造，形成企业的固定资产投资；另一方面进行流动资产的购买和制造，形成流动资产的占用或投资；再一方面就是进行无形资产的购买或创立，形成无形资产的投资。以上各项资金的投放和使用都属于企业内部的投资活动。狭义的投资是指企业以现金、实物或无形资产，采取一定的方式，对外或其他单位进行的投资。在投资过程中，企业一方面必须确定投资规模，以保证获得最佳的投资效益；另一方面通过投资方向和投资方式的选择，确定合理的投资结构，以提高投资效益并同时降低投资风险。

(三)资金营运活动

企业的营运资金，主要是为满足企业日常营运活动的需要而垫支的资金，营运资金的周转与生产经营周期具有一致性。在一定时期内，资金周转越快，资金的利用效率就越高，就可能取得更多的收入，获得更多的报酬。首先，企业要采购物资，以便从事生产和销售活动，同时还要支付工资和其他营运费用；其次，当企业把货物送到目的地后，便可取得收入，收回资金；再次，如果企业现有资金不能满足企业经营的需要，还要采取短期借款方式来筹集所需资金。这就是因企业经营而引起的财务活动，也称为资金营运活动。

(四)收益分配活动

企业通过资金的投放和使用，必然会取得各种收入。企业的收入首先要用以弥补生产耗费、缴纳流转税，其余部分为企业的营业利润。营业利润和对外投资净收益、其他净收入构成企业的利润总额。利润总额首先要按国家规定缴纳所得税；税后利润要提取公积金和公益金，分别用于扩大积累、弥补亏损或改善职工集体福利设施，其余利润分配给投资者，或暂时留存企业，或作为投资者的追加投资。企业必须在国家分配政策的指导下，根据国家所确定的分配原则，合理确定收益分配的规模和收益分配的方式，以使企业获得最大的长期利益。

上述财务活动的四个方面，不是相互割裂、互不相关的，而是相互联系、相互依存的。资金的筹集是企业资金运动的起点和条件；资金的投资是资金筹集的目的和运用；而资金的营运表明资金运用的日常控制，资金的分配则反映了企业资金运动状况及其最终成果。正是上述互相联系又有一定区别的四个方面，才构成了完整的企业财务活动，它们是企业财务管理的基本内容。

三、企业财务关系

企业在筹资、投资、营运和收益分配等财务活动中必然要与有关方面发生广泛的经济联系,从而产生与有关各方的经济利益关系,这种经济利益关系就是财务关系。财务关系主要有以下七个方面。

(一)企业与政府之间的财务关系

企业与政府之间的财务关系,主要体现在两个方面:一是政府为了实现其职能,凭借政治权力,无偿参与企业收益的分配,企业必须按照税法规定向政府缴纳各种税金,包括所得税、流转税、资源税、财产税和行为税等;二是政府作为投资者,通过其授权部门或机构以国有资产向企业投入资本金,并根据其投资比例,参与企业利润的分配。前者体现的是强制和无偿的分配关系,后者体现的则是所有权性质的投资与受资的关系。

(二)企业与投资者之间的财务关系

企业为了满足生产经营的需要,经政府有关部门批准,还可以依法向社会其他法人、个人及外商筹集资本金,从而形成企业与其他投资者之间的财务关系。现行制度明确规定,投资者凭借其出资,有权参与企业的经营管理,分享企业的利润并承担企业的风险;被投资企业必须依法保全资本,并有效运用资本实现盈利。企业与投资者之间的财务关系实质上是一种所有权和经营权的关系。

(三)企业与债权人之间的财务关系

企业与债权人之间的财务关系,主要是指企业向债权人借入资金,并按借款合同的规定按时支付利息和本金所形成的经济关系。企业除利用资本进行经营活动外,还要借入一定数量的资金,以便降低资金成本,扩大企业经营规模。企业的债权人主要有债券持有人、银行信贷机构、商业信用提供者、其他出借资金给企业的单位和个人。企业利用债权人的资金,要按约定的利率及时向债权人支付利息;债务到期时,要合理调度资金,按时向债权人归还本金。企业与债权人的财务关系在性质上属于债务与债权的关系。

(四)企业与受资者之间的财务关系

企业与受资者之间的财务关系,主要是指企业以购买股票或直接投资的形式向其他企业投资所形成的经济关系。随着市场经济的深入发展,企业经营规模和经营范围的不断扩大,这种关系将会越来越广泛。企业向其他单位投资,应按约定履行出资义务,并根据其出资额参与受资者的经营管理和利润分配。企业与受资者的财务关系也是体现所有权性质的投资与受资的关系。

(五)企业与债务人之间的财务关系

企业与债务人之间的财务关系,主要是指企业将其资金以购买债券、提供借款或商业信用等形式出借给其他单位所形成的经济关系。企业将资金借出后,有权要求其债务人按约定的条件支付利息和归还本金。企业与债务人的关系体现的是债权与债务的关系。

(六)企业内部各单位之间的财务关系

企业内部各单位之间的财务关系,主要是指企业内部各单位之间在生产经营各环节中相互提供产品或劳务所形成的经济关系。企业内部各职能部门和生产单位既分工又合作,共同形成一个企业系统。企业内部各子系统既要执行各自独立的职能,又要相互协调,只有这样,企业整个系统才具有稳定功能,从而实现企业预期的经营目标。这种在企业内部形成的资金结算关系,体现了企业内部各单位之间的利益关系。

(七)企业与职工之间的财务关系

企业与职工之间的财务关系,主要是指企业向职工支付劳动报酬过程中所形成的经济关系。企业要用实现的产品销售收入,向职工支付工资、津贴、奖金等,从而实现按照职工提供的劳动数量和质量对消费品的分配。这种企业与职工之间的结算关系,体现了市场经济的按劳分配关系。

上述财务关系广泛存在于企业财务活动中,体现了企业财务活动的实质,从而构成了企业财务管理的另一项重要内容,即通过正确处理和协调企业与各有关方面的财务关系,努力实现企业与其他各种财务活动当事人之间经济利益的均衡。

四、财务管理的内容

(一)筹资管理

筹资管理是企业财务管理的首要环节,是企业投资活动的基础。筹资管理主要是分析及研究企业如何以较少的代价筹集足够的资金,以满足企业生产经营的需要。由于筹资方式的多样性,不同筹资渠道的资金,其成本、风险和期限各不相同,对企业产生的影响也不相同,所以企业管理当局在筹资过程中一方面要确定筹资的总规模,以保证投资所需要的资金;另一方面要选择合理的筹资方式,以降低筹资的成本和筹资风险。在分析不同来源、不同方式取得的资金对企业产生的潜在影响基础上,选择最合理的筹资渠道,决定企业筹资的最佳组合方式。

(二)投资管理

企业的投资既可以是对内投资,也可以是对外投资;既可以是短期投资,也可以是长期投资。投资是企业资金的运用,是为了获得收益或避免风险而进行的资金投放活动。投资管理就是分析研究企业如何选择最合理的投资方案,以实现提高投资效益、控制投资风险的目的。在投资过程中,企业必须考虑投资规模,同时还必须通过投资方向和投资方式的选择,确定合理的投资结构,以提高投资收益、降低投资风险。投资管理是企业财务管理的重要环节,投资决策的成败,对企业未来经营成本具有根本性影响。因此,企业要做好预测和决策分析,尽量提高投资收益,同时将风险控制在合理的范围内。

(三)营运资金管理

营运资金管理主要是对企业流动资产的管理,包括企业生产经营中占用在现金、短期投资、应收及预付款项和存货等流动资产上的资金管理。因为流动资产在企业经营中，随着经营过程的进行不断变换其形态，在一定时期内资金周转越快，利用相同数量的资金获得的报酬就越多。流动资产的周转速度和使用效率直接影响企业的经营收益。因此，营运资金管理要加速资金周转，提高资金利用效果，合理配置资金，妥善安排流动资产与流动负债的比例关系，使企业有足够的偿债能力，防止营运资金的闲置。

(四)利润分配管理

企业通过生产经营取得利润，获得资本的增值，收益分配是对经营成果的分配。企业实现的净利润，企业所有者拥有分配的控制权。但是，如果企业向投资者(股东)支付过高的股利，则可能会影响企业的再投资能力，不利于企业的长远发展；如果支付过低的股利，则可能会引起投资者的不满，导致企业的股价下跌。影响企业股利分配的因素很多，企业必须根据情况制定最佳的利润政策，在进行净利润分配(股利分配)的过程中，应兼顾股东和企业的利益，既要有利于企业长期稳定发展，又要有利于保障股东利益，增加企业价值。

任务二　财务管理的目标

一、企业目标对财务管理的要求

财务管理是企业管理的重要组成部分，是有关资金的获得和有效使用的管理工作。财务管理的目标取决于企业的总目标。企业的目标可概括为生存、发展和获利。

(一)生存目标

企业只有生存，才可能获利。企业在市场中生存下去的根本条件是以收抵支。也就是说，企业从市场交换中获得的货币至少要等于付出的货币，才能维持经营，这是企业长期生存的基本条件。企业生存的另一个基本条件是到期偿债。企业为扩大业务规模或满足经营周转的需要，可以对外借债。国家为维持市场经济秩序，从法律上保证债权人的利益，要求企业(债务人)到期必须偿还本金和利息。否则，就可能被债权人接管或被法院判定破产。因此，力求保持以收抵支和偿还到期债务的能力，以减少破产的风险，使企业能够长期、稳定地生存，是对财务管理的要求。

(二)发展目标

企业是在发展中求得生存的。在科技不断进步的今天，企业只有不断推出更好、更新、更受顾客欢迎的产品，才能不断扩大自己的市场份额，在市场中立足，否则，就有可能发生生存危机，被其他企业排挤出去。企业的发展表现为收入的增加与企业规模的扩大。增加收入的根本途径是提高产品质量，增加销售数量，收入和利润的增加必然带来企业规模的扩大，这就要求投入更多、更好的物质资源、人力资源，并改进技术和管理。在市场经济中，各种资源的取得都需要付出货币，企业的发展离不开资金。因此，筹集企业发展所需的资金并进行合理的运用，是对财务管理的要求。

(三)获利目标

建立企业的根本目的是盈利，盈利不但体现企业的出发点和归宿点，而且可以反映其他目标的实现程度，并有助于实现其他目标。从财务的角度来看，盈利就是使资产获得超过其投资的回报。在市场经济中，没有免费使用的资金，资金的每项来源都有其成本。每项资产都是投资，都应获得相应的报酬。财务人员要对企业正常经营产生的和从外部获得的资金加以有效利用，这也是对财务管理的要求。

企业目标对财务管理的要求是：生存目标要求企业能够保持以收抵支和到期偿债，减少破产风险；发展目标要求企业筹集其发展所需的资金，企业的发展集中表现为扩大收入，而扩大收入的根本途径是提高产品质量、扩大产品销量；获利的目标要求企业合理、有效地利用资金，使企业获利。

二、财务管理目标

财务管理目标是在特定的理财环境中，通过组织财务活动，处理财务关系所要达到的目的。从根本上说，财务管理目标取决于企业生存的目的或企业目标，取决于特定的社会经济模式。企业财务管理目标具有体制性特征，整个社会经济体制、经济模式和企业所采用的组织制度，在很大程度上决定企业财务管理目标的取向。根据现代企业财务管理理论和实践，最具有代表性的财务管理目标主要有以下四种观点。

(一)利润最大化

利润是企业在一定期间内全部收入和全部费用的差额，它反映企业当期经营活动中投入(所费)与产出(所得)对比的结果，在一定程度上体现了企业经济效益的高低。在市场经济条件下，利润的高低决定着资本的流向；企业获取利润的多少表明企业竞争能力的大小，决定着企业的生存和发展。因此，以利润最大化作为企业财务管理的目标，有利于企业加强管理，增加利润。

以利润最大化作为财务管理目标，其合理性表现在以下四个方面。
(1) 利润是衡量企业最终财务成果的综合指标，获利是企业管理的最终目标。
(2) 有利于促进企业加强科学管理，增收节支，提高经济效益，促使企业利润不断增长。
(3) 真实的利润也是社会财富的积累。
(4) 利润概念易被社会公众接受。

利润最大化目标在实践中存在以下主要问题。
(1) 没有考虑资金时间价值。这里的"利润"是指企业在一定时期内实现的利润总额。例如，同样是获得 100 万元的利润，一个是今年的目标，另一个是明年的目标，显然这两者不能等同评价。在考虑资金时间价值的情况下，今年的 100 万元比明年的 100 万元价值更高。
(2) 没有反映利润与投入资本之间的关系，不利于不同资本规模的企业或同一企业不同期间之间的比较。例如，同样是获利 100 万元，一个企业投入资本 800 万元，另一个企业投入资本 1 200 万元，经济效益显然不同。

(3) 没有考虑风险因素，高额利润往往要承担过大的风险。片面追求利润可能会导致企业财务风险的加大。例如，一味追求收入增加，扩大赊销而增加的应收账款，由此可能增加的坏账等。

(4) 片面追求利润最大化可能导致企业短期行为。例如，长期忽视产品开发、人才培养、生产安全、技术装备、职工福利、社会责任，而对企业长期健康发展造成的不良影响等问题。

因此，将利润最大化作为现代企业的财务管理总目标，具有一定的片面性，不能作为企业财务管理目标的最优选择。

(二)资本利润率最大化或每股利润最大化

资本利润率是企业在一定时期的税后净利润与资本额的比率；每股利润或称每股盈余，是一定时期税后利润与普通股股数的对比数。以资本利润率或每股利润最大化作为财务管理目标，可以有效克服利润最大化目标的缺陷，如不能反映出企业所得利润额同投入资本额之间的投入产出关系，不能科学地说明企业经济效益水平的高低，不能在不同资本规模企业或同一企业不同期间之间进行比较等，它既能反映企业的盈利能力和发展前景，又便于投资者凭借其评价企业经营状况的好坏，分析不同企业盈利水平的差异，确定投资方向和规模。然而，同利润最大化目标一样，资本利润率或每股利润最大化目标仍然没有考虑资金时间价值和风险因素，因此同样不能作为企业财务管理目标的最优选择。

(三)股东财富最大化

股东财富最大化是指企业财务管理以实现股东财富最大化为目标。在上市公司，股东财富是由其所拥有的股票数量和股票市场价格两方面决定的。在股票数量一定时，股票价格达到最高，股东财富也就达到最大。

与利润最大化相比，股东财富最大化的主要优点如下。

(1) 考虑了风险因素，因为通常股价会对风险作出较敏感的反应。

(2) 在一定程度上能避免企业短期行为，因为不仅目前的利润会影响股票价格，预期未来的利润也会对股价产生重要影响。

(3) 对上市公司而言，股东财富最大化目标比较容易量化，便于考核和奖惩。

但是，以股东财富最大化作为财务管理目标也存在以下缺点。

(1) 通常只适用于上市公司，非上市公司难于应用，因为非上市公司无法像上市公司一样随时准确获得公司股价。

(2) 股价受众多因素影响，特别是企业外部的因素，有些还可能是非正常因素。股价不能完全准确反映企业财务管理状况，如有的上市公司处于破产的边缘，但由于可能存在某些机会，其股票市价可能还在走高。

(3) 强调的更多的是股东利益，而对其他相关者的利益重视不够。

(四)企业价值最大化

企业价值最大化是指企业财务管理行为以实现企业的价值最大化为目标。企业价值可以理解为企业所有者权益的市场价值，或者是企业所能创造的预计未来现金流量的现值。

以企业价值最大化作为财务管理目标，具有以下优点。

(1) 考虑了取得报酬的时间，并用时间价值的原理进行了计量。

(2) 考虑了风险与报酬的关系。

(3) 将企业长期、稳定的发展和持续的获利能力放在首位，能克服企业在追求利润上的短期行为，因为不仅目前的利润会影响企业的价值，预期未来的利润对企业价值的增加也会产生重大影响。

(4) 用价值代替价格，克服了过多受外界市场因素的干扰，有效地规避了企业的短期行为。

但是，以企业价值最大化作为财务管理目标也存在以下问题。

(1) 企业的价值过于理论化，不易操作。尽管对于上市公司，股票价格的变动在一定程度上揭示了企业价值的变化，但是，股价是多种因素共同作用的结果，特别是在资本市场效率低下的情况下，股票价格很难反映企业的价值。

(2) 对于非上市公司，只有对企业进行专门的评估才能确定其价值，而在评估企业的资产时，由于受评估标准和评估方式的影响，很难做到客观和准确。近年来，随着上市公司数量的增加，以及上市公司在国民经济中地位、作用的增强，企业价值最大化目标逐渐得到了广泛认可。

三、财务管理目标的协调

企业财务管理目标是追求企业价值最大化，但这不是所有与企业有关的利益主体共同追求的目标，不同的利益主体追求的目标有所不同。

(一)所有者与经营者的矛盾与协调

企业是所有者的企业，企业价值最大化代表了所有者的根本利益。现代公司制企业所有权与经营权完全分离，经营者不持有公司股票或持部分股票，其经营的积极性就会降低。因为经营者拼命工作的所得，不能全部归自己所有，所以他会干得轻松点，不愿意为提高股价而冒险，并想办法用企业的钱为自己"谋福利"，如乘坐豪华轿车、奢侈的出差旅行等，因为这些开支可计入企业成本由全体股东分担，甚至蓄意压低股票价格，以自己的名义借款买回，导致股东财富受损，自己从中获利。可见，所有者与经营者的目标存在一定的矛盾。由于两者行为目标不同，必然导致经营者利益和股东财富最大化的冲突，即经理个人利益最大化和企业价值最大化的矛盾。

为了协调所有者与经营者的矛盾，防止经营者背离股东目标，一般有以下三种方法。

1. 解聘

这是一种所有者通过行政手段约束经营者的方法。在现代公司治理结构中，企业的所有者通过监督机构对经营者予以监督，如果经营者未能使企业达到预定的财务管理目标，所有者就会按约定解聘经营者而另聘他人，经营者为避免解聘而采取有效措施达到企业预定的财务管理目标。这种机制的存在，要以良好的经理人市场为前提。我国加入世贸组织之后，国外的猎头公司涌入我国市场，这将加快我国经理人市场走向成熟，经营者害怕被解聘而被迫实现财务管理目标。

2. 接收

这是一种通过市场机制约束经营者的方法。如果经营者经营决策失误、经营不力，未能采取一切有效措施使企业价值提高，该公司就可能被其他公司强行接收或吞并，或纳入其他企业集团成为其子公司。这种情况下，公司原有的经理们大多会被新的经营者取代而下岗。这种约束也会促使企业经营者采取正确的财务策略，不断提高企业股票的市场价格。

3. 激励

这是一种所有者利用经济手段约束经营者的方法，即将经营者的报酬与其企业价值挂钩，以使经营者自觉采取能满足企业价值最大化的措施。激励有两种最基本的方式：一是"股票选择权"方式，即允许经营者在未来某一时间以固定的价格购买一定数量的本公司股票，股票的价格越高于固定价格，经营者所得的利益就越多。经营者为了获取更大的股票涨价益处，就必然主动采取能够提高股价的行动。二是"绩效股"方式，即公司运用每股收益、净资产收益率等指标来评价经营者的业绩，视其业绩大小给予数量不等的股票作为报酬。如果经营业绩未能达到规定目标，经营者也将部分丧失原有的"绩效股"。这样可以促使经营者为获得更多的"绩效股"而不断采取措施提高公司的经营业绩，达到股东财富和企业价值最大化。

(二)所有者与债权人的矛盾与协调

企业的资本来自股东和债权人，债权人作为企业信贷资本的供给者，有其自身的终极目标——按期收回本息。因此，债权人会在平等协商的基础上与企业签订协议，除一般条款外，债权人都约定一些限制性条款，以控制债权风险，并按合同进行监督。除此之外，债权人没有约定条款以外的控制权和监督权。所有者与债权人财务目标的矛盾可能发生在以下两个方面：一方面，所有者可能要求经营者投资于比债权人预计风险要高的项目，这会增加负债的风险。高风险的项目一旦成功，额外利润就会被所有者独享；但若失败，债权人却要与所有者共同负担由此而造成的损失。这对债权人来说，风险与收益是不对称的。另一方面，所有者可能未征得现有债权人同意，要求经营者发行新债券或举借新债，这种做法使得企业的偿债风险加大，使旧债券的价值降低，所以损害了原债权人的利益。

所有者与债权人上述的矛盾，一般通过以下方式协调。

(1) 限制性借款。它通过对借款的用途限制、借款的担保条款和借款的信用条件来防止和迫使所有者不能损害债权人利益。

(2) 提前收回借款。当债权人发现公司有侵害其债权价值的意图时，可按规定的条款提前收回原借款并不再给予公司新的贷款，从而保护自身的权益。

(3) 通过合约方式。将部分债务转为股本，从而使债权人角色转换为所有者角色，以实现两者目标的协调。除债权人外，与企业经营者有关的各方都与企业有合同关系，都存在着利益冲突和限制条款。企业经营者若侵犯职工雇员、客户、供应商和所在社区的利益，都将影响企业目标的实现。

任务三 财务管理的基本环节

财务管理的环节是指财务管理的工作步骤与一般程序。一般来说，企业财务管理包括以下五个基本环节。

一、财务预测

财务预测是根据企业财务活动的历史资料，考虑现实的要求和条件，对企业未来的财务活动作出较为具体的预计和测算的过程。财务预测可以测算各项生产经营方案的经济效益，为决策提供可靠的依据；可以预计财务收支的发展变化情况，以确定经营目标；可以测算各项定额和标准，为编制计划、分解计划指标服务。

财务预测的起点是销售预测。一般情况下，财务预测把销售数据视为已知数，作为财务预测的起点。销售预测本身不是财务管理的职能，但它是财务预测的基础，销售预测完成后才能开始财务预测。

财务预测的主要内容包括资产预测、成本费用和留存收益预测及资金需要量预测等。

财务预测环节的工作主要包括以下四个步骤：①明确预测目标；②搜集相关资料；③建立预测模型；④确定预测结果。

财务预测的主要方法和手段通常包括销售百分比法、回归分析法和计算机辅助技术。

二、财务决策

财务决策是指按照财务战略目标的总体要求，利用专门的方法对各种备选方案进行比较和分析，从中选出最佳方案的过程。在市场经济条件下，财务管理的核心是财务决策，财务预测是为财务决策服务的，决策成功与否直接关系企业的兴衰成败。

一个财务决策系统由决策者、决策对象、信息、决策的理论与方法及决策结果五个要素构成。其中，决策者是决策的主体，可以是一个人，也可以是一个集团——决策机构。决策对象是决策的客体，即决策想要解决的问题。信息包括企业内部功能的信息，以及企业外部环境的状态和发展变化的信息。决策的理论和方法包括决策的一般模式、预测方法、定量分析和定性分析技术、决策方法论、数学和计算机应用等。决策结果是指通过决策过程形成的，指导人的行为的行动方案。决策结果通常要采用语言、文字、图表等明显的形式来表达。

财务决策有多种分类方法，每一种分类方法分别用来研究和解决不同的问题。决策按能否程序化可分为程序化决策和非程序化决策；按决策影响所涉及的时间长短可分为长期决策和短期决策；按决策所涉及的内容可分为投资决策、筹资决策、用资决策和股利决策。

财务决策环节的工作主要包括以下三个步骤：①确定决策目标；②提出备选方案；③选择最优方案。

三、财务预算

财务预算是指运用科学的技术手段和数量方法，对未来财务活动的内容及指标所进行的具体规划。财务预算是以财务决策确立的方案和财务预测提供的信息为基础编制的，是财务预测和财务决策的具体化，是控制财务活动的依据。

财务预算是企业全面预算的一部分，它和其他预算是联系在一起的，整个全面预算是一个数字相互衔接的整体。

全面预算按其涉及的预算期可分为长期预算和短期预算；按其涉及的内容可分为总预算和专门预算；按其涉及的业务活动领域可分为销售预算、生产预算和财务预算。销售预算和生产预算统称业务预算，用于计划企业的基本经济业务。财务预算是关于资金筹措和使用的预算，包括短期的现金收支预算和信贷预算，以及长期的资本支出预算和长期资金筹措预算。

财务预算的编制一般包括以下三个步骤：①分析财务环境，确定预算指标；②协调财务能力，组织综合平衡；③选择预算方法，编制财务预算。

四、财务控制

财务控制是在财务管理的过程中，利用有关信息和特定手段，对企业财务活动所施加的影响或进行的调节。实行财务控制是落实预算任务、保证预算实现的有效措施。

财务控制是企业内部控制和风险管理的一个重要方面，依据内部控制和风险管理的基本原理，财务控制包括控制环境、目标设定、事项识别、风险评估、风险应对、控制活动、信息和沟通及监控八个基本要素。

财务控制可以按不同的标志分类，按其内容可分为一般控制和应用控制；按其功能可分为预防性控制、侦察性控制、纠正性控制、指导性控制和补偿性控制；按其时序可分为事先控制、事中控制和事后控制；按其依据可分为预算控制和制度控制。

财务控制的方法和手段通常包括授权批准控制、职务分离控制、全面预算控制、财产保全控制、标准成本控制、责任会计控制、业绩评价控制等。

财务控制一般要经过以下三个步骤：①制定控制标准，分解落实责任；②实施追踪控制，及时调整误差；③分析执行情况，搞好考核奖惩。

五、财务分析

财务分析是指根据企业财务报表等信息资料，采用专门方法，系统分析和评价企业财务状况、经营成果及未来趋势的过程。

财务分析包括财务指标分析和综合分析。用以反映和评价企业财务状况与经营成果的分析指标主要包括偿债能力指标、营运能力指标、盈利能力指标和发展能力指标。

财务分析的方法主要包括趋势分析法、比率分析法和因素分析法。

财务分析包括以下四个步骤：①收集资料，掌握信息；②指标对比，揭露矛盾；③分析原因，明确责任；④提出措施，改进工作。

任务四　财务管理的环境

财务管理的环境是指对企业财务活动和财务管理产生影响作用的企业内外各种条件的统称，主要包括技术环境、经济环境、金融环境和法律环境等。

一、技术环境

财务管理的技术环境，是指财务管理得以实现的技术手段和技术条件，它决定着财务管理的效率和效果。

目前，我国正全面推进会计信息化工作，力争通过 5～10 年的努力，建立健全会计信息化法规体系和会计信息化标准体系[包括可扩展商业报告语言(XBRL)分类标准]，全力打造会计信息化人才队伍，基本实现大型企事业单位会计信息化与经营管理信息化的融合，进一步提升企事业单位的管理水平和风险防范能力，做到数出一门、资源共享，便于不同信息使用者获取、分析和利用，以进行投资和相关决策；基本实现大型会计师事务所采用信息化手段对客户的财务报告和内部控制进行审计，进一步提升社会审计质量和效率；基本实现政府会计管理和会计监督的信息化，进一步提升会计管理水平和监管效能。通过全面推进会计信息化工作，使我国的会计信息化达到或接近世界先进水平。我国企业会计信息化的全面推进，必将促使企业财务管理的技术环境进一步完善和优化。

二、经济环境

在影响财务管理的各种外部环境中，经济环境是最为重要的。经济环境内容十分广泛，包括经济体制、经济周期、经济发展水平、宏观经济政策、通货膨胀水平等。

(一)经济体制

在计划经济体制下，国家统筹企业资本、统一投资、统负盈亏，企业利润统一上缴、亏损全部由国家补贴，企业虽然是一个独立的核算单位但并无独立的理财权利。财务管理活动的内容比较单一，财务管理方法比较简单。在市场经济体制下，企业成为"自主经营、自负盈亏"的经济实体，有独立的经营权，同时也有独立的理财权。企业可以从其自身需要出发，合理确定资本需要量，然后到市场上筹集资本，再把筹集的资本投放到高效益的项目上以获取更大的收益，最后将收益根据需要和可能进行分配，保证企业财务活动自始至终根据自身条件和外部环境作出各种财务管理决策并组织实施。因此，财务管理活动的内容比较丰富，方法也复杂多样。

(二)经济周期

在市场经济条件下，经济发展与运行带有一定的波动性，大体上要经历复苏、繁荣、衰退和萧条几个阶段的循环，这种循环叫作经济周期。

经济发展的周期性波动对财务管理有着重要的影响。一般而言,在萧条阶段,由于整个宏观环境的不景气,企业也极有可能处于紧缩状态之中,产量和销售量下降,投资减少,有时资金供求矛盾尖锐,有时又会出现资金闲置。反之,在经济高涨阶段,市场需求旺盛,销售量会大幅度增加,为了扩大生产,不得不增加投资,增添机器设备、存货和劳动力。这就要求企业迅速地筹集所需要的资金。因此,企业必须到金融市场上借入巨额款项或增发股票以筹集资金。

(三)经济发展水平

财务管理的发展水平是和经济发展水平密切相关的,经济发展水平越高,财务管理水平也越好。财务管理水平的提高,将推动企业降低成本,改进效率,提高效益,从而促进经济发展水平的提高;而经济发展水平的提高,将改变企业的财务战略、财务理念、财务管理模式和财务管理的方法手段,从而促进企业财务管理水平的提高。财务管理应当以经济发展水平为基础,以宏观经济发展目标为导向,从业务工作角度保证企业经营目标和经营战略的实现。

(四)宏观经济政策

我国经济体制改革的目标是建立社会主义市场经济体制,以进一步解放和发展生产力。在这个目标的指导下,我国已经并正在进行财税体制、金融体制、外汇体制、外贸体制、计划体制、价格体制、投资体制、社会保障制度等各项改革。所有这些改革措施,深刻地影响着我国的经济生活,也深刻地影响着我国企业的发展和财务活动的运行。例如,金融政策中的货币发行量、信贷规模会影响企业投资的资金来源和投资的预期收益;财税政策会影响企业的资金结构和投资项目的选择;价格政策会影响资金的投向和投资的回收期及预期收益;会计制度的改革会影响会计要素的确认和计量,进而对企业财务活动的事前预测、决策及事后评价产生影响;等等。

(五)通货膨胀水平

通货膨胀对企业财务活动的影响是多方面的,主要表现如下。
(1) 引起资金占用的大量增加,从而增加企业的资金需求。
(2) 引起企业利润虚增,造成企业资金由于利润分配而流失。
(3) 引起利润上升,加大企业的权益资金成本。
(4) 引起有价证券价格下降,增加企业的筹资难度。
(5) 引起资金供应紧张,增加企业的筹资难度。

为了减轻通货膨胀对企业造成的不利影响,企业应当采取措施予以防范。在通货膨胀初期,货币面临着贬值的风险,这时企业进行投资可以避免风险,实现资本保值;与客户应签订长期购货合同,以减少物价上涨造成的损失;取得长期负债,保持资本成本的稳定。在通货膨胀持续期,企业可以采用比较严格的信用条件,减少企业债权;调整财务政策,防止和减少企业资本流失;等等。

三、金融环境

(一)金融机构、金融工具与金融市场

1. 金融机构

金融机构主要是指银行和非银行金融机构。银行是指经营存款、放款、汇兑、储蓄等金融业务，承担信用中介的金融机构，包括各种商业银行和政策性银行，如中国工商银行、中国农业银行、中国银行、中国建设银行、国家开发银行、中国农业发展银行等。

非银行金融机构主要包括保险公司、信托投资公司、证券公司、财务公司、金融资产管理公司、金融租赁公司等。

2. 金融工具

金融工具是指融通资金双方在金融市场上进行资金交易、转让的工具，借助金融工具，资金从供给方转移到需求方。金融工具分为基本金融工具和衍生金融工具两大类。

3. 金融市场

金融市场是指资金供应者和资金需求者双方通过一定的金融工具进行交易而融通资金的场所。金融市场可以帮助企业实现长短期资金转换、引导资本流向和流量，提高资本效率。

(二)金融市场的分类

金融市场可以按照不同的标准进行分类。

1. 货币市场和资本市场

以期限为标准，金融市场可分为货币市场和资本市场。货币市场又称短期金融市场，是指以期限在 1 年以内的金融工具为媒介，进行短期资金融通的市场，包括同业拆借市场、票据市场、大额定期存单市场和短期债券市场。资本市场又称长期金融市场，是指以期限在 1 年以上的金融工具为媒介，进行长期资金交易活动的市场，包括股票市场和债券市场。

2. 发行市场和流通市场

以功能为标准，金融市场可分为发行市场和流通市场。发行市场又称一级市场，主要处理金融工具的发行与最初购买者之间的交易。流通市场又称二级市场，主要处理现有金融工具转让和变现的交易。

3. 资本市场、外汇市场和黄金市场

以融资对象为标准，金融市场可分为资本市场、外汇市场和黄金市场。资本市场以货币和资本为交易对象。外汇市场以各种外汇金融工具为交易对象。黄金市场则是集中进行黄金买卖和金币兑换的交易市场。

4. 基础性金融市场和金融衍生品市场

以所交易金融工具的属性为标准，金融市场可分为基础性金融市场与金融衍生品市场。

基础性金融市场是指以基础性金融产品为交易对象的金融市场，如商业票据、企业债券、企业股票的交易市场。金融衍生品市场是指以金融衍生品为交易对象的金融市场，如远期、期货、掉期(交换)、期权，以及具有远期、期货、掉期(交换)、期权中一种或多种特征的结构化金融工具的交易市场。

5. 地方性金融市场、全国性金融市场和国际性金融市场

以地理范围为标准，金融市场可分为地方性金融市场、全国性金融市场和国际性金融市场。

(三)货币市场

货币市场的主要功能是调节短期资金融通。其主要特点如下。
(1) 融资期限短。一般为3～6个月，最长不超过1年。
(2) 交易目的是解决短期资金周转。
(3) 金融工具有较强的"货币性"，具有流动性强、价格平稳、风险较小等特性。

(四)资本市场

资本市场的主要功能是实现长期资本融通。其主要特点如下。
(1) 融资期限长。至少1年以上，最长可达10年甚至10年以上。
(2) 融资目的是解决长期投资性资本的需要，用于补充长期资本，扩大生产能力。
(3) 资本借贷量大。
(4) 收益较高，但风险也较大。

四、法律环境

(一)法律环境的范畴

市场经济是法制经济，企业的一些经济活动总是在一定法律规范内进行的。法律既约束企业的非法经济行为，也为企业从事各种合法经济活动提供保护。

国家相关法律法规按照对财务管理内容的影响情况可以分为以下三类。
(1) 影响企业筹资的各种法规主要有：公司法、证券法、金融法、证券交易法、合同法等。
(2) 影响企业投资的各种法规主要有：证券交易法、公司法、企业财务通则等。
(3) 影响企业收益分配的各种法规主要有：税法、公司法、企业财务通则等。

(二)法律环境对企业财务管理的影响

法律环境对企业的影响力是多方面的，影响范围包括企业组织形式、公司治理结构、投融资活动、日常经营、收益分配等。《中华人民共和国公司法》(以下简称《公司法》)规定，企业可以采用独资、合伙、公司制等企业组织形式。企业组织形式不同，业主(股东)权利责任、企业投融资、收益分配、纳税、信息披露等不同，公司治理结构也不同。上述不同种类的法律，分别从不同方面约束企业的经济行为，并对企业财务管理产生影响。

项目一　认知财务管理

> 案例解析

　　企业是一个以盈利为目的的组织，其出发点和归宿是盈利。企业一旦成立，就面临竞争、市场需求变动和宏观经济政策等多种因素的影响。企业必须要正确利用有利因素，克服不利因素，才能实现其目标。这其中企业需要解决许多财务问题。

　　问题一：收支均衡、偿还到期债务问题

　　企业只有生存，才可能获利。企业在市场中生存下去的一个基本条件是以收抵支，另一个基本条件是偿还到期债务。因此，保持收支平衡，偿还到期债务，是企业管理中首要的财务问题。

　　问题二：发展企业的资金来源和投向问题

　　企业必须不断推出更好、更新、更受客户欢迎的产品，才能在市场中立足。这就需要企业不断发展产品和服务，而企业的发展方向可能有多个，如何判断这些投资方向的效果，以便使企业获得更长远的竞争优势，获取更大的价值，就成为一个重要问题。

　　问题三：提高资金使用效率，增加企业价值问题

　　从财务上来看，盈利就是使资产获得超过其投资机会成本的回报。在市场经济中，没有"免费使用"的资金，资金的每项来源都有其成本。每项资产都是投资，都应当是生产性的，要尽力避免存货积压、固定资产闲置，尽快收回逾期应收账款，充分利用暂时闲置的现金等。企业必须要尽量减少资金占用，加快资金周转速度，增加企业价值。因此，如何确定企业合理的资金占用，加速资金周转，就成为财务管理的一个重要问题。

项 目 小 结

　　财务管理是组织企业财务活动、处理与各方面财务关系的一项经济管理工作。财务管理的内容由筹资管理、投资管理、营运资金管理和利润分配管理组成。财务管理目标是在特定的理财环境中，通过组织财务活动，处理财务关系所要达到的目的。最具有代表性的财务管理目标主要有以下几种观点：利润最大化、资本利润率最大化或每股利润最大化、股东财富最大化、企业价值最大化。其中，企业价值最大化目标逐渐得到了广泛认可。财务管理的环节是指财务管理的工作步骤与一般程序。一般来说，企业财务管理包括以下五个基本环节：财务预测、财务决策、财务预算、财务控制和财务分析。财务管理环境是指对企业财务活动和财务管理产生影响作用的企业内外各种条件的统称，主要包括技术环境、经济环境、金融环境和法律环境等。

项目强化训练

一、单项选择题

1. 财务管理的重点是(　　)。
　　A. 筹资管理　　　B. 投资管理　　　C. 收益分配管理　　D. 利润管理

2. 理财管理的基本特征是( )。
   A. 价值管理　　　B. 生产管理　　　C. 技术管理　　　D. 销售管理
3. 公司筹措和集中资金的财务活动是( )。
   A. 分配活动　　　B. 投资活动　　　C. 决策活动　　　D. 筹资活动
4. 反映公司价值最大化目标实现程度的指标是( )。
   A. 利润率　　　B. 总资产报酬率　　　C. 每股市价　　　D. 市场占有率
5. 公司价值最大化目标强调的是企业的( )。
   A. 预期获利能力　B. 实际利润率　　C. 实际利润额　　D. 生产能力
6. ( )是财务管理的基本属性。
   A. 综合性管理　　B. 价值管理　　　C. 使用价值管理　D. 资本管理
7. 相对于每股利润最大化目标而言,企业价值最大化目标的不足之处是( )。
   A. 没有考虑资金的时间价值　　　B. 没有考虑投资的风险价值
   C. 不能反映企业潜在的获利能力　D. 不能直接反映企业当前的获利水平
8. 所有者通常同时采取( )两种办法来协调自己与经营者的利益。
   A. 解聘和接收　　B. 解聘和激励　　C. 激励和接收　　D. 监督和激励
9. 下列各项环境中,( )是企业最为主要的环境因素。
   A. 金融市场环境　B. 法律环境　　　C. 经济环境　　　D. 政治环境
10. 财务管理的核心工作环节是( )。
    A. 财务预测　　　B. 财务决策　　　C. 财务预算　　　D. 财务控制
11. 下列项目中,不属于财务管理的基本环节的是( )。
    A. 财务预测　　　B. 财务决策　　　C. 财务控制　　　D. 资金循环
12. ( )是进行财务决策的基础,是编制财务预算的前提。
    A. 财务预测　　　B. 财务核算　　　C. 财务控制　　　D. 财务分析

二、多项选择题

1. 下列各项中,属于公司财务活动的有( )。
   A. 筹资活动　　　B. 投资活动　　　C. 资金营运活动　D. 分配活动
2. 下列各项中,属于企业财务关系的有( )。
   A. 企业与政府之间的财务关系　　B. 企业与受资者之间的财务关系
   C. 企业内部各单位之间的财务关系 D. 企业与职工之间的财务关系
3. 下列各项中,属于狭义投资项目的有( )。
   A. 股票投资　　　B. 债券投资　　　C. 购置投资　　　D. 购置原材料
4. 公司目标主要概括为( )。
   A. 竞争　　　B. 生存　　　C. 效益　　　D. 发展　　　E. 获利
5. 企业价值最大化作为财务管理目标的优点有( )。
   A. 有利于克服企业在追求利润上的短期行为
   B. 考虑了风险与收益的关系
   C. 考虑了货币的时间价值
   D. 便于客观准确地计量

6. 影响企业价值的因素有(　　)。
   A. 投资报酬率　　　B. 投资风险　　　C. 企业的目标
   D. 资本结构　　　　E. 股利政策
7. 企业的财务目标综合表达的主要观点有(　　)。
   A. 产值最大化　　B. 利润最大化　　C. 每股盈余最大化　　D. 企业价值最大化
8. 财务管理十分重视股价的高低，其原因是(　　)。
   A. 代表了投资大众对公司价值的客观评价
   B. 反映了资本和获利之间的关系
   C. 反映了每股盈余大小和取得的时间
   D. 受企业风险大小的影响，反映了每股盈余的风险
9. 金融市场对企业财务活动的影响，主要表现在(　　)。
   A. 金融市场是企业投资和筹资的场所
   B. 企业通过金融市场使长短期资金相互转化
   C. 金融市场为企业理财提供有意义的信息
   D. 企业是金融市场的主体
10. 企业财务管理的基本内容包括(　　)。
    A. 筹资管理　　　B. 投资管理　　　C. 利润分配管理　　　D. 经营管理

三、判断题

1. 企业与政府之间的财务关系体现为投资与受资的关系。（　）
2. 以企业价值最大化作为理财目标，有利于社会资源的合理配合。（　）
3. "解聘"是一种通过市场约束经营者的办法。（　）
4. 企业在追求自己的目标时，会使社会受益，因此企业目标和社会目标是一致的。（　）
5. 任何要迅速扩大经营规模的企业，都会遇到相当严重的现金短缺情况。（　）
6. 利润最大化是现代企业财务管理的最优目标。（　）
7. 企业价值最大化强调的是企业预期获利能力而非当前的利润。（　）
8. 在较成熟的资本市场里，股东财富最大化目标可以理解为最大限度地提高股票的市场价格。（　）
9. 财务经理的职责是组织财务活动、处理财务关系。（　）
10. 企业与债权人之间的财务关系，是一种债权与债务的关系。（　）

四、名词解释

财务管理　财务活动　财务关系　财务管理环境

五、思考题

1. 何谓企业财务管理？
2. 企业价值最大化的优缺点有哪些？
3. 企业的财务活动有哪些？
4. 财务管理目标的冲突是如何表现的？怎么协调解决？

项目二 财务管理的价值观念

【知识目标】

- 了解债券、股票价值的决定因素,风险的概念与种类,收益的概念与种类。
- 熟悉资金时间价值的概念,风险与收益的一般关系,单项资产风险报酬的计算。
- 掌握一次性收付款项的终值与现值、年金终值与现值的计算。

【技能目标】

- 资金时间价值的理解与计算。
- 单项资产风险的衡量。
- 系统风险及其衡量指标的计算。

案例引导

拿破仑 1797 年 3 月在卢森堡第一国立小学演讲时说了这样一番话:"为了答谢贵校对我,尤其是对我夫人约瑟芬的盛情款待,我不仅今天呈上一束玫瑰花,并且在未来的日子里,只要我们法兰西存在一天,每年的今天我将亲自派人送给贵校一束价值相等的玫瑰花,作为法兰西与卢森堡友谊的象征。"时过境迁,拿破仑疲于应付连绵的战争和此起彼伏的政治事件,最终惨败而流放到圣赫勒拿岛,把卢森堡的诺言忘得一干二净。可卢森堡这个小国对这位"欧洲巨人与卢森堡孩子亲切、和谐相处的一刻"念念不忘,并载入他们的史册。1984 年年底,卢森堡旧事重提,向法国提出违背"赠送玫瑰花"诺言的索赔:要么从 1797 年起,用 3 路易作为一束玫瑰花的本金,以 5 厘复利(利滚利)计息全部清偿这笔玫瑰花债;要么法国政府在法国各大报刊上公开承认拿破仑是个言而无信的小人。起初,法国政府准备不惜重金赎回拿破仑的声誉,但却又被计算机算出的数字惊呆了:原本 3 路易的许诺,本息竟高达 1 375 596 法郎。经冥思苦想,法国政府斟词酌句的答复是:"以后,无论在精神上还是物质上,法国将始终不渝地对卢森堡大公国的中小学教育事业予以支持与赞助,以此来兑现我们的拿破仑将军那一诺千金的玫瑰花信誉。"这一措辞最终得到了卢森堡人民的谅解。

分析:为什么拿破仑的每年一束玫瑰花的承诺会给法兰西带来尴尬?

理论认知

任务一 资金时间价值

资金时间价值是现代财务管理的重要基础观念,也是经济活动中客观存在的重要经济现象。企业的任何财务活动都是在一定的时间和空间中进行的,不同时间的货币具有不同的价值,离开了时间价值因素,就无法正确计算不同时期的财务收支,也无法正确评价企业盈亏。企业财务管理活动的诸多领域,如筹资决策、项目投资决策、股票和债券的估价等都离不开资金时间价值观念,因此掌握现代财务管理工具就必须深刻理解资金时间价值。

一、资金时间价值的概念

资金的时间价值又称货币的时间价值,是指货币经历一定时间的投资和再投资所增加的价值。

一定量的货币在不同时点上具有不同的价值,随着时间的推移,货币将会发生增值。在日常生活中,我们经常会遇到这样一种现象,现在的 1 元钱比将来的 1 元钱更值钱。例如,我们现在有 1 000 元,存入银行,银行的年利率为 5%,1 年后可得到 1 050 元,于是现在的 1 000 元与 1 年后的 1 050 元相等。因为这 1 000 元经过 1 年的时间增值了 50 元,这增值的 50 元就是资金的时间价值。同样,企业的资金投到生产经营中,经过生产过程的不断运行,资金的不断运动,随着时间的推移,会创造新的价值,使资金得以增值。因此,一定量的资金投入生产经营或存入银行,会取得一定的利润和利息,从而产生资金的时间价值。

但是，并非所有货币都具有时间价值，货币要具有时间价值，需要一个条件，就是必须将货币有目的地进行投资，即将货币直接或者间接地作为资本投入生产经营过程。货币投入生产经营过程后，企业用它来购买所需的资源，然后劳动者利用劳动资料生产出新的产品。产品出售时得到的货币量大于最初投入的货币量，实现货币增值。周转的次数越多，所得利润就越多，增值额也越大。因此，资金的时间价值是在生产经营过程中产生的。

资金的时间价值可用绝对数(利息)和相对数(利息率)两种形式表示，通常用相对数表示。资金时间价值的实际内容是没有风险和没有通货膨胀条件下的社会平均资金利润率，是企业资金利润率的最低限度，也是使用资金的最低成本率。

由于资金在不同时点上具有不同的价值，不同时点上的资金就不能直接比较，必须换算到相同的时点上才能比较。因此，掌握资金时间价值的计算很重要。资金时间价值的计算包括一次性收付款项和非一次性收付款项(年金)的终值、现值。

二、资金时间价值的计算

资金时间价值的计算，涉及两个重要的概念：终值和现值。终值又称本利和，是指一个或多个现在或即将发生的现金流量相当于将来某一时点上的价值，通常记为 F。现值又称本金，是指一个或多个发生在未来的现金流量折算到现在的价值，通常记为 P。将来的资金包括本利和，计算现值就是将所包含的利息去掉。由于终值与现值的计算与利息的计算方法有关，而利息的计算有复利和单利两种，因此终值与现值的计算也有复利和单利之分。在财务管理中，一般按复利来计算。

(一)一次性收付款项的计算

一次性收付款项是指在某一特定时点上一次性支出或收入，经过一段时间后再一次性收回或支出的款项。例如，现在将一笔 5 万元的现金存入银行，5 年后一次性取出本利和。

1. 单利的计算

单利是指只对本金计算利息，利息部分不再计息，通常用 P 表示现值，F 表示终值，i 表示利率(贴现率、折现率)，n 表示计算利息的期数，I 表示利息。

1) 单利的终值计算

单利终值是按单利计算的某一特定金额在未来某一时点上的本利和。单利终值的计算公式可推导如下。

第一年终值：$F=P+Pi=P(1+i)$；

第二年终值：$F=P+Pi+Pi=P(1+2i)$；

第三年终值：$F=P+Pi+Pi+Pi=P(1+3i)$；

以此类推，即可推导出第 n 年单利终值的计算公式如下。

$$F=P\times(1+n\times i)$$

2) 单利的现值计算

单利现值是指未来某一时点上的某一特定金额按单利折算的现有价值。单利现值的计算同单利终值的计算是互逆的，由终值计算现值，称为折现。将终值计算公式变形，即可得到单利现值计算公式如下。

$$P=F÷(1+n×i)$$

【例2-1】 某人将一笔5 000元的现金存入银行,银行一年期定期利率为5%。

要求:计算第一年和第二年的利息、终值。

解:$I_1=P×i×n=5\,000×5\%×1=250$(元)

$I_2=P×i×n=5\,000×5\%×2=500$(元)

$F_1=P×(1+i×n)=5\,000×(1+5\%×1)=5\,250$(元)

$F_2=P×(1+i×n)=5\,000×(1+5\%×2)=5\,500$(元)

从上面的计算中,显而易见,第一年的利息在第二年不再计息,只有本金在第二年计息。此外,无特殊说明,给出的利率均为年利率。

【例2-2】 某人希望2年后获得5 500元本利和,银行利率为5%。

要求:计算此人现在须存入银行多少资金?

解:$P=F÷(1+i×n)$

 $=5\,500÷(1+5\%×2)=5\,000$(元)

上面求现值的计算,也可称贴现值的计算,贴现使用的利率称为贴现率。

2. 复利的计算

复利是指不仅本金计算利息,而且需将本金所生的利息在下期转为本金,再计算利息,即本能生利,利也能生利,俗称"利滚利"。

1)复利终值的计算

复利终值是指一定量的本金按复利计算的若干年后的本利和,复利终值的计算公式可推导如下。

第一年终值:$F=P+Pi=P(1+i)$;

第二年终值:$F=P(1+i)+P(1+i)i=P(1+i)^2$;

第三年终值:$F=P(1+i)^2+P(1+i)^2i=P(1+i)^3$;

以此类推,即可推导出第n年单利终值的计算公式如下。

$$F=P×(1+i)^n$$

式中,$(1+i)^n$表示1元本金、n期末的复利终值,称为复利终值系数,用符号$(F/P,i,n)$表示。在实际工作中,复利终值系数可以通过复利终值系数表查得。

【例2-3】 某人现在将5 000元存入银行,银行利率为5%。

要求:计算第一年和第二年的本利和。

解:第一年的 $F=P×(1+i)^1$

 $=5\,000×(F/P,5\%,1)$

 $=5\,000×1.05=5\,250$(元)

第二年的 $F=P×(1+i)^2$

 $=5\,000×(F/P,5\%,2)$

 $=5\,000×1.102\,5=5\,512.5$(元)

式中,$(F/P,5\%,2)$表示利率为5%、期限为2年的复利终值系数,在复利终值表上,我们可以从横行中找到利息5%,从纵列中找到期数2年,纵横相交处,可查到$(F/P,5\%,2)=1.102\,5$。该系数表明,在年利率为5%的条件下,现在的1元与2年后的1.102 5元相等。

将单利终值与复利终值做比较可以发现,在第一年,单利终值和复利终值是相等的;在第二年,单利终值和复利终值不相等,两者相差 12.5(5 512.5-5 500)元。这是因为第一年本金所生的利息在第二年也要计算利息,即 12.5(250×5%)元。因此,从第二年开始,单利终值和复利终值是不相等的。

2) 复利现值的计算

复利现值是指在将来某一特定时间取得或支出一定数额的资金,按复利折算到现在的价值。根据复利终值的计算公式,可推导出复利现值的计算公式如下。

$$P=F\div(1+i)^n=F\times(1+i)^{-n}$$

式中,$(1+i)^{-n}$ 称为复利现值系数或 1 元复利现值系数,用符号 $(P/F,i,n)$ 表示,其数值可查阅 1 元复利现值表。

【例 2-4】 某人希望 5 年后获得 10 000 元本利,银行利率为 5%。

要求:计算此人现在应存入银行多少资金?

解:$P=F\times(1+i)^{-n}$
　　$=F\times(P/F,5\%,5)$
　　$=10\ 000\times0.783\ 5$
　　$=7\ 835(元)$

$(P/F,5\%,5)$ 表示利率为 5%、期限为 5 年的复利现值系数。同样,我们在复利现值表上,从横行中找到利率 5%,从纵列中找到期限 5 年,两者相交处,可查到$(P/F,5\%,5)=0.783\ 5$。该系数表明,在年利率为 5%的条件下,5 年后的 1 元与现在的 0.783 5 元相等。

3) 复利利息的计算

复利利息的计算公式如下。

$$I=F-P$$

【例 2-5】 承例 2-4 的资料。

要求:计算 5 年的利息。

解:$I=F-P=10\ 000-7\ 835=2\ 165(元)$

4) 名义利率和实际利率

在前面的复利计算中,所涉及的利率均假设为年利率,并且每年复利一次。但在实际业务中,复利的计算期不一定是 1 年,可以是半年、一季、一月或一天复利一次。当利息在一年内要复利几次时,给出的年利率称为名义利率,用 r 表示。根据名义利率计算出的每年复利一次的年利率称为实际利率,用 i 表示。名义利率和实际利率之间的关系如下。

$$i=(1+r\div m)^m-1$$

式中,m 为每年复利的次数。

【例 2-6】 某人现存入银行 10 000 元,年利率为 5%,每季度复利一次。

要求:计算 2 年后能取得的本利和。

解:先根据名义利率与实际利率的关系,将名义利率折算成实际利率。

$i=(1+r\div m)^m-1$
　$=(1+5\%\div4)^4-1$
　$=5.09\%$

再按实际利率计算资金的时间价值。

$F=P\times(1+i)^n$

　　$=10\,000\times(1+5.09\%)^2$

　　$=11\,043.91(元)$

将已知的年利率 r 折算成期利率 r/m，期数变为 $m\times n$。

$F=P\times(1+r\div m)^{m\times n}$

　　$=10\,000\times(1+5\%/4)^{2\times4}$

　　$=10\,000\times(1+0.012\,5)^8$

　　$=11\,044.86(元)$

(二)年金的计算(非一次性收付款项的计算)

在现实经济生活中，除了上面介绍的一次性收付款项外，还存在一定时期内多次收付相等金额的款项。例如，支付保险费、年折旧、支付退休金及零存整取和分期付款等，这些都是年金的问题。所谓年金，是指一定时期内每次等额收付的系列款项，通常记作 A。年金具有连续性和等额性的特点。连续性要求在一定时间内，间隔相等时间就要发生一次收支业务，中间不得中断，必须形成系列。等额性要求每期收、付款项的金额必须相等。

年金的形式多种多样，按其每次收付发生的时点不同，可分为普通年金、预付年金、递延年金和永续年金等几种。需要注意的是，在财务管理中，若讲到年金，一般都是指普通年金。

1. 普通年金的计算

普通年金是指在每期的期末，间隔相等时间，收入或支出相等金额的系列款项。每一间隔期，有期初和期末两个时点，由于普通年金是在期末这个时点上发生收付，故又称后付年金。它有三个特点：①年金 A 连续地发生在每期期末；②现值 P 发生于第一个 A 所在计息周期的期初；③终值 F 发生的时间与第 n 个 A 相同。

1) 普通年金的终值

普通年金的终值是指每期期末收入或支出的相等款项，按复利计算，在最后一期所得的本利和。每期期末收入或支出的款项用 A 表示，利率用 i 表示，期数用 n 表示，普通年金终值的计算原理如图 2-1 所示。横线代表时间的延续，用数字标出各期的顺序号；竖线的位置表示支付的时刻，竖线所指的数字表示支付的金额。

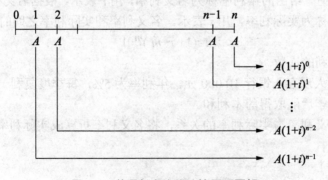

图 2-1　普通年金终值计算原理图解

项目二 财务管理的价值观念

由图2-1可知,年金终值的计算公式如下。

$$F=A(1+i)^0+A(1+i)^1+A(1+i)^2+\cdots+A(1+i)^{n-2}+A(1+i)^{n-1}$$

式中,各项为等比数列,首项为 A,公比为 $(1+i)$,根据等比数列求和公式计算可得

$$F=A\times\frac{(1+i)^n-1}{i}$$

式中,$\frac{(1+i)^n-1}{i}$ 通常称作年金终值系数,记作 $(F/A,i,n)$,可查1元年金终值表求得,上式也可写作如下。

$$F=A(F/A,i,n)$$

【例2-7】 某人连续5年每年年末存入银行10 000元,利率为5%。

要求:计算第5年年末的本利和。

解:$F=A\times(F/A,5\%,5)$
　　　$=10\,000\times5.525\,6$
　　　$=55\,256(元)$

上面计算表明,每年年末存10 000元,连续存5年,到第5年年末可得55 256元。

【例2-8】 A公司决定将其一处矿产开采权公开拍卖,因此它向世界各国煤炭企业招标开矿。已知甲公司和乙公司的投标书最具有竞争力,甲公司的投标书显示,如果该公司取得开采权,从获得开采权的第1年开始,每年年末向A公司交纳10亿美元的开采费,直到10年后开采结束。乙公司的投标书显示,该公司在取得开采权时,直接付给A公司40亿美元,在8年后开采结束,再付给A公司60亿美元。A公司要求的年投资回报率达到15%。

要求:A公司应接受哪个公司的投标?

解:要回答上述问题,主要是要比较甲乙两个公司给A公司的开采权收入的多少。但由于两个公司支付开采权费用的时间不同,因此不能直接比较,而应比较这些收入在第10年终值的大小。

甲公司的方案对A公司来说是一笔年收款10亿美元的10年年金,其终值计算如下。

$F=10\times(F/A,15\%,10)=10\times20.304=203.04(亿美元)$

乙公司的方案对A公司来说是两笔收款,分别计算其终值如下。

第1笔收款(40亿美元)的终值$=40\times(1+15\%)^{10}=40\times4.045\,6=161.824(亿美元)$

第2笔收款(60亿美元)的终值$=60\times(1+15\%)^2=60\times1.322\,5=79.35(亿美元)$

2笔收款的终值合计$=161.824+79.35=241.174(亿美元)$

因此,甲公司付出的款项终值小于乙公司付出的款项终值,A公司应接受乙公司的投标。

2) 偿债基金

偿债基金是指为了在约定的未来一定时点清偿某笔债务或积聚一定数额的资金而必须分次等额形成的存款准备金,也就是为使年金终值达到既定金额的年金数额。从计算的角度来看,就是在普通年金终值中解出 A,这个 A 就是偿债基金。

根据年金终值计算公式:

$$F=A\times(F/A,i,n)$$

可知:

$$A=F/(F/A,i,n)=F\times[1/(F/A,i,n)]$$

式中，$1/(F/A,i,n)$是年金终值系数的倒数，称作偿债基金系数，记作$(A/F,i,n)$。

【例 2-9】 某人拟在 5 年后还清 10 000 元的债务，从现在起每年存入银行一笔款项。假设银行利率为 10%。

要求：计算他每年需要存入多少资金？

解：$A=10\,000\times[1\div(F/A,10\%,5)]$

$\quad\quad=10\,000\times1\div6.105\,1$

$\quad\quad=1\,638(元)$

3) 普通年金现值的计算

普通年金现值是指一定时期内每期期末应付款项的复利现值之和。其计算办法如图 2-2 所示。

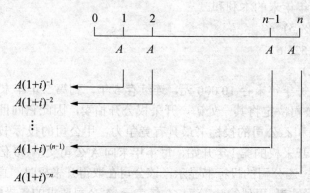

图 2-2 普通年金现值

由图 2-2 可知，普通年金现值的计算公式如下。

$$P=A(1+i)^{-1}+A(1+i)^{-2}+\cdots+A(1+i)^{-(n-1)}+A(1+i)^{-n}$$

式中，各项为等比数列，首项是$A(1+i)^{-1}$，公比是$(1+i)^{-1}$，根据等比数列求和公式计算可得：

$$P=A\times\frac{1-(1+i)^{-n}}{i}$$

式中，$\frac{1-(1+i)^{-n}}{i}$称作年金现值系数，记作$(P/A,i,n)$，可查 1 元年金现值表求得。上式也可以写作：

$$P=A\times(P/A,i,n)$$

【例 2-10】 某人出国 3 年，请你代付房租，每年租金 1 000 元，假设银行利率为 10%。

要求：计算此人现在应当给你在银行存入多少资金？

解：$P=A\times(P/A,i,n)$

$\quad\quad=1\,000\times(P/A,10\%,3)$

$\quad\quad=1\,000\times2.486\,9$

$\quad\quad=2\,487(元)$

【例 2-11】 钱小姐最近准备买房，看了几家开发商的售房方案，其中一个方案是 A 开发商出售一套 100 平方米的住房，要求首期支付 10 万元，然后分 6 年每年年末支付 3 万元。

要求：钱小姐每年付 3 万元相当于现在多少钱，以便让她与现在 2 000 元/平方米的市场价格进行比较。贷款利率为6%。

解：$P=3×(P/A,6\%,6)=3×4.917\ 3=14.751\ 9(万元)$

钱小姐付给A开发商的资金现值=10+14.751 9=24.751 9(万元)

如果直接按每平方米2 000元购买，钱小姐只需要付出20万元，可见分期付款不合算。

4) 年资本回收额

年资本回收额是指在约定年限内等额收回初始投入资本或清偿所欠的债务。从计算的角度来看，就是在普通年金现值公式中解出A，这个A就是资本回收额。其计算公式如下。

$$A=P÷(P/A,i,n)=P×[1÷(P/A,i,n)]$$

式中，$1÷(P/A,i,n)$称作资本回收系数，记作$(A/P,i,n)$，可通过年金现值系数的倒数求得。

【例2-12】某人购入一套商品房，须向银行按揭贷款100万元，准备20年内于每年年末等额偿还，银行贷款利率为5%。

要求：计算每年应归还多少元？

解：$A=P×(A/P,i,n)$
　　$=100×(A/P,5\%,20)$
　　$=100×[1÷(P/A,5\%,20)]$
　　$=100×1÷12.462\ 2$
　　$=8.024\ 3(万元)$

2. 预付年金的计算

预付年金又称即付年金、先付年金，是指一定时期内每期期初等额收付的系列款项。在n期内，预付年金是指每期期初收入或付出的年金。预付年金与普通年金的区别在于收付款的时点不同，普通年金在每期的期末收付款项，预付年金在每期的期初收付款项，收付时间如图2-3所示。

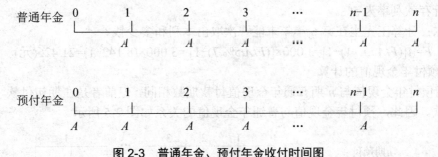

图2-3　普通年金、预付年金收付时间图

从图2-3可以看出，预付年金与普通年金的区别仅在于付款时间不同，两者支付期数相差为1年。如果计算年金终值，预付年金要比普通年金多计1年的利息；如计算年金现值，则预付年金要比普通年金少折现1年。

1) 预付年金终值的计算

预付年金终值是其最后一期期末的本利和，是各期收付款项的复利终值之和。n期预付年金终值与n期普通年金终值的关系如图2-4所示。

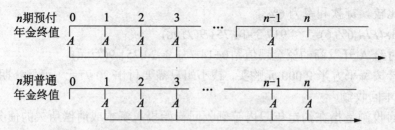

图 2-4　n 期预付年金终值与 n 期普通年金终值的关系

从图 2-4 可以看出，n 期预付年金与 n 期普通年金的付款次数相同，但由于其付款时间不同，n 期预付年金终值比 n 期普通年金终值多计算一期利息。因此，在 n 期普通年金终值的基础上乘以 $(1+i)$，就是 n 期预付年金终值。预付年金终值的计算公式如下。

$$F = A \times (1+i) + A \times (1+i)^2 + \cdots + A \times (1+i)^n$$

$$F = \frac{A \times (1+i) \times [1 - (1+i)^n]}{1 - (1+i)}$$

$$= A \times (1+i) \times \frac{(1+i)^n - 1}{i} = A \times (1+i) \times (F/A, i, n)$$

或

$$= A \times \left[\frac{(1+i)^{n+1} - 1}{i} - 1\right] = A \times [(F/A, i, n+1) - 1]$$

式中，$\left[\dfrac{(1+i)^{n+1} - 1}{i} - 1\right]$ 是预付年金终值系数，或者称为 1 元的预付年金终值。它和普通年金终值系数 $\{[(1+i)^n - 1]/i\}$ 相比，期数要加 1，而系数要减 1，用符号 $[(F/A, i, n+1) - 1]$ 表示，并可利用年金终值系数表查得 $(n+1)$ 期的数值，减去 1 后，得出 1 元的预付年金终值。

【例 2-13】 为给儿子上大学准备资金，王先生连续 6 年于每年年初存入银行 3 000 元。假设银行存款利率为 5%。

要求：计算王先生在第 6 年年末能一次取出本利和多少钱？

解：$F = A[(F/A, i, n+1) - 1] = 3\,000 \times [(F/A, 5\%, 7) - 1] = 3\,000 \times (8.142 - 1) = 21\,426$(元)

2) 预付年金现值的计算

n 期预付年金现值与 n 期普通年金现值付款期数相同，但前者是在期初付款，而后者在期末付款。因此，预付年金现值与普通年金现值的关系如图 2-5 所示。

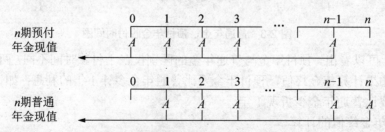

图 2-5　预付年金现值与普通年金现值的关系

从图 2-5 可以看出，n 期预付年金现值与 n 期普通年金现值虽然期限相同，但其付款时间是不同的，即 n 期预付年金现值比 n 期普通年金现值多折现一期。因此，在普通年金现值基础上乘以 $(1+i)$，就可以求出 n 期预付年金的现值。预付年金现值的计算公式如下。

$$P = A + A \times (1+i)^{-1} + A \times (1+i)^{-2} + \cdots + A \times (1+i)^{-(n-1)}$$

$$P = A \times \left[\frac{1-(1+i)^{-(n-1)}}{i} + 1 \right] = A \times [(P/A, i, n-1) + 1]$$

或

$$= A \times \frac{1-(1+i)^{-n}}{i} \times (1+i) = A \times (P/A, i, n) \times (1+i)$$

式中，$\left[\frac{1-(1+i)^{-(n-1)}}{i} + 1 \right]$ 是预付年金现值系数，或者称为 1 元的预付年金现值。它和普通年金现值系数 $\{[1-(1+i)^{-n}]/i\}$ 相比，期数减 1，而系数要加 1，用符号 $[(P/A, i, n-1)+1]$ 表示，并可利用年金现值系数表查得 $(n-1)$ 期的数值，然后加 1，得出 1 元的预付年金现值。

【例 2-14】 张先生采用分期付款方式购入商品房一套，每年年初付款 15 000 元，分 10 年付清。假设银行利率为 6%。

要求：计算该项分期付款相当于一次现金支付的购买价是多少？

解：$P = A \times [(P/A, i, n-1) + 1]$
     $= 15\ 000 \times [(P/A, 6\%, 9) + 1]$
     $= 15\ 000 \times (6.801\ 7 + 1) = 117\ 025.5(元)$

3. 递延年金的计算

前两种年金的第一次收付时间都发生在整个收付期的第一期，要么在第一期期末，要么在第一期期初。但有时会遇到第一次收付不发生在第一期，而是隔了几期后才在以后的每期期末发生一系列的收支款项，这种年金形式就是递延年金，它是普通年金的特殊形式。因此，凡是不在第一期开始收付的年金，称为递延年金。图 2-6 可说明递延年金的支付特点。

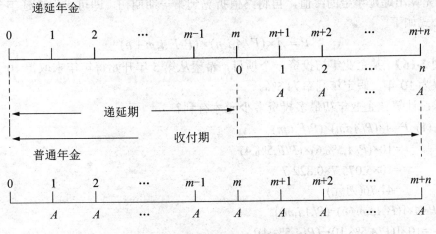

图 2-6 递延年金终值计算原理图解

从图 2-6 可知，递延年金的第一次年金收付没有发生在第一期，而是隔了 m 期(这 m 期就是递延期)，在第 $m+1$ 期的期末才发生第一次收付，并且在以后的 n 期内，每期期末均发生等额的现金收支。与普通年金相比，尽管期限一样，都是 $(m+n)$ 期，但普通年金在 $(m+n)$ 期内，每个期末都要发生收支，而递延年金在 $(m+n)$ 期内，只在后 n 期发生收支，前 m 期无收支发生。

1) 递延年金终值的计算

在图 2-6 中，先不看递延期，年金一共支付了 n 期。只要将这 n 期年金折算到期末，即可得到递延年金终值。因此，递延年金终值的大小，与递延期无关，只与年金共支付了多少期有关，它的计算方法与普通年金相同，具体公式如下。

$$F = A \times (F/A, i, n)$$

【例 2-15】 某企业于年初投资一个项目，估计从第 5 年开始至第 10 年，每年年末可得收益 10 万元，假定年利率为 5%。

要求：计算该投资项目年收益的终值。

解：$F_A = A \times (F/A, i, n)$
$= 10 \times (F/A, 5\%, 6)$
$= 10 \times 6.801\ 9$
$= 68.019(万元)$

2) 递延年金现值的计算

递延年金的现值可用三种方法来计算。

(1) 把递延年金视为 n 期的普通年金，求出年金在递延期期末 m 点的现值，再将 m 点的现值调整到第一期期初。其计算公式如下。

$$P = A \times (P/A, i, n) \times (P/F, i, m)$$

(2) 先假设递延期也发生收支，则变成一个 $(m+n)$ 期的普通年金，算出 $(m+n)$ 期的年金现值，再扣除并未发生年金收支的 m 期递延期的年金现值，即可求得递延年金现值。其计算公式如下。

$$P = A \times [(P/A, i, m+n) - (P/A, i, m)]$$

(3) 先算出递延年金的终值，再将终值折算到第一期期初，即可求得递延年金的现值。其计算公式如下。

$$P = A \times (F/A, i, n) \times (P/F, i, m+n)$$

【例 2-16】 某企业年初投资一个项目，希望从第 5 年开始每年年末取得 10 万元收益，投资期限为 10 年，假定年利率为 5%。

要求：计算该企业年初最多投资多少元才有利？

解：(1) $P = A \times (P/A, i, n) \times (P/F, i, m)$
$= 10 \times (P/A, 5\%, 6) \times (P/F, 5\%, 4)$
$= 10 \times 5.075\ 7 \times 0.822\ 7$
$= 41.76(万元)$

(2) $P = A \times [(P/A, i, m+n) - (P/A, i, m)]$
$= 10 \times [(P/A, 5\%, 10) - (P/A, 5\%, 4)]$
$= 10 \times (7.721\ 7 - 3.546)$
$= 41.76(万元)$

(3) $P = A \times (F/A, i, n) \times (P/F, i, m+n)$
$= 10 \times (F/A, 5\%, 6) \times (P/F, 5\%, 10)$
$= 10 \times 6.801\ 9 \times 0.613\ 9$
$= 41.76(万元)$

从计算中可知，该企业年初的投资额不超过 41.76 万元才有利。

4. 永续年金的计算

永续年金是指无限期地收入或支出相等金额的年金，也称永久年金。它也是普通年金的一种特殊形式，由于永续年金的期限趋于无限，没有终止时间，因而也没有终值，只有现值。永续年金的现值计算公式如下：

$$P = A \times \frac{1-(1+i)^{-n}}{i}$$

当 $n \to +\infty$，$(1+i)^{-n} \to 0$，$P = A/i$。

【例 2-17】 某企业要建立一项永久性帮困基金，计划每年拿出 5 万元帮助失学儿童，年利率为 5%。

要求：计算现在应筹集多少资金？

解：$P = A/i = 5 \div 5\% = 100$(万元)

现在应筹集到 100 万元资金，就可每年拿出 5 万元帮助失学儿童。

(三) 时间价值计算中的特殊问题

1. 贴现率的计算

1) 一次性收付款项贴现率的计算

对于一次性收付款项，根据其复利终值(或现值)的计算公式可以推导出贴现率的计算公式如下。

$$F = P \times (1+i)^n$$
$$i = (F/P)^{\frac{1}{n}} - 1$$

如果已知 F, P, n，不必查表便可以直接计算出一次性收付款项的贴现率 i。

【例 2-18】 已知 $F=15\,000$ 元，$P=10\,000$ 元，$n=5$ 年。

要求：计算利率是多少？

解：$i = [(15\,000 \div 10\,000)^{1/3} - 1] \times 100\% = (1.084\,5 - 1) \times 100\% = 8.45\%$

2) 普通年金贴现率的计算

对于普通年金中利率的计算，应根据普通年金终值或现值的计算公式进行计算。

由于在普通年金终值和现值的计算公式中，利率和期数共同组成了年金终值系数或年金现值系数，而且是系列收付款项的系数，因此无法直接根据公式计算年金终值或年金现值中的利率，而需要根据有关的系数表，采用内插法计算利率。利用年金现值系数表计算贴现率的具体步骤如下。

(1) 计算出 P/A 的值，设其为 $P/A=\alpha$。

(2) 查普通年金现值系数表。沿着 n 已知所在的行横向查找，若能恰好找到某一系数值等于 α，则该系数值所在的列相对应的利率即为所求利率 i。

(3) 若无法找到恰好 α 等于的系数值，就应在表中行上找与之最接近的两个左右临界值，设为 β_1、β_2 ($\beta_1 < \alpha < \beta_2$ 或 $\beta_1 > \alpha > \beta_2$)，查出所对应的临界利率 i_1、i_2，然后进一步运用内插法。

(4) 在内插法下,假定利率 i 同相关的系数在较小范围内线形相关,就可根据临界系数和临界利率计算出利率。其计算公式如下。

$$\frac{i_1-i}{i_2-i_1}=\frac{\beta_1-\alpha}{\beta_2-\beta_1}$$

解此式即可求得利率 i。

【例 2-19】 已知 P=20 000,A=4 000,n=9。要求:计算利率是多少?

解:$(P/A,i,9)$=20 000÷4 000=5

查普通年金现值系数表,发现 n=9 时,无法找到恰好为 5 的系数值,所以用内插法,即:

i	年金现值系数
12%	5.328 2
x	5
14%	4.916 3

$$\frac{x-12\%}{14\%-12\%}=\frac{5-5.328\ 2}{4.916\ 3-5.328\ 2}$$

得 x=13.59%。

2. 期数的计算

期数 n 的推算,其原理与步骤同折现率 i 的推算是一致的,即已知 P 或 F,A 和 i,求期数 n,现以普通年金现值计算为例进行说明。

【例 2-20】 榕辉机械有限责任公司拟购买一台设备,以更新目前的设备。该设备价格较其他设备高出 2 000 元,但每年可节约维护费用 500 元。假设利率为 10%。

要求:计算设备应至少使用多少年对企业才有利?

解:依题意,已知 P=2 000,A=500,i=10%,则:

$P=A \cdot (P/A,i,n)$

2 000=500×$(P/A,10\%,n)$

得 $(P/A,10\%,n)$=2 000÷500=4。

查普通年金现值系数表,在 i=10% 的列上纵向查找,无法找到恰好为 4 的系数值,所以,用内插法求解,即:

n	年金现值系数
5	3.790 8
x	4
6	4.355 3

$$\frac{x-5}{6-5}=\frac{4-3.790\ 8}{4.355\ 3-3.790\ 8}$$

得 x=5.37(年)。

因此,设备应至少使用 5.37 年对企业才有利。

任务二　风险价值

一、风险的概念与种类

(一)风险的概念

风险是指一定条件下、一定时期内，某一项行动具有多种可能但结果不确定。风险产生的原因是由于缺乏信息和决策者不能控制未来事物的发展过程而引起的。风险具有多样性和不确定性，可以事先估计采取某种行动可能导致的各种结果，以及每种结果出现的可能性大小，但无法确定最终结果是什么。例如，掷一枚硬币，可事先知道硬币落地时有正面朝上和反面朝上两种结果，并且每种结果出现的可能性均为50%，但谁也无法事先知道硬币落地时是正面朝上还是反面朝上。

值得注意的是，风险和不确定性是不同的。不确定性是指对于某种行动，人们知道可能出现的各种结果，但不知道每种结果出现的概率，或者可能出现的各种结果及每种结果出现的概率都不知道，只能作出粗略的估计。例如，购买股票，投资者无法在购买前确定所有可能达到的期望报酬率及该报酬率出现的概率。而风险问题出现的各种结果的概率一般可事先估计和测算，只是不准确而已。如果对不确定性问题先估计一个大致的概率，则不确定性问题就转化为风险性问题了。在财务管理实务中，对两者不作严格区分。讲到风险，可能是指一般意义上的风险，也可能是指不确定性问题。

风险是客观的、普遍的，广泛地存在于企业的财务活动中，并影响着企业的财务目标。由于企业的财务活动经常是在有风险的情况下进行的，各种难以预料和无法控制的原因可能使企业遭受风险，蒙受损失。如果只有损失，就没人会去冒风险，企业冒着风险投资的最终目的是得到额外收益。因此，风险不仅带来预期的损失，而且还可以带来预期的收益。仔细分析风险，以承担最小的风险来换取最大的收益，就十分必要。

(二)风险的种类

企业面临的风险主要有两种：系统风险和非系统风险。

1. 系统风险

系统风险是指影响所有企业的风险，由企业的外部因素引起，企业无法控制、无法分散，涉及所有的投资对象，又称市场风险或不可分散风险，如战争、自然灾害、利率的变化、经济周期的变化等。

2. 非系统风险

非系统风险是指个别企业的特有事件造成的风险，是随机发生的，只与个别企业和个别投资项目有关，不涉及所有企业和所有项目，可以分散，又称企业特有风险和可分散风险，如产品开发失败、销售份额减少、工人罢工等。非系统风险根据风险形成的原因不同，又可分为经营风险和财务风险。

1) 经营风险

经营风险是指由于企业生产经营条件的变化对企业收益带来的不确定性，又称商业风险。这些生产经营条件的变化可能来自于企业内部的原因，也可能来自于企业外部的原因，如顾客购买力发生变化、竞争对手增加、政策变化、产品生产方向不正确、生产组织不合理等。这些内外因素使企业的生产经营产生不确定性，最终引起收益变化。

2) 财务风险

财务风险是指由于企业举债而给财务成果带来的不确定性，又称筹资风险。企业借款，虽可以解决企业资金短缺的困难、提高自有资金的盈利能力，但也改变了企业的资金结构和自有资金利润率，还须还本付息，并且借入资金所获得的利润是否大于支付的利息额，具有不确定性，因此借款就有风险。在全部资金来源中，借入资金所占的比重大，企业的负担就重，风险程度就会增加；借入资金所占的比重小，企业的负担就轻，风险程度就会减轻。因此，必须确定合理的资金结构，既提高资金盈利能力，又防止财务风险加大。

二、资产收益的含义与类型

(一)资产收益的含义

资产收益是指资产的价值在一定时期的增值，有两种表示方式。

第一是以绝对数表示，称为资产的收益额或报酬额，通常以资产价值在一定期限内的增值量来表示。该增值量来源于两个部分：一是期限内资产的现金净收入；二是期末资产的价值(或市场价格)相对于期初价值(价格)的升值。前者多为利息、红利或股息收益，后者为资本利得。

第二是以相对数表示，称为资产的收益率或报酬率，是资产增值量与期初资产价值(价格)的比值。该收益率也包括两个部分：一是利(股)息的收益率，二是资本利得的收益率。

由于以绝对数表示的收益与期初资产的价值(价格)相关，不利于不同规模资产之间收益的比较，而以相对数反映的收益率便于不同规模下资产收益的分析和比较，因此在实际中通常用收益率来表示资产的收益。

另外，由于收益率是相对于特定期限而言的，其大小受计算期限的影响，而计算期限常常不一定是一年，为了便于比较分析，对于计算期限短于或长于一年的资产，在计算收益率时一般要将不同期限的收益率转化成年收益率。

因此，如果不作特殊说明，资产收益指的就是资产的年收益率，又称为资产的报酬率。

(二)资产收益率的类型

在实际的财务工作中，资产收益率可以分为以下六种类型。

(1) 实际收益率，表示已经实现的或者确定可以实现的资产收益率。

(2) 名义收益率，仅指在资产合约上标明的收益率，如借款协议上的借款利率。

(3) 预期收益率，也称为期望收益率，是指在不确定的条件下，预测的某资产未来可能实现的收益率。

(4) 必要收益率，也称最低必要报酬率或最低要求的收益率，表示投资者对某资产合理要求的最低收益率。

(5) 无风险收益率，也称无风险利率，是指可以确定可知的无风险资产的收益率，由纯粹利率(资金的时间价值)和通货膨胀补贴两部分组成。在实务中，通常用短期国库券利率代替无风险收益率。

(6) 风险收益率，是指某资产持有者因承担该资产的风险而要求的超过无风险利率的额外收益，它等于必要收益率与无风险收益率之差。

(三)风险与收益的关系

风险和收益的基本关系是：风险越大，要求的收益率越高。如前所述，各投资项目的风险大小是不同的，在投资收益率相同的情况下，人们都会选择风险小的投资，结果竞争使其风险增加，收益率下降。最终，高风险的项目必须有高收益率，否则就没有人投资；低收益的项目必须风险很低，否则也没有人投资。风险和收益的这种关系，是市场竞争的结果。

风险收益的表现形式是风险收益(报酬)率，就是指投资者因冒风险进行投资而要求的，超过资金时间价值的那部分额外收益率。

如果不考虑通货膨胀的话，投资者进行风险投资所要求或所期望的投资收益率便是资金的时间价值(无风险收益率)与风险收益率之和。风险和必要收益率的关系可用公式表示如下：

$$必要收益率=无风险收益率+风险收益率$$

人们在选择风险时，应遵循这样的原则：风险越大要求的风险收益率越高；在收益率相同时，选择风险小的项目；在风险相同时，选择风险收益率高的项目。

三、单项资产的风险与收益

风险客观存在，广泛影响着企业的财务和经营活动，因此正视风险并将风险程度予以量化，进行较为准确的衡量，便成为企业财务管理中的一项重要工作。对风险的衡量需要使用概率和统计方法。

(一)概率分布

在经济活动中，某一事件在相同的条件下可能发生，也可能不发生，这类事件称为随机事件。概率就是用来表示随机事件发生可能性大小的数值。通常，把必然发生的事件的概率定为1，把不可能发生的事件的概率定为0，而一般随机事件概率是介于0与1之间的一个数。概率越大就表示事件发生的可能性越大。若概率用 P 表示，则概率必须符合下列两个要求。

(1) $0 \leqslant P_i \leqslant 1$

(2) $\sum_{i=1}^{n} P_i = 1$

将随机事件各种可能的结果按一定的规则进行排列，同时列出各种结果出现的相应概率，这一完整的描述称为概率分布。

【例 2-21】 某公司有两个投资机会，A 项目是一个高科技项目，该领域竞争很激烈，如果发展迅速并且该项目投资好，取得较大市场占有率，利润会很大，否则利润很小甚至亏本。B项目是一个老产品并且是必需品，销售前景可以准确预测出来。假设未来的经济情况只有三种：繁荣、正常、衰退，有关概率分布和预期收益率如表2-1所示。

表2-1 有关概率分布和预期收益率

经济情况	发生概率(P_i)	预期收益率 A项目	预期收益率 B项目
繁荣	0.3	90%	20%
正常	0.4	15%	15%
衰退	0.3	-60%	10%

(二)期望值

期望值是一个概率分布中的所有可能结果以各自相应的概率为权数计算的加权平均值，通常用符号E表示。其计算公式如下。

$$E = \sum_{i=1}^{n} X_i P_i$$

式中，E为收益率的期望值；P_i为第i种结果出现的概率；X_i为第i种结果出现后的预期收益率；n为所有可能结果的数目。

据此计算：

预期收益率 $E_A = 0.3 \times 90\% + 0.4 \times 15\% + 0.3 \times (-60\%) = 15\%$

预期收益率 $E_B = 0.3 \times 20\% + 0.4 \times 15\% + 0.3 \times 10\% = 15\%$

两者的预期收益率相同，但其概率分布不同。A项目收益率的分散程度大，变动范围在-60%~90%；B项目收益率的分散程度小，变动范围在10%~20%，这说明两个项目的收益相同，但风险不同。为了衡量风险大小，还要使用统计学中衡量概率分布离散程度的指标。

(三)标准差

标准差是反映概率分布中各种可能结果对期望值的偏离程度，即离散程度的一个数值，通常以符号δ表示。其计算公式如下。

$$\delta = \sqrt{\sum (X_i - E)^2 \times P_i}$$

标准差以绝对数衡量决策方案的风险，在期望值相同的情况下，标准差越大，风险越大；反之，风险越小。

以例2-21中的数据为例计算：

$\delta_A = \sqrt{(90\%-15\%)^2 \times 0.3 + (15\%-15\%)^2 \times 0.4 + (-60\%-15\%)^2 \times 0.3} \times 100\% = 58.09\%$

$\delta_B = \sqrt{(20\%-15\%)^2 \times 0.3 + (15\%-15\%)^2 \times 0.4 + (10\%-15\%)^2 \times 0.3} \times 100\% = 3.87\%$

A项目的标准差是58.09%，B项目的标准差是3.87%，说明A项目的风险比B项目大。标准差作为绝对数，只适用于期望值相同的决策方案风险程度的比较，对于期望值不同的决策方案，评价和比较其各自的风险程度只能借助于标准离差率这一相对数值。

(四)标准离差率

标准离差率是标准差同期望值之比,通常用符号 V 表示。其计算公式如下。

$$V = \frac{\delta}{E} \times 100\%$$

在期望值不同的情况下,标准离差率越大,风险越大;反之,风险越小。

现仍以例 2-21 的有关数据为例计算:

$$V_A = \frac{58.09\%}{15\%} \times 100\% = 387.30\%$$

$$V_B = \frac{3.87\%}{15\%} \times 100\% = 25.82\%$$

显然,A 项目的标准离差率大于 B 项目的标准离差率,说明 A 项目风险大于 B 项目。通过上述方法将决策方案的风险加以量化后,决策者便可据此作出决策。对于单个方案,决策者可根据其标准差的大小,同设定的可接受的此项指标最高限值对比,看前者是否低于后者,然后作出取舍。对于多方案择优,决策者的行为准则应是选择低风险、高收益的方案,即选择标准离差率最低、期望值最高的方案。

(五)风险收益率

标准离差率虽然能评价投资风险的大小,但这还不是风险收益率。要计算风险收益率,还必须借助一个系数,即风险收益系数。风险收益率、风险收益系数的关系表示如下。

$$R_R = bv$$

式中,R_R 为风险收益率;b 为风险收益系数;v 为风险程度(常用标准离差率计量)。

那么,期望投资总报酬率可以表示如下。

$$K = R_F + R_R = R_F + bv$$

式中,K 为期望投资总收益率;R_F 为无风险收益率(通常用国库券利率代替)。

风险收益率如图 2-7 所示。

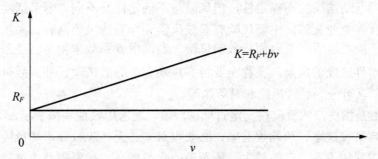

图 2-7 风险收益率分析图示

无风险收益率就是加上通货膨胀贴水后的货币时间价值,西方一般把投资于国库券的收益率视为无风险收益率。

风险收益系数是将标准离差率转化为风险收益的一种系数。承例 2-21,假设 A 项目的风险收益系数为 5%,B 项目的风险收益系数为 6%,则两个项目的风险收益率分别为:

$R_{RA} = bv = 5\% \times 387.30\% = 19.37\%$

$R_{RB} = bv = 6\% \times 25.82\% = 154.92\%$

如果无风险报酬率为10%，则两个项目的期望投资收益率分别为：

$K_A = 10\% + 5\% \times 387.30\% = 29.37\%$

$K_B = 10\% + 6\% \times 25.82\% = 164.92\%$

其中，风险收益系数取决于各项目投资者的风险厌恶程度，可以通过统计方法来测定。如果大家都愿意冒险，则竞争者多，收益率下降，风险收益系数就小，风险溢价就不大；如果大家都不愿冒风险，则竞争者少，收益率上升，风险收益系数就大，风险溢价就大。

案例解析

3路易的本金，以5厘复利(利滚利)计息，经过188次方的复利计算，最终的结果就高达1 375 596法郎。法国政府不愿意付一百多万法郎给卢森堡，又不能公开承认拿破仑是个言而无信的小人，最后以"以后，无论在精神上还是物质上，法国将始终不渝地对卢森堡大公国的中小学教育事业予以支持与赞助，来兑现我们的拿破仑将军那一诺千金的玫瑰花信誉"来偿清"玫瑰债"。

项 目 小 结

资金的时间价值是货币资金经历一定时间的投资和再投资所增加的价值。它有其产生的前提条件和源泉，资金的时间价值一般用利率来表示。计算资金的时间价值涉及终值和现值两个概念，它们是不同时点上的价值。现值也称本金，一般是指现在的价值，终值一般是指将来的价值。根据收付款项的情况不同，分为一次性收付款项的现值与终值和年金的现值与终值，年金具体有普通年金、预付年金、永续年金和递延年金四种形式。值得注意的是，现值与终值一般按复利计算。

风险是某项行动结果的不确定性，但风险与不确定性又不同，财务活动经常是在有风险的条件下进行。企业面临的主要风险有系统风险和非系统风险两种。系统风险是指影响所有资产的、不能通过资产组合而分散的风险，通常用β系数来衡量；非系统风险是指个别企业的特有事件造成的风险，又称企业特有风险和可分散风险。非系统风险根据风险形成的原因不同，又可分为经营风险和财务风险。

资产的收益是指资产的价值在一定时期的增值。通常用收益率来表示，其类型主要有：实际收益率、名义收益率、预期收益率、必要收益率、无风险收益率和风险收益率。风险和收益之间存在密切关系，风险越大，所希望的收益越高。投资收益由风险收益和无风险收益构成。

单项资产的风险可用期望值和标准差(系数)来衡量。

项目强化训练

一、单项选择题

1. 一定数量的货币资金一定时期后的价值，称为( )。
   A. 复利终值　　B. 复利现值　　C. 年金终值　　D. 年金现值

2. 每年年底存款100元，求第五年年末的价值总额，应用( )来计算。
   A. 复利终值系数　　　　　　B. 复利现值系数
   C. 年金终值系数　　　　　　D. 年金现值系数

3. 某大学决定建立科学奖金，现准备存入一笔资金，预计以后无限期地在每年年末支取利息20 000元用来发放奖金。在存款年利率为10%的条件下，现在应存入( )元。
   A. 25 000　　B. 200 000　　C. 215 000　　D. 16 000

4. 某人将现金100元存入银行，存期5年，按照单利计算，年利率为10%，到期时此人可得本利和( )元。
   A. 1 500　　B. 1 250　　C. 1 100　　D. 1 050

5. 假设企业按照12%的年利率取得贷款200 000元，要求在5年内每年年末等额偿还，每年的偿付额应为( )元。
   A. 40 000　　B. 52 000　　C. 55 482　　D. 65 400

6. 以下关于年金的说法中，正确的是( )。
   A. 期末年金的现值大于期初年金的现值
   B. 期初年金的现值大于期末年金的现值
   C. 期末年金的终值大于期初年金的终值
   D. A和C都正确

7. 企业打算在未来3年每年年初存入2 000元，年利率为2%，单利计息，则在第三年年末存款的终值是( )元。
   A. 6 120.8　　B. 6 243.2　　C. 6 240　　D. 6 606.6

8. A方案在3年中每年年初付款100元，B方案在3年中每年年末付款100元，若利率为10%，则二者在第3年年末时的终值之差为( )。
   A. 33.1　　B. 31.3　　C. 133.1　　D. 13.31

9. 甲方案的标准离差是1.42，乙方案的标准离差是1.06。如甲乙两个方案的期望值相同，则两个方案的风险关系为( )。
   A. 甲大于乙　　B. 甲小于乙　　C. 甲乙相等　　D. 无法确定

10. 某项目的风险系数为0.8，标准离差率为16%，则风险收益率为( )。
    A. 16%　　B. 10%　　C. 12.8%　　D. 24%

二、多项选择题

1. 在利率一定的条件下，随着期限的增加，下述表达中不正确的有( )。
   A. 复利现值系数变大　　　　B. 复利终值系数变大

C. 普通年金现值系数变小　　　　　D. 普通年金终值系数变大
2. 影响资金时间价值大小的因素主要包括(　　　)。
　　A. 单利　　　　B. 复利　　　　C. 资金额　　　　D. 利率和期限
3. 递延年金的特点包括(　　　)。
　　A. 年金的第一次支付发生在若干期之后
　　B. 没有终值
　　C. 年金的现值和与递延期无关
　　D. 年金的终值和与递延期无关
4. 企业的财务风险主要来自(　　　)。
　　A. 市场销售带来的风险　　　　　B. 生产成本带来的风险
　　C. 借款筹资增加的风险　　　　　D. 筹资决策带来的风险
5. 在财务管理中，经常用来衡量风险大小的指标有(　　　)。
　　A. 标准离差　　　　　　　　　　B. 边际成本
　　C. 风险收益率　　　　　　　　　D. 标准离差率

三、判断题

1. 在同期、同利率的情况下，预付年金终值系数同普通年金终值系数相比，是"期数加1、系数减1"。（　）
2. 若A投资方案的标准离差率为5.67%，B投资方案的标准离差率为3.46%，则可以判断B投资方案的风险一定比A投资方案的风险小。（　）
3. 普通年金与预付年金的区别仅在于计息时间的不同。（　）
4. 永续年金与其他年金一样，既有现值，又有终值。（　）
5. 对于多个单项资产投资方案而言，无论各方案的期望值是否相同，标准离差率最大的方案一定是风险最大的方案。（　）
6. 在利率和计息期数相同的条件下，复利现值系数与复利终值系数互为倒数。（　）
7. 在两个方案对比时，标准离差越小，说明风险越大。（　）
8. 标准离差反映风险的大小，可以用来比较各种不同投资方案的风险程度。（　）
9. 风险总是和收益并存，因此高风险的投资项目一定会带来高收益。（　）
10. 对于多个投资方案而言，无论各方案的期望值是否相同，标准离差率最大的方案一定是风险最小的方案。（　）

四、名词解释

资金时间价值　　终值　　现值　　年金　　风险　　资产收益率

五、思考题

1. 什么是资金时间价值？如何理解这一概念？
2. 什么是复利？复利和单利有何区别？
3. 简述年金的概念和种类。
4. 简述普通年金和预付年金的区别及其计算的联系。

5. 递延年金的计算方法有几种？
6. 简述名义利率与实际利率的定义。两者在什么时候不同？
7. 什么是风险？风险有哪些种类？
8. 如何计量单项资产、资产组合的风险程度及其风险收益？

六、计算题

1. 榕辉机械有限责任公司拟购置一处房屋，房主提出如下两种付款方案。
(1) 从现在起，每年年初支付20万元，连续支付10次，共200万元。
(2) 从第5年开始，每年年初支付25万元，连续支付10次，共250万元。
要求：假设该公司的最低收益率为10%，该公司应选择哪种付款方案？

2. 某人现在存入银行20 000元，假设银行利率为6%。
要求：今后10年内每年年末可提取现金多少元？

3. 榕辉机械有限责任公司有一项付款业务，有如下甲乙两种付款方式可供选择。甲方案：现在支付10万元，一次性结清；乙方案：分3年付款，1~3年每年年初的付款额分别为3万元、4万元、4万元，假定年利率为10%。
要求：按照现值计算，从甲乙两种方案中选优。

4. 榕辉机械有限责任公司准备以1 500万元投资筹建一工厂。根据市场预测，每年可获得的收益及其概率的资料如下所示。

市场情况	每年收益	概率
繁荣	360万元	0.2
一般	300万元	0.5
较差	180万元	0.3

已知水泥行业的风险收益系数为6%，市场无风险利率为8%。
要求：根据上述资料，计算并回答下列问题。
(1) 该项投资的收益期望值为多少？
(2) 该项投资的标准离差为多少？
(3) 该项投资的标准离差率为多少？
(4) 导入风险收益系数，投资者要求的风险收益率为多少？
(5) 该方案预测风险收益率为多少？评价方案是否可行。

项目三 资金筹集

【知识目标】

- 了解企业筹资的概念和动因。
- 熟悉权益资金的各种筹资方式及其优缺点。
- 熟悉债务资金的各种筹资方式及其优缺点。

【技能目标】

- 短期借款实际利率的计算。
- 融资租赁的租金计算。
- 确定是否享受现金折扣的决策。

案例引导

迪士尼公司的债券发行

迪士尼公司是一家多样化经营的国际娱乐公司,其业务包括主题公园和旅游胜地、电影业及消费品。主题公园和旅游胜地业务产生的收入约占其总收入的40%,电影业约占40%,消费品约占20%。

1993年7月,迪士尼公司决定增发长期负债。迪士尼公司的资本状况很稳健,它的长期负债被穆迪投资者服务公司评为A级,被标准普尔公司评为AA级。迪士尼公司在1993年6月30日的资本总额如表3-1所示。

表3-1 资本总额　　　　　　　　　　　　　　　　单位:百万美元

项目	账面价值(1993年6月30日)
短期负债	503.7
长期负债	1 455.5
股东权益	5 169.1
资本总额	6 624.6
资本总额(包括短期负债)	7 128.3

它在至1993年6月30日为止的12个月内的利息保障如表3-2所示。

表3-2 利息保障　　　　　　　　　　　　　　　金额单位:百万美元

项目	账面价值(1993年6月30日)
息税前盈余	1 640.5
利息费用	122.4
利息保障比率	13.4

在过去几年中,利率在下降,而且接近过去20年来的最低水平,这使长期负债成为一种有吸引力的融资方式。当时固定利率的长期债券的众多投资者开始相信,美国已控制住了通货膨胀,长期利率不可能再回到20世纪80年代初期的那种高水平。

分析:迪士尼公司为什么选择债券融资而不是股票融资?

理论认知

任务一　企业筹资概述

资金是企业创建、生存和发展的必要条件。企业筹资是指企业根据经营活动、投资活动、资本结构管理和其他需要,通过一定的筹资渠道,采取一定的筹资方式,获取所需资金的一种财务行为。

一、筹资动机

筹资动机是企业筹资活动的基本出发点。企业筹资最基本的目的是维持和发展企业经营，但每次具体的筹资活动通常受特定动机的驱动，归纳起来主要有以下五种类型。

1. 创立性筹资动机

创立性筹资动机是指企业创建时为筹集正常经营活动所需资金而产生的筹资动机。企业创建时，要购建厂房设备、安排流动资金等，以形成企业的经营能力。因此，首先需要筹集注册资本和资本公积等股权资金，股权资金不足部分还需要筹集银行借款等债务资金。

2. 支付性筹资动机

支付性筹资动机是指企业为满足经营活动的正常波动所形成的支付需要而产生的筹资动机。企业在生产经营活动中，常常会出现各种各样临时性的交易支付需要，如大量储备存货以消除涨价风险、员工工资的集中发放、股东股利的发放等。这些情况都会导致企业资金需求的骤然增加，必然需要通过临时性筹资来维持企业的支付能力，以保证企业生产经营活动正常进行。

3. 扩张性筹资动机

扩张性筹资动机是指企业因扩大经营规模或对外投资需要而产生的筹资动机。为了应付激烈市场竞争的需要和对于利润的无限追求的本性，企业就会产生扩大生产经营规模、开展对外投资的现实需求。这时，原有的资金规模就难以满足需要，只能大量追加筹资。具有良好发展前景、处于成长期的企业，通常会产生扩张性筹资动机。扩张性筹资活动往往会使企业资产总规模增加和资本结构发生明显变化。

4. 调整性筹资动机

调整性筹资动机是指企业为调整资本结构而产生的筹资动机。资本结构调整的目的在于降低资本成本，控制财务风险，提升企业价值。企业产生调整性筹资动机的具体原因主要有两种。一是优化资本结构，合理利用财务杠杆效应。企业的资本结构是企业采取各种筹资方式组合而形成的，债务资金成本相对较低，但财务风险高，权益资金的财务风险低但成本较高。随着相关情况的变化，现有的资本结构可能不再合理，需要相应地予以调整，达到优化资本结构的目的。二是偿还到期债务，债务内部结构调整。例如，短期负债过多，使得企业近期偿还债务的压力较大，可以通过筹措长期债务来偿还部分短期债务。又如，一些债务即将到期，企业虽然有足够的偿债能力，但为了保持现有的资本结构，可以举借新债以偿还旧债。调整性筹资是为了调整资本结构，而不是为企业经营活动追加资金，因此通常不会增加企业的资本总额。

5. 混合性筹资动机

混合性筹资动机是指企业为满足多种资金需要而产生的筹资动机。在实际工作中，企业筹资的目的可能不是单一的，通过筹资，企业既满足了经营活动、投资活动的资金需要，又达到了调整资本结构的目的。例如，企业对外投资需要大规模资金，通过筹措长期债务资金解决，既扩大了企业规模，又使得企业的资本结构有较大的变化。混合性筹资动机一般是基于企业扩大规模和调整资本结构两种目的，同时具有扩张性筹资动机和调整性筹资动机的性质，往往会增加企业的资本规模，同时企业资本结构也发生变化。

二、筹资渠道和筹资方式

企业需要通过一定的筹资渠道，采用一定的方式来筹集资金。同一筹资渠道的资金可以采用不同的筹资方式取得，同一筹资方式也可以通过不同的筹资渠道来获取资金。

(一)筹资渠道

筹资渠道是指企业筹集资金来源的方向和通道，体现资金的源泉和流量。目前，我国企业筹资渠道主要有以下七种。

1. 政府财政资金

政府财政资金是指由政府通过财政部门以拨款或注资的方式投入企业的资金。政府财政资金是国有企业筹资的主要来源，政策性很强，通常只有国有独资或国有控股企业才能利用。

2. 银行信贷资金

银行信贷资金贷款方式灵活多样，可以适应各类企业资金筹集的需要，是各类企业筹资的重要来源。

3. 非银行金融机构资金

非银行金融机构是指除银行以外的各种金融机构及金融中介机构。我国非银行金融机构主要有租赁公司、保险公司、证券公司、企业集团的财务公司以及信托投资公司。虽然这种筹资渠道筹集的资金规模比银行小，但具有广阔的发展前景。

4. 其他法人资金

在我国，法人可分为企业法人、事业法人和团体法人等。法人单位在日常的资金运转中可能形成部分暂时闲置的资金，为了让其发挥一定的效益，也需要相互融通。因此，其他法人资金也为筹资企业提供一定的资金来源。

5. 民间资金

随着居民收入水平的不断提高，民间资金越来越多地流向资本市场，可以对一些企业直接进行投资，为企业筹资提供资金来源，并逐渐成为一些企业的重要筹资渠道。

6. 企业内部资金

企业内部资金主要包括企业提取的盈余公积和未分配利润而形成的资金。这是企业内部的筹资渠道，比较便捷，只要有留存收益的企业都可以使用。

7. 我国港澳台地区和国外资金

在改革开放的市场条件下，企业可以吸收我国香港、澳门和台湾地区以及国外的投资者持有的资金，从而形成更多投资企业的筹资渠道。

(二)筹资方式

筹资方式是指企业筹集资金所采用的具体形式，体现资金的属性和期限。一般来说，企业最基本的筹资方式有两种：股权筹资和债务筹资，具体有以下七种。

1. 吸收直接投资

吸收直接投资是指企业以投资合同、协议等形式直接获取国家、法人单位、自然人等投资主体的资金，是一种权益筹资方式。这种筹资方式不以股票为载体，主要适用于非股份制公司。

2. 发行股票

发行股票是指企业以发售股票的方式获取资金的筹资方式，是一种权益筹资方式。这种筹资方式必须以股票为载体，只适用于股份有限公司。股票的发售对象可以是社会公众，也可以是定向的特定投资主体。

3. 向金融机构借款

向金融机构借款是指企业按照借款合同从银行等金融机构获取资金的筹资方式。这种筹资方式广泛适用于各类企业，是一种债务筹资方式。

4. 发行债券

发行债券是指企业以发售公司债券的方式获取资金的筹资方式，是一种债务筹资方式。发行债券适用于向法人单位和自然人两种渠道筹资。

5. 融资租赁

融资租赁是指企业与租赁公司签订租赁合同，从租赁公司租入资产，通过对租赁物的占有、使用从而获取资金的筹资方式，是一种债务筹资方式。融资租赁不直接取得货币性资金，而是通过租赁信用关系直接获取实物资产，然后通过分期交付租金方式偿还资产的价款。

6. 商业信用

商业信用是指企业之间在商品或劳务交易中，由于延期付款或延期交货所形成的借贷信用关系，是一种债务筹资方式。商业信用是由于企业交易活动而形成的，广泛应用于各类企业，是企业获取短期资金的一种重要的和经常性的来源。

7. 留存收益

留存收益是指企业提取的盈余公积和企业留存的未分配利润。留存收益实质上是企业将当年利润转化为股东对企业追加投资的过程，是一种权益筹资方式。

三、筹资分类

企业筹资按照不同的标准可分为不同的筹资类别。

1. 权益筹资、债务筹资及衍生工具筹资

按企业筹集资金的属性不同，企业筹资可以分为权益筹资、债务筹资及衍生工具筹资三种类型。

权益筹资形成企业的股权资金，也称为自有资金，是企业依法取得并长期拥有，可自主调配运用的资金。权益资金包括实收资本(股本)、资本公积、盈余公积和未分配利润，一般采用吸收直接投资和发行股票等方式形成。权益资金一般不用偿还本金，形成了企业的永久性资金，因此财务风险小，但付出的资金成本相对较高。

债务筹资形成企业的债务资金，也称为借入资金，是企业按合同向债权人取得的，在规定期限内需要清偿的债务。债务资金主要采用向金融机构借款、发行债券、融资租赁等方式取得。债务资金到期要归还本金和支付利息，具有较大的财务风险，但付出的资金成本相对较低。

衍生工具筹资包括具有权益与债务筹资双重性质的混合筹资和其他衍生工具融资。我国上市公司目前最常见的混合筹资方式是发行可转换债券，最常见的其他衍生工具筹资方式是发行认股权证。

2. 直接筹资与间接筹资

按企业是否借助于金融机构，企业筹资可以分为直接筹资与间接筹资两种类型。

直接筹资是指企业不通过金融机构，直接与资金所有者协商获取资金的筹资活动。直接筹资主要有吸收直接投资、发行股票、发行债券等方式，既可以筹集权益资金，也可以筹集债务资金。一般来说，直接筹资的手续比较复杂，筹资效率较低，筹资费用较高；但筹资领域广阔，可利用的筹资渠道和筹资方式较多，有利于改善资本结构，提高企业的知名度和资信度。

间接筹资是指企业借助金融机构筹集资金。间接筹资是一种传统的筹资方式，金融机构发挥中介作用，先集聚资金，然后提供给企业。间接筹资的基本方式是银行借款、融资租赁，形成的主要是债务资金。间接筹资手续相对简便，筹资效率较高，筹资费用较低，但范围相对较窄，筹资渠道和筹资方式较少，主要是为了满足企业资金周转的需要，而且容易受金融政策的制约和影响。

3. 内部筹资与外部筹资

按资金的来源范围不同，企业筹资可以分为内部筹资与外部筹资两种类型。

内部筹资是指企业通过留存利润而形成资金的筹资活动。内部筹资一般没有筹资费用，筹资规模受企业可分配利润的多少和利润分配政策的限制。

外部筹资是指企业向外部获取资金的筹资活动。处于初创期的企业，内部筹资的可能性有限；处于成长期的企业，内部筹资规模往往难以满足资金需求，因而企业需要广泛地开展外部筹资。外部筹资大多需要一定的筹资费用，从而相对提高了资金成本。

4. 长期筹资与短期筹资

按筹集资金的使用期限不同，企业筹资可以分为长期筹资与短期筹资两种类型。

长期筹资是指企业筹集使用期限在 1 年以上的资金。长期筹资通常采取吸收直接投资、发行股票、发行债券、长期借款、融资租赁等方式。从资金性质来看，长期资金可以是权益资金，也可以是债务资金。

短期筹资是指企业筹集使用期限在 1 年以内的资金。短期资金主要用于企业的流动资产和资金日常周转，一般在短期内需要偿还。短期筹资通常采用商业信用、短期借款等方式，所筹资金一般是债务资金。

四、筹资原则

企业筹资管理的基本要求，是在严格遵守国家法律、法规的基础上，分析影响筹资的各种因素，权衡资金的性质、数量、成本和风险，合理选择筹资方式，提高筹资效果。企业筹资具体应遵循以下五个原则。

1. 合法性原则

企业的筹资活动影响着社会资金及资源的流向和流量，涉及相关投资者的经济利益，影响着社会经济秩序，因此企业的筹资活动必须遵循国家的相关法律、法规，依法履行合同约定的责任，依法披露信息，维护各方的合法权益。

2. 适当性原则

不同时期的企业资金需求会发生变化，企业要根据生产经营及其发展的需要，合理预测并确定筹资的规模。筹资规模与资金需要量应当平衡，既要避免因筹资不足影响生产经营的正常进行，也要防止因筹资过剩形成资金闲置。

3. 及时性原则

企业投资一般都有时间性的要求，因此企业筹资要合理预测并确定资金需要的时间。根据资金需求的具体情况合理安排资金到位时间，使筹资与投资在时间上相衔接，既要避免过早筹集资金形成的资金闲置，也要防止取得资金的时间滞后，贻误投资时机而造成损失。

4. 经济性原则

企业筹资渠道和方式各种各样，不同渠道和方式筹集的资金难易程度、资金成本各有差异，企业应综合考虑各种筹资渠道和方式，选择经济、可行的资金来源，寻求最优的筹资组合，力求降低筹资成本。

5. 合理性原则

企业筹资要综合考虑权益资金与债务资金的关系、长期资金与短期资金的关系、内部筹资与外部筹资的关系，合理安排资本结构，既要有效地利用负债经营，提高权益资金的收益水平，又要避免债务资金比例过高，导致财务风险过大，偿债负担过重。

任务二 权益资金的筹集

权益资金是企业所有者投入企业的资本金和企业在生产经营过程中形成的留存收益等，是企业筹集债务资金的前提与基础。权益资金的筹资方式包括吸收直接投资、发行普通股和利用留存收益三种主要形式。

一、吸收直接投资

吸收直接投资是指企业按照"共同投资、共同经营、共担风险、共享收益"的原则，直接吸收国家、法人、个人和外商投入资金的一种筹资方式。吸收直接投资是非股份制企业筹集权益资金的基本方式，以这种方式筹集的资金，注册资本部分形成实收资本；超过注册资本的部分属于资本溢价，形成资本公积。

(一)吸收直接投资的种类

吸收直接投资按照资金来源不同可分为以下四种类型。

1. 吸收国家投资

国家投资是指有权代表国家投资的政府部门或机构，以国有资产投入公司，这种情况下形成的资本称为国有资本。吸收国家投资的产权归属国家，资金的运用和处置受国家约束较大，通常国有公司才能采用。

2. 吸收法人投资

法人投资是指法人单位以其依法可支配的资产投入公司，这种情况下形成的资本称为法人资本。吸收法人投资一般发生在法人单位之间，出资方式灵活多样，以参与公司利润分配或控制为目的。

3. 吸收社会公众投资

社会公众投资是指社会个人或本公司职工以个人合法财产投入公司，这种情况下形成的资本称为个人资本。吸收社会公众投资参加投资的人员一般较多，每人投资的数额相对较少，以参与公司利润分配为目的。

4. 吸收外商投资

吸收外商投资是指与外国投资者共同投资创办中外合资经营企业或者中外合作经营企业，并且共同经营、共担风险、共负盈亏、共享利益的一种直接投资方式。

(二)吸收直接投资的方式

1. 货币资金投资

货币资金投资是吸收直接投资中最主要的出资方式。货币资金具有很大的灵活性，便于获取其他物资,支付各种费用,满足企业创建开支和日常周转需要。我国《公司法》规定,公司全体股东或者发起人的货币出资金额不得低于公司注册资本的30%。

2. 实物资产投资

实物资产投资是指投资者以房屋、建筑物、设备等固定资产和材料、燃料、商品产品等流动资产所进行的投资。企业吸收实物资产投资应符合以下条件:一是适合企业生产、经营、研发等活动的需要;二是技术性能良好;三是作价公平合理。

3. 土地使用权投资

土地使用权是指土地经营者对依法取得的土地在一定期限内有进行建筑、生产经营或其他活动的权利。企业吸收土地使用权投资应符合以下条件:一是适合企业生产、经营、研发等活动的需要;二是地理、交通条件适宜;三是作价公平合理。

4. 工业产权投资

工业产权通常是指专有技术、商标权、专利权、非专利技术等无形资产。企业吸收工业产权投资应符合以下条件:一是有助于企业研究、开发和生产出新的高科技产品;二是有助于企业提高生产效率,改进产品质量;三是有助于企业降低生产消耗、能源消耗等各种消耗;四是作价公平合理。此外,国家相关法律、法规还规定,股东或者发起人不得以劳务、信用、自然人姓名、商誉、特许经营权或者设定担保的财产等作价出资。

5. 特定债权投资

特定债权是指企业依法发行的可转换债券以及按照国家有关规定可以转作股权的债权。

(三)吸收直接投资的程序

1. 确定筹资数量

资金需要量根据企业的生产经营规模和供销条件等来核定,与筹资数量应当相适应。

2. 寻找投资单位

企业既要广泛了解有关投资者的资信、财力和投资意向,又要通过信息交流和宣传,使出资方了解企业的经营能力、财务状况及未来预期,以便于公司从中寻找最合适的合作伙伴。

3. 协商和签署投资协议

找到合适的投资伙伴后,双方进行具体协商,确定出资数额、出资方式和出资时间。企业应尽可能吸收货币资金投资,如果投资方确有先进而且适合的固定资产和无形资产,也可采取非货币投资方式。当出资数额、资产作价确定后,双方签署投资协议或合同,以明确双方的权利和责任。

4. 取得所筹集的资金

签署投资协议后,企业应按规定或计划取得资金。如果采取货币资金投资方式,通常还要编制拨款计划，明确拨款期限、每期数额及划拨方式。如为实物、工业产权、土地使用权投资，要核实财产数量是否准确，特别是价格有无高估或低估情况，必要时可聘请资产评估机构来评定，然后办理产权的转移手续取得资产。

(四)吸收直接投资的优缺点

1. 吸收直接投资的优点

(1) 手续相对简便，筹资费用较低。吸收直接投资的双方直接接触磋商，没有中间环节，只要双方协商一致即可成功。

(2) 能够尽快形成生产经营能力。吸收直接投资不仅可以取得一部分货币资金，而且能够直接获得所需的先进设备和技术，尽快形成生产经营能力。

(3) 容易进行信息沟通。吸收直接投资的投资者比较单一，股权没有社会化、分散化，有的投资者甚至直接担任公司管理层职务，公司与投资者易于沟通。

(4) 有利于增强企业信誉。吸收直接投资筹集的资金属于权益资金，与债务筹资相比，能提高企业的信誉和借款能力。

(5) 财务风险较低。与债务筹资相比，吸收直接投资没有固定的还本付息的压力，财务风险较小。

2. 吸收直接投资的缺点

(1) 资金成本较高。相对于股票筹资方式来说，吸收直接投资的资本成本较高。向投资者支付的报酬是按照企业实现的净利润和其出资数额来计算的，而且不能抵扣所得税，当企业盈利较多时，投资者往往要求支付高额的红利。

(2) 公司控制权集中，不利于公司治理。采用吸收直接投资方式筹资，投资者一般都要求获得与投资数额相适应的经营管理权。如果某个投资者的投资额比例较大，则该投资者对企业的经营管理就会有相当大的控制权，容易损害其他投资者的利益。

(3) 不易进行产权交易。吸收直接投资没有证券为媒介，不利于产权交易，产权转让较难。

二、发行普通股

股票是股份有限公司为筹集权益资金而发行的有价证券，是公司签发的证明股东持有公司股份的凭证，代表着股东对发行公司净资产的所有权。股票只能由股份有限公司发行。

(一)股票的特征

(1) 永久性。发行股票所筹集的资金属于公司的长期自有资金，没有期限，无须归还。

(2) 流通性。股票作为一种有价证券，在资本市场上可以自由转让、买卖，也可以继承、赠送或作为抵押品。

(3) 风险性。由于股票的永久性，股东成为企业风险的主要承担者。风险的表现形式主要有：股票价格的波动性、股利的不确定性、破产清算时股东处于剩余财产分配的最后顺序等。

(4) 参与性。股东作为股份公司的所有者，拥有参与企业管理的权利，包括经营者选择权、重大决策权、财务监控权等。同时，股东还有承担有限责任、遵守公司章程等义务。

(二)股票的种类

1. 普通股股票和优先股股票

根据股东权利和义务的不同，股票可分为普通股股票和优先股股票。

普通股股票简称普通股，是指公司发行的代表股东享有平等权利和义务，没有特别限制的，股利不固定的股票。普通股是最基本的股票，通常情况下股份有限公司只发行普通股。

优先股股票简称优先股，是指公司发行的、在分配股利和剩余财产相对于普通股具有一定优先权的股票。优先股股东在参与公司经营管理上受到一定限制，在股东大会上仅对涉及优先股权利的问题有表决权。

2. 记名股票和无记名股票

根据票面是否记名，股票可分为记名股票和无记名股票。

记名股票是指在股票票面上记载有股东姓名或将名称记入公司股东名册的股票。无记名股票是指不登记股东名称，只记载股票数量、编号及发行日期。

我国《公司法》规定，公司向发起人、国家授权投资机构、法人发行的股票，应为记名股票；向社会公众发行的股票，可以为记名股票，也可以为无记名股票。

3. A股、B股、H股、N股和S股等

根据发行对象和上市地点的不同，股票可分为A股、B股、H股、N股和S股等。

A股是指我国境内公司发行、境内上市交易，以人民币标明面值，并以人民币认购和交易的股票。B股是指我国境内公司发行、境内上市交易，以人民币标明面值，以外币认购和交易的股票。H股是注册地在内地、在香港上市的股票。N股是在纽约上市的股票。S股是在新加坡上市的股票。

(三)普通股股东的权利

(1) 经营管理权。经营管理权主要体现在重大决策参与权、经营者选择权、财务监控权、公司经营的建议和质询权、股东大会召集权等方面。

(2) 收益分享权。股东有权通过股利方式获取公司的税后利润，利润分配方案由董事会提出并经过股东大会批准通过。

(3) 股份转让权。股东有权出售或转让所持有的股票。

(4) 优先认股权。原有股东拥有优先认购本公司增发股票的权利。

(5) 剩余财产要求权。当公司解散、清算时，股东有对清偿债务、清偿优先股股东之后的剩余财产索取的权利。

(四)发行普通股筹资的优缺点

1. 发行普通股筹资的优点

(1) 有利于公司自主经营管理。通过对外发行股票，公司的所有权与经营权相分离，分散了公司控制权，有利于公司自主管理、自主经营。

(2) 能增强公司的社会声誉。发行普通股筹集的资金是权益资金，而且股东的大众化，可以为公司带来广泛的社会影响，增强企业的举债能力。

(3) 财务风险较小。普通股没有固定的到期日，不用偿还本金，也没有固定的股利支付压力，因此财务风险较小。

2. 发行普通股筹资的缺点

(1) 资金成本较高。股票投资的收益具有不确定性，风险较大，投资者会要求较高的风险补偿。另外，股利是从税后利润中支付的，因此股票筹资的成本较高。

(2) 分散控制权。普通股筹资的股东众多，公司的控制权分散，公司也容易被经理人控制。另外，上市公司股票的流通性强，容易在资本市场上被恶意收购。

(3) 不易及时形成生产能力。普通股筹资吸收的一般都是货币资金，需要通过购置和建造形成生产经营能力，相对吸收直接投资方式来说，不易及时形成生产经营能力。

三、利用留存收益

留存收益是指企业从历年实现的净利润中提取或留存于企业的内部积累，主要包括盈余公积和未分配利润两个部分。利用留存收益的优缺点如下。

1. 利用留存收益的优点

(1) 没有筹资费用。与发行普通股筹资相比较，利用留存收益不需要发生筹资费用，资本成本较低。

(2) 维持普通股股东的控制权。利用留存收益筹资，不用对外发行新股或吸收新投资者，不会改变公司原有股权结构，不会稀释原有股东的控制权。

(3) 增强公司信誉。留存收益属于权益资金，而且能够使企业保持较大的可支配现金流，解决公司经营发展的资金需要，相应地提高企业举债的能力。

2. 利用留存收益的缺点

(1) 筹资规模有限。当期留存收益的最大数额是本期的净利润和以前年度未分配利润之和，如果企业发生亏损，则当年没有利润留存。而且，股东和投资者从自身利益出发，一般希望企业每年发放一定股利，所以其筹资规模有限。

(2) 资金使用受限。留存收益中的某些项目，如法定盈余公积等的使用要受国家有关规定的制约。

四、权益筹资的优缺点

(一)权益筹资的优点

1. 权益筹资是企业稳定的资本基础

权益资金没有固定的到期日，无须偿还，是企业的永久性资本。这对于保障企业对资金的最低需求、促进企业长期持续稳定经营具有重要意义。

2. 权益筹资是企业良好的信誉基础

权益资金作为企业最基本的资本，代表了公司的实力，是企业与其他单位组织开展经营业务、进行业务活动的信誉基础。同时，权益资金也是其他方式筹资的基础，可以为债务筹资提供信用保障。

3. 企业的财务风险较小

权益资金没有还本付息的固定财务压力，而且企业可以根据其经营状况和业绩的好坏，决定向投资者支付多少报酬。另外，相对于债务资金而言，权益筹资限制少，资金使用上一般也无特别限制。

(二)权益筹资的缺点

1. 资金成本负担较重

投资者投资于股权特别是投资于股票的风险较高，投资者或股东相应要求得到较高的报酬率，而且普通股的发行、上市等方面的费用也十分庞大。另外，股利、红利从税后利润中支付，不能抵扣所得税。所以，一般而言，权益筹资的资金成本要高于债务筹资。

2. 控制权变更可能影响企业长期稳定发展

利用权益筹资，由于引进新的投资者或发行新的股票，必然会导致公司控制权分散，而控制权变更过于频繁，会影响公司管理层的人事变动和决策效率，影响公司的正常经营。

3. 信息沟通与披露成本较大

投资者或股东作为企业的所有者，企业需要通过各种渠道和方式加强与投资者的关系，保障投资者的权益。特别是上市公司，股东众多且分散，只能通过公司的公开信息披露公司状况，这需要公司花更多的精力进行公司的信息披露和投资者关系管理。

任务三　债务资金的筹集

债务资金是指企业债权人按契约约定借给企业，并要求按时还本付息的资金，即负债。企业债务筹资主要有银行借款、发行公司债券、融资租赁、商业信用等形式。

一、银行借款

银行借款是指企业向银行或其他非银行金融机构借入的、需要还本付息的款项。

(一)银行借款的种类

1. 长期借款和短期借款

按借款期限的长短不同，银行借款可分为长期借款和短期借款。

长期借款是指贷款期限超过 1 年的贷款，主要用于企业购建固定资产和满足长期流动资金周转的需要。

短期借款是指贷款期限在1年以内的贷款,主要用于满足企业短期流动资金周转的需要。

2. 政策性银行贷款、商业性银行贷款和其他金融机构贷款

按提供贷款的机构不同,银行贷款可分为政策性银行贷款、商业性银行贷款和其他金融机构贷款。

政策性银行贷款是指国家政策性银行向企业发放的贷款,通常为长期贷款,主要为执行国家重点扶持行业和支持的项目服务。

商业性银行贷款是指各商业银行向企业提供的贷款,用以满足企业生产经营的资金需要,包括短期贷款和长期贷款。

其他金融机构贷款是指信托投资公司、保险公司等非银行金融机构向企业提供的贷款。其他金融机构贷款一般较商业性银行贷款的期限长,要求的利率较高,对借款企业的信用要求和担保的选择比较严格。

3. 信用贷款和担保贷款

按贷款有无担保要求,银行贷款可分为信用贷款和担保贷款。

信用贷款是指以借款人的信誉或保证人的信用为依据而获得的贷款。信用贷款无须以财产做抵押,风险较高,银行通常要收取较高的利息,往往还附加一定的限制条件。

担保贷款是指由借款人或第三方依法提供担保而获得的贷款。担保贷款又可分为保证贷款、抵押贷款和质押贷款三种基本类型。

保证贷款是指以第三方保证人承诺在借款人不能偿还借款时,按约定承担一定保证责任或连带责任而取得的贷款。

抵押贷款是指以借款人或第三方的财产作为抵押物而取得的贷款。抵押品可以是不动产、机器设备、交通运输工具等实物资产,可以是依法有权处分的土地使用权,也可以是股票、债券等有价证券等。

质押贷款是指以借款人或第三方的动产或财产权利作为质押物而取得的贷款。质押品可以是汇票、支票、债券、存款单、提单等信用凭证,可以是依法可以转让的股份、股票等有价证券,也可以是依法可以转让的商标专用权、专利权、著作权中的财产权等。

4. 基本建设贷款、专项贷款和流动资金贷款

按贷款的用途不同,银行贷款可分为基本建设贷款、专项贷款和流动资金贷款。

基本建设贷款是指企业因新建、改建、扩建等基本建设项目需要而向银行申请的贷款。

专项贷款是指企业因专门用途而向银行申请的贷款,包括更新改造技改贷款、研发和新产品研制贷款、出口专项贷款、进口设备外汇贷款等。

流动资金贷款是指企业为满足流动资金的需求而向银行申请的贷款,包括流动资金借款、生产周转贷款、临时借款等。

(二)长期借款的保护性条款

由于长期借款的金额大、期限长、风险高,因此除借款合同的基本条款外,债权人往往还会要求在借款合同中附加各种保护性条款,以确保企业按要求使用借款和按时足额偿

还借款。保护性条款一般有以下三类。

1. 例行性保护条款

这类条款作为例行常规,在大多数借款合同中都会出现,主要包括以下内容。

(1) 定期向提供贷款的金融机构提交公司财务报表,使债权人可以随时掌握公司的财务状况和经营成果。

(2) 保持存货储备量,不准在正常情况下出售较多的非产成品存货,以保持企业正常的生产经营能力。

(3) 及时清偿到期债务、如期缴纳税款,以防被罚款而造成不必要的现金流失。

(4) 不准以资产作为其他承诺的担保或抵押。

(5) 不准贴现应收票据或出售应收账款,以避免或有负债等。

2. 一般性保护条款

一般性保护条款是对企业资产的流动性及偿债能力等方面的要求条款,应用于大多数借款合同,主要包括以下内容。

(1) 企业资产流动性限制。要求企业须持有一定最低额度的货币资金及其他流动资产,以保持企业资产的流动性和偿债能力。

(2) 企业非经营性支出限制。例如,限制支付现金股利、购入股票和职工加薪的数额规模,以减少企业资金的过度外流。

(3) 企业资本性支出的规模限制。控制企业资产结构中的长期性资产的比例,以减少企业日后不得不变卖固定资产以偿还贷款的可能性。

(4) 企业再举债规模限制。其目的是防止其他债权人取得对企业资产的优先求偿权。

(5) 限制企业的长期投资。例如,规定企业不准投资于短期内不能收回资金的项目,不能未经银行等债权人同意而与其他企业合并等。

3. 特殊性保护条款

这类条款是部分借款合同中针对某些特殊情况的条款,只有在特殊情况下才生效,主要包括:要求公司的主要领导人购买人身保险;贷款专款专用;违约惩罚条款;等等。

(三)短期借款的信用条件

我国短期借款按照目的和用途的不同,可分为生产周转借款、临时借款、结算借款、票据贴现借款等。按照国际惯例,短期借款往往按偿还方式不同,分为一次性偿还借款和分期偿还借款;按利息支付方式不同,分为收款法借款、贴现法借款和加息法借款;按有无担保,分为抵押借款和信用借款。

短期借款可以随企业的需要安排,便于灵活使用,但其通常会附带很多附加条件。

1. 信贷额度

信贷额度即贷款限额,是指借款企业与银行在协议中规定的借款最高数额,信贷额度的有限期限通常为1年。一般情况下,在信贷额度内,企业可以随时按需要支用借款。但是如果企业信誉恶化,即使在信贷额度内,银行也可不按约定发放贷款,并且不承担法律责任。

2. 周转信贷协定

周转信贷协定是指银行具有法律义务地承诺提供不超过某一最高限额的贷款协定。银行对周转信贷协定负有法律责任,在协定的有效期内,只要企业借款总额未超过最高限额,银行必须满足企业任何时候提出的借款要求。但是,企业要享用周转信贷协定,一般要对未使用的贷款部分付给银行一笔承诺费用。

【例 3-1】 榕辉机械有限责任公司与某银行签订的周转信贷额度为 1 000 万元,2017 年实际使用了 800 万元,承诺率为 0.5%。

要求:计算该公司应向银行支付的承诺费是多少?

解:承诺费=(1 000-800)×0.5% =1 (万元)

3. 补偿性余额

补偿性余额是指银行为了降低贷款风险,要求借款企业在银行中保留按贷款限额或实际借用额的一定比例(通常为10%~20%)计算的最低存款余额。对借款企业来说,补偿性余额减少了实际贷款额,提高了借款的实际利率,加重了企业的负担。

【例 3-2】 榕辉机械有限责任公司向某银行借款 500 万元,利率为 5%。银行要求保留 15%的补偿性余额。

要求:计算该笔借款的实际利率是多少?

解:实际借款利率 $= \dfrac{500 \times 5\%}{500 \times (1-15\%)} = \dfrac{5\%}{1-15\%} = 5.88\%$

4. 借款抵押

为了降低风险,银行发放贷款时往往需要企业提供应收账款、存货、应收票据、债券等抵押品担保。银行根据抵押品面值的 30%~90%发放贷款,具体比例取决于抵押品的变现能力和银行对风险的态度。

5. 偿还条件和利息支付方式

贷款的偿还有到期一次还本付息和在贷款期内分期等额偿还两种方式。一般来讲,企业不希望采用等额偿还方式,因为这会提高借款的实际年利率;而银行不希望采用一次还本付息方式,因为这会加重企业的财务负担,增加企业的无法偿付的风险,同时会降低实际贷款利率。

另外,利息支付方式不同,短期借款成本的计算方法也不同。短期借款的利息支付方式一般有收款法、贴现法、加息法三种。

1) 收款法

收款法是指在贷款到期时向银行支付利息的方法。银行向企业贷款一般采用这种方法。采用收款法时,短期贷款的实际利率等于名义利率。

2) 贴现法

贴现法又称折价法,是指银行向企业发放贷款时,先将利息从本金中扣除,企业到期时偿还全部本金的方法。采用贴现法时,企业实际使用的贷款只是本金减去利息部分后的余额,贷款的实际利率要高于名义利率。

【例 3-3】 榕辉机械有限责任公司从某银行取得 1 年期贷款 100 万元，利率为 5%，按贴现法付息。

要求：计算该笔借款的实际利率是多少？

解：实际利率 $= \dfrac{100 \times 5\%}{100 \times (1-5\%)} = \dfrac{5\%}{1-5\%} = 5.26\%$

3）加息法

加息法是指分期等额偿还贷款时采用的利息收取方法。在这种方式下，银行将根据名义利率计算出贷款的本息和，要求企业在贷款期内分期偿还本息之和。由于贷款本金分期均衡偿还，借款企业实际上只使用了贷款本金的一半，却支付了全额利息，实际利率大约是名义利率的 2 倍。

【例 3-4】 榕辉机械有限责任公司向某银行借入一笔 10 万元的贷款，年利率为 6%，分 12 个月等额偿还。

要求：计算该笔借款的实际年利率是多少？

解：实际利率 $= \dfrac{10 \times 6\%}{10/2} = 12\%$

6. 其他承诺

银行有时可能还会要求企业作出其他承诺，如及时提供财务报表、保持适当的财务水平等。如果企业违背承诺，银行可以要求企业立即偿还全部贷款。

(四) 银行借款筹资的优缺点

1. 银行借款筹资的优点

(1) 筹资速度快。与发行证券等其他筹资方式相比，银行借款的程序相对简单，所需时间较短，能迅速筹集所需资金。

(2) 资金成本低。相比发行公司债券和融资租赁，银行借款的利息和筹资费用都要低。另外，跟权益筹资相比，银行借款利息在所得税前支付，具有抵税作用。

(3) 筹资弹性大。企业可以与银行等金融机构直接商定贷款的时间、金额、利率等条件；借款后若企业的财务状况有变，也可与金融机构再协商，变更贷款条件或提前偿还本息。

(4) 维持股东控制权。提供贷款的金融机构无权参与企业的经营管理，不会分散股东对企业的控制权。

2. 银行借款筹资的缺点

(1) 限制条款多。银行借款合同一般都有一些限制性条款，对公司资本支出额度、再筹资、股利支付等行为有严格的约束，会给企业的生产经营活动和财务政策带来一定的影响。

(2) 筹资金额有限。银行借款的金额受到金融机构资金实力的制约，一般无法像发行公司债券、股票那样一次可以筹集大量资金，难以满足企业大规模资金需求。

(3) 财务风险较大。银行借款必须定期还本付息，若经营不善可能导致无法偿付。

二、发行公司债券

公司债券又称企业债券，是指企业依照法定程序发行的、承诺在一定期限内还本付息的有价证券。

(一)公司债券的种类

1. 记名债券和无记名债券

按是否记名，公司债券可分为记名债券和无记名债券。

记名债券是指将债券持有人的姓名及住所、取得债券的日期及债券编号等信息在公司债券存根簿上载明的债券。记名债券由债券持有人以背书方式或法律、行政法规规定的其他方式转让。

无记名债券是指只在公司债券存根簿上载明债券总额、利率、偿还期限和方式、发行日期及债券编号，不载明姓名及住所的债券。无记名债券由债券持有人将该债券交付给受让人后即发生转让的效力。

2. 可转换债券和不可转换债券

按能否转换成公司股权，公司债券可分为可转换债券与不可转换债券。

可转换债券是指债券持有者在规定的时间内可以按规定的价格转换为发行公司股票的债券。只有上市公司才能发行可转换债券。

不可转换债券是指不能转换为发行公司股票的债券，大多数公司债券属于这种类型。

3. 抵押债券和信用债券

按有无特定财产担保，公司债券可分为抵押债券和信用债券。

抵押债券是指以一定抵押品作抵押担保而发行的债券。抵押债券按抵押品的不同，又分为不动产抵押债券、动产抵押债券和证券信托抵押债券。

信用债券是指仅凭公司自身的信用发行的、没有抵押品作抵押担保的债券。

(二)债券的偿还

债券的偿还按其实际偿还时间与规定的到期日之间的关系，分为提前偿还和到期偿还两种，其中到期偿还又包括到期分批偿还和到期一次偿还两种。

1. 提前偿还

提前偿还又称提前赎回，是指在债券尚未到期之前就给予偿还。只有在发行债券的契约中规定了有关允许提前偿还的条款，才可以提前赎回。提前偿还所支付的金额一般要高于债券的面值，并且随着到期日的临近而逐渐下降。发行具有提前偿还条款的债券可使企业筹资有较大的弹性。当企业资金有盈余时，可提前赎回债券；当预测利率即将下降，也可提前赎回债券，再以较低的利率来发行新债券。

2. 到期分批偿还

分批偿还是指在发行同一种债券时就为不同编号或不同发行对象的债券规定了不同的到期日。因为各批债券的到期日不同，发行价格和票面利率也可能不相同，从而导致发行费较高；但这种债券有利于投资人挑选最合适的到期日，因而便于发行。

3. 到期一次偿还

一次偿还是指在债券到期日一次性归还债券本金，并结算债券利息。大多数发行的债券属于到期一次偿还。

(三)发行公司债券筹资的优缺点

1. 发行公司债券筹资的优点

(1) 筹资规模较大。与其他债务筹资方式相比，发行公司债券能够筹集大量的资金，可满足大型公司经营规模的需要。

(2) 资金的使用限制条件少。与银行借款相比，发行公司债券筹集的资金在使用上具有相对自主性，能够用于流动性较差的长期资产。

(3) 增强公司的社会声誉。只有股份有限公司和有限责任公司才能发行公司债券，通过发行公司债券，一方面筹集了大量资金，另一方面也扩大了公司的社会影响力。

(4) 资金成本相对较低。尽管公司债券的利息比银行借款高，但公司债券的期限长、利率相对固定，如果预计市场利率持续上升，发行公司债券筹资能够锁定资金成本。另外，债券的利息在税前支付，有抵税作用，跟权益筹资相比资金成本还是相对较低的。

(5) 保障股东控制权。债券持有人无权参与企业的经营管理，不会分散股东对企业的控制权。

2. 发行公司债券筹资的缺点

财务风险大，相对于银行借款筹资，发行债券的利息和筹资费用都比较高，而且债券不能同银行借款一样进行债务展期，在固定的到期日将会对公司现金流量产生巨大的财务压力。

三、融资租赁

租赁是指出让资产的一方(出租人)通过签订资产出让合同的方式，以收取租金为条件，在合同规定的期限内将资产使用权让渡给使用资产的一方(承租人)的一种交易行为。

(一)租赁的分类

租赁分为经营租赁和融资租赁。

经营租赁又称服务性租赁，是指由出租人向承租人在短期内提供设备，并提供维修、保养、人员培训等服务的一种服务性业务。经营租赁的租赁期一般较短，而且在合理的限制条件内承租人可以中途解约；租赁设备的维修、保养由出租人负责；租赁期满或合同中止以后，设备由出租人收回。经营租赁通常适用于租用技术过时较快的生产设备。

融资租赁是指由出租人按承租人要求出资购买设备，在较长的合同期内提供给承租人使用的融资信用业务，是以融通资金为主要目的的租赁。融资租赁的设备是根据承租人提出的要求购买，租赁期较长，一般接近于设备的寿命期，而且在租赁期间双方都无权中止合同；租赁设备由承租人负责维修、保养；租赁期满，按事先约定的方法处理设备，包括退还出租人、继续租赁或承租人留购。

融资租赁与经营租赁的区别如表 3-3 所示。

表 3-3 融资租赁与经营租赁的区别

项 目	融资租赁	经营租赁
原理	集融资和融物于一体	融物
目的	融通资金添置设备	暂时性使用设备
租期	较长，相当于设备经济寿命	较短
租金	设备价格和设备使用费	设备使用费
法律效力	不可撤销合同	如符合条件，可中途撤销合同
标的	一般为专用设备，也可为通用设备	一般为通用设备
维修与保养	专用设备由承租人负责，通用设备一般由出租人负责	出租人
承租人	一般为一个	设备经济寿命期内可轮流租给多个承租人

(二)融资租赁的形式

融资租赁按照业务形式的不同，可以分为以下三种类别。

1. 直接租赁

直接租赁是指出租人按照承租人的要求选购设备并直接出租给承租人，是融资租赁的主要形式。直接租赁只涉及出租人和承租人两方当事人。

2. 售后回租

售后回租是指承租人先将自己的资产出售给出租人，然后再从出租人那里租回资产的使用权。售后回租只涉及出租人和承租人两方当事人，出租人先通过出售资产获得一笔资金，再通过回租而保留了资产的使用权。

3. 杠杆租赁

杠杆租赁涉及承租人、出租人和资金出借人三方当事人。杠杆租赁方式下，出租人一般只投入资产价值 20%～40%的资金，其余资金则通过将该资产向第三方(通常为银行)抵押担保申请贷款来支付。这时，出租人既是债权人也是债务人，既要收取租金又要偿还债务。

(三)融资租赁租金的构成和计算

1. 租金的构成

(1) 设备的购置成本，包括设备买价、运输费、安装调试费、保险费等。它是租金的主要组成部分。

(2) 利息，是指出租人为承租人购置设备所垫付资金的成本。

(3) 租赁手续费，是指出租人承办租赁设备所发生的业务费用和必要的利润。

(4) 预计设备残值，是指设备租赁期满后出售可得的收入，是租金的减项。

2. 租金的计算

在财务管理实务中,租金的计算大多采用等额年金法。在等额年金法下,通常根据利率和租赁手续费率确定一个租费率,作为折现率。

【例 3-5】榕辉机械有限责任公司从租赁公司租入一套设备,价值 100 万元,租期 10 年,租赁期满预计残值 10 万元,归租赁公司所有。年利率 10%,租赁手续费率每年 2%。租金每年年末支付一次。

要求:计算租赁该设备的年租金支付额。

解:年租金支付额 $=\dfrac{100-10\times(P/F,12\%,10)}{(P/A,12\%,10)}=\dfrac{100-10\times 0.322}{5.650\ 2}=17.13(万元)$

(四)融资租赁筹资的优缺点

1. 融资租赁筹资的优点

(1) 能迅速获得资产。融资租赁集"融资"与"融物"于一体,一般要比先筹措资金再添置设备来得快,企业可尽快形成生产经营能力。

(2) 融资期限长,财务风险小。融资租赁能够避免一次性支付的负担,而且融资租赁的融资期限接近设备使用寿命期限,企业将全部租金在整个租期内分期支付,降低了企业不能偿付的风险。

(3) 限制条件少。企业采用发行股票、公司债券、长期借款等方式,都受到相当多的资格条件的限制,而融资租赁筹资的限制条件很少。

2. 融资租赁筹资的缺点

资金成本相对较高,融资租赁的租金通常比银行借款或发行债券所负担的利息要高得多,租金总额通常要比设备价值高出 30%。

四、商业信用

商业信用是指商品交易中的延期付款或延期交货所形成的借贷关系。商业信用是商品交易中钱与货在时间上的分离而产生的企业之间的直接信用行为,是一种自然性筹资方式,是企业筹集短期资金的重要方式。

(一)商业信用的形式

利用商业信用筹资,主要有以下四种形式。

1. 应付账款

应付账款是企业赊购商品形成的,是一种最典型、最常见的商业信用形式。这种方式相当于买方先占用了应属于卖方的一笔资金,是买方进行短期筹资的行为。当企业扩大生产规模时,其进货和应付账款相应增加,商业信用就提供了增产需要的部分资金。

2. 应付票据

应付票据是指企业在商品购销活动和对工程价款进行结算中,因采用商业汇票结算方式而产生的商业信用。

3. 预收货款

预收货款是指卖方先向买方收取全部或部分货款，但要延迟一定时间后交货。这种方式等于卖方向买方先借一笔资金，是卖方进行短期筹资的行为。企业通常在销售紧俏商品时采用这种方式。另外，生产周期长、售价高的商品，如轮船、飞机等，也经常向订货者采用分次预收货款的方式。

4. 应计未付款

应计未付款是企业在生产经营和利润分配过程中已经计提但尚未以货币支付的款项，主要包括应付职工薪酬、应缴税金、应付利润或应付股利等。例如，应付职工薪酬，企业通常以月为单位支付职工薪酬，在应付职工薪酬已计提但未付的这段时间，就会形成应计未付款，相当于职工给企业的一个信用。应计未付款随着企业规模扩大而增加，企业使用这些自然形成的资金无须付出任何代价。

(二)应付账款

1. 应付账款的信用条件

应收账款的信用条件是指卖方对付款时间和现金折扣所做的具体规定，主要包括以下两种。

(1) 延期付款，但不提供现金折扣。在这种信用条件下，卖方允许买方在交易发生后一定时期内按发票金额支付货款。例如，"n/30"表示信用期为30天，在30天内必须按发票金额全额付款。

(2) 延期付款，但早付款有现金折扣。在这种信用条件下，卖方针对买方提前付款给予一定的现金折扣，若买方不享受现金折扣，则必须在一定时期内付清账款。例如，"3/10,n/30"表示信用期为30天，其中前面10天为折扣期，在这10天内付款可以享受3%的现金折扣，若买方放弃折扣，则必须在30天内按发票金额全额付款。

2. 现金折扣成本的计算

当卖方提供折扣条件时，则主要是为了促进买方提前付款，加速账款的收现，那么对于买方来说，就存在是否利用折扣的决策问题，而解决这一问题首先要计算放弃现金折扣的成本。企业放弃现金折扣成本的计算公式如下：

$$放弃现金折扣成本 = \frac{现金折扣率 \times 360}{(1-现金折扣率) \times (信用期-折扣期)} \times 100\%$$

3. 是否享受现金折扣的决策

(1) 如果企业能以低于放弃现金折扣成本的利率借入资金，或将这部分应付账款额用于短期投资所获得报酬率低于放弃现金折扣成本，便应当享受现金折扣。

(2) 如果企业借入资金的利率高于放弃现金折扣成本，或将这部分应付账款额用于短期投资所获得报酬率高于放弃现金折扣成本，便应当放弃现金折扣。

(3) 如果公司面对两家或两家以上提供不同信用条件的卖方，则应当选择放弃现金折扣成本最小的卖方。

【例 3-6】 榕辉机械有限责任公司按"3/10,n/40"的条件从甲供应商处购入价值 50 000 元的原材料,假设此时银行短期贷款利率为 12%。

要求:确定该公司要作出怎样的决策?

解:放弃甲供应商现金折扣成本 $= \dfrac{3\% \times 360}{(1-3\%) \times (40-10)} \times 100\% = 37.11\%$

因为放弃现金折扣成本大于银行短期贷款利率,所以应当享受现金折扣,在第 10 天付款 48 500 元。

【例 3-7】 假设榕辉机械有限责任公司除了例 3-6 中"3/10,n/40"的信用条件外,另一家乙供应商提供的信用条件为"2/20,n/50"。

要求:确定该公司应当选择哪个供应商?

解:放弃乙供应商现金折扣成本 $= \dfrac{2\% \times 360}{(1-2\%) \times (50-20)} \times 100\% = 24.49\%$

这一成本低于甲供应商提供的信用条件机会成本,因此该公司应当选择信用条件为"2/20,n/50"的乙供应商。

(三)商业信用筹资的优缺点

1. 商业信用筹资的优点

(1) 筹资方便。商业信用与商品买卖同时进行,是一种自然性筹资,不用进行额外的安排,而且不需要办理手续。

(2) 筹资成本低。利用商业信用,不仅没有筹资费用,而且没有利息支付。如果没有现金折扣,或企业不放弃现金折扣,则利用商业信用筹资没有实际成本。

(3) 限制条件少。利用筹资方式都有一些限制条件,商业信用则限制较少,比较灵活且具有弹性。

2. 商业信用筹资的缺点

商业信用的时间一般较短,尤其是应付账款,不利于企业对资金的统筹运用,如果拖欠,则可能导致企业信用下降。另外,如果企业享受现金折扣,则付款时间会更短;而若放弃现金折扣,则公司会付出较高的资金成本。

五、债务筹资的优缺点

(一)债务筹资的优点

1. 筹资速度较快

与权益筹资相比,债务筹资不需要经过复杂的审批手续和证券发行程序,如银行借款、融资租赁等,可以迅速获得资金。

2. 筹资弹性较大

从企业的角度来看,由于权益资金不能退还,权益资本在未来永久性地给企业带来了资金成本的负担。而债务筹资则可以根据企业的经营情况和财务状况，灵活地商定债务条件，控制筹资数量，合理安排取得资金的时间。

3. 资金成本较低

债务筹资的利息、租金等用资费用以及取得资金的筹资费用比权益资金要低，而且利息等用资费用可以在税前支付，因此一般来说，债务筹资的资金成本要低于权益筹资。

4. 可以利用财务杠杆

债权人从企业那里只能获得固定的利息或租金，不能参加公司剩余收益的分配。当企业的资金报酬率高于债务利率时，会增加普通股股东的每股收益，提升企业价值。

5. 稳定公司的控制权

债权人无权参与企业的经营管理，债务筹资不会改变和分散股东对公司的控制权。

(二)债务筹资的缺点

1. 不能形成企业稳定的资金基础

债务资金有固定的到期日，只能作为企业的补充性资金来源。而且取得债务往往需要进行信用评级，没有信用基础的企业和新创企业难以获取足够的债务资金。另外，当现有债务资金在企业的资本结构中达到一定比例后，往往由于财务风险增大而不容易再取得新的债务资金。

2. 财务风险较大

债务资金有固定的还本付息负担，企业要保持资产流动性和资产收益水平，作为债务清偿的保障，否则会给企业带来财务危机，甚至导致企业破产。

3. 筹资数额有限

债务筹资的数额往往受到贷款机构资金实力的制约，除发行公司债券方式外，一般难以像权益筹资那样一次筹集大笔资金，无法满足公司大规模筹资的需求。

● 案例解析

迪士尼公司的资本结构为：长期负债21.97%，股东权益78.03%，公司的负债率很低。如果继续发行股票筹资，将进一步分散公司的控制权，不利于公司的经营管理。而且股本比例的进一步提高，可能降低普通股每股收益，损害原有股东的利益。而公司息税前利润是利息费用的13.4倍(利息保障倍数)，相当高，偿还债务有保障，财务风险低。因此，公司可以通过发行债券来调整资本结构，从而降低资金成本，并且利用债务利息抵税和财务杠杆作用来增加股东的收益。

项目小结

企业筹资是指企业根据经营活动、投资活动、资本结构管理和其他需要，通过一定的筹资渠道，采取一定的筹资方式，获取所需资金的一种财务行为。企业筹集的资金主要分为权益资金和债务资金两个方面。权益资金是企业所有者投入企业的资本金和企业在生产经营过程中形成的留存收益等，是企业筹集债务资金的前提与基础。权益筹资方式包括吸收直接投资、发行普通股和利用留存收益等形式。债务资金是指企业债权人按契约约定借给企业，并要求按时还本付息的资金，即负债。企业债务筹资主要有银行借款、发行公司债券、融资租赁、商业信用等形式。

项目强化训练

一、单项选择题

1. 与银行借款筹资相比，发行普通股筹资的优点是(　　)。
   A. 筹资速度快　　B. 筹资风险小　　C. 筹资成本小　　D. 筹资弹性大
2. 从筹资的角度来看，下列筹资方式中，筹资风险较小的是(　　)。
   A. 债券　　　　　B. 银行借款　　　C. 融资租赁　　　D. 发行普通股
3. 乙公司应收账款条件为"2/10,n/30"，则债务人放弃现金折扣的成本为(　　)。
   A. 20%　　　　　B. 10%　　　　　C. 36.73%　　　　D. 15%
4. 发行公司债券筹资与银行借款相比，其优点是(　　)。
   A. 利息可以抵税　B. 筹资费用大　　C. 借款弹性大　　D. 债务利息高
5. 相对于股票筹资而言，银行借款的缺点是(　　)。
   A. 筹资速度慢　　B. 筹资成本高　　C. 借款弹性差　　D. 财务风险大
6. 一笔50 000元的贷款，期限1年，年利率10%，银行采用贴现法计算利息，则该笔贷款的实际利率是(　　)。
   A. 11.11%　　　　B. 12.5%　　　　C. 低于10%　　　D. 13.33%
7. 下列各项资金中，可以利用商业信用方式筹资的是(　　)。
   A. 国家财政资金　B. 银行信贷资金　C. 其他企业资金　D. 企业自留资金
8. 出租人既出租某项资产，又以该项资产为担保借入资金的租赁方式是(　　)。
   A. 直接租赁　　　B. 售后回租　　　C. 杠杆租赁　　　D. 经营租赁
9. 下列选项中，不属于发行普通股筹资优点的是(　　)。
   A. 没有固定的利息负担　　　　　　B. 没有到期日，不需要偿还
   C. 能够提高公司的信誉　　　　　　D. 资本成本较低
10. 银行借款与发行债券相比，其优点不包括(　　)。
    A. 银行借款筹资速度更快　　　　　B. 银行借款筹资弹性较大
    C. 银行借款筹资成本低　　　　　　D. 银行借款筹资具有财务杠杆作用

11. 发行债券筹资的优点是( )。
    A. 不分散控制权　B. 财务风险大　C. 筹资数额有限　D. 限制条件较多
12. 某企业向银行取得一年期贷款 50 万元，年利率为 8%，银行要求贷款本息分 12 个月等额偿还，则该项借款的实际利率约为( )。
    A. 4%　　　　B. 12%　　　　C. 16%　　　　D. 20%
13. 下列各项中，能够增加企业自有资金的筹资方式是( )。
    A. 吸收直接投资　　　　　　　B. 发行公司债券
    C. 利用商业信用　　　　　　　D. 留存收益转增资本
14. 下列各项中，不能作为投资者出资的是( )。
    A. 实物资产　　　B. 商标　　　C. 土地使用权　　　D. 担保权
15. 下列各项中，不是融资租赁的特点的是( )。
    A. 一般由出租人负责维修设备　　B. 租赁设备一般是专用设备
    C. 租赁期限长　　　　　　　　　D. 所有权为出租人所有
16. 某企业向银行借入一笔 300 000 元的一年期贷款，年利率为 6%，贷款银行要求补偿性余额比例为 10%，则企业实际贷款利率为( )。
    A. 5.88%　　　B. 6.6%　　　C. 6.67%　　　D. 7.2%
17. 下列筹资方式中，无法筹集长期资金的是( )。
    A. 商业信用　　B. 吸收直接投资　C. 发行普通股　　D. 融资租赁
18. 相对于借款购置设备而言，融资租赁的主要缺点是( )。
    A. 筹资速度较慢　　　　　　　B. 筹资成本高
    C. 到期还本负担过重　　　　　D. 设备淘汰风险大

二、多项选择题

1. 普通股股东拥有的权利包括( )。
    A. 股利分配请求权　　　　　B. 优先认股权
    C. 股份转让权　　　　　　　D. 剩余财产分配优先权
2. 银行借款的缺点主要表现在( )。
    A. 财务风险较高　　　　　　B. 限制条件较多
    C. 筹资数量有限　　　　　　D. 筹资速度快
3. 发行普通股筹资的优点是( )。
    A. 有利于增强企业信誉　　　B. 资金成本较低
    C. 有利于降低财务风险　　　D. 不容易分散企业控制权
4. 下列关于公司债券与股票的区别有( )。
    A. 债券是税前支付，股票股利必须于税后支付
    B. 债券风险较小，股票风险较大
    C. 债券到期必须还本付息，股票一般不退还股本
    D. 债券在剩余财产分配中先于股票
5. 与发行公司债券相比，银行借款筹资的优点有( )。
    A. 筹资速度快　　B. 借款弹性大　　C. 使用限制少　　D. 筹资费用低

6. 银行借款筹资与发行普通股筹资相比的特点表现在(　　　)。
   A. 财务风险较高　B. 借款成本较高　C. 限制条件较多　D. 筹资数量有限
7. 相比较发行普通股筹资，留存收益筹资区别于发行普通股筹资的特点有(　　　)。
   A. 资金成本较发行普通股低　　　　B. 保持普通股股东的控制权
   C. 增加公司的信誉　　　　　　　　D. 筹资限制少
8. 下列筹资方式中，资金成本高而财务风险低的有(　　　)。
   A. 发行公司债券　B. 银行借款　C. 发行普通股
   D. 吸收直接投资　E. 商业信用
9. 企业筹集资金的原因有(　　　)。
   A. 调整资本结构　B. 偿还债务　C. 分配股利
   D. 设立公司　　　E. 扩大生产经营规模
10. 企业筹资的要求有(　　　)。
    A. 精心选择资金来源　　　　　　B. 合理确定资金数额和投放时间
    C. 正确运用负债经营　　　　　　D. 及时足额筹集资金
11. 企业吸收直接投资包括(　　　)等出资形式。
    A. 实物资产　B. 货币资金　C. 有价证券
    D. 无形资产　E. 借款
12. 短期借款往往带有一定的信用条件，其内容有(　　　)。
    A. 信贷额度　B. 补偿性余额　C. 借款抵押　D. 周转信贷协定
13. 融资租赁的具体形式有(　　　)。
    A. 直接租赁　B. 服务租赁　C. 售后回租　D. 杠杆租赁
14. 融资租赁的优点有(　　　)。
    A. 限制条件少　　　　　　　　　B. 及时获得所需设备
    C. 没有固定的财务负担　　　　　D. 增强企业财务实力
15. 从筹资角度来说，商业信用的形式主要有(　　　)。
    A. 应付账款　B. 应收账款　C. 应付票据
    D. 应收票据　E. 预收账款

三、判断题

1. 股票发行的价格按票面金额，可以高于或低于票面金额。(　　　)
2. 发行普通股筹集的资金属于自由资本，可以无限期免费试用。(　　　)
3. 某企业计划购入材料，供应商给出的付款条件为"1/20,n/50"。若银行短期借款利率为10%，则企业应在折扣期内支付货款。(　　　)
4. 如果在折扣期内将应付账款用于短期投资，所得的投资收益率低于放弃折扣的成本，则应放弃折扣。(　　　)
5. 从出租人的角度来看，杠杆租赁与售后回租或直接租赁并无区别。(　　　)
6. 作为抵押贷款担保的抵押品可以是股票、债券等有价证券。(　　　)
7. 大多数长期借款合同中，为了防止借款企业偿债能力下降，都严格限制借款企业资本性支出规模，而不限制借款企业租赁固定资产的规模。(　　　)

8. 补偿性余额有助于降低银行贷款风险，但同时减少了企业的实际借款额，提高了贷款的实际利率。（   ）

四、名词解释

企业筹资　筹资渠道　筹资方式　权益资金　债务资金　融资租赁　商业信用

五、思考题

1. 企业筹集资金的动机有哪些？可以通过哪些渠道筹集资金？
2. 企业筹资的原则有哪些？
3. 权益筹资的方式有哪些？各有何优缺点？
4. 债务筹资的方式有哪些？各有何优缺点？
5. 比较权益筹资和债务筹资，它们各自的优缺点有哪些？

六、计算分析题

1. 大洋公司拟向银行申请1年期贷款，甲银行的贷款年利率为10%，要求补偿性余额的比例为15%，到期一次还本付息；乙银行的贷款年利率为12%，不要求补偿性余额，但采用贴现法计算利息。

要求：在不考虑其他条件的情况下，确定该公司应该向哪家银行借款比较有利？

2. 飞扬公司由于业务需要，采用融资租赁方式于2017年1月1日从某租赁公司租入一台机器设备，设备价款为200万元，租赁期为8年，期满后设备归飞扬公司所有，租赁费率为10%。

要求：
(1) 如果租赁协议规定租金于每年年末等额支付，确定每年年末应支付的租金为多少？
(2) 如果租赁协议规定租金于每年年初等额支付，确定每年年初应支付的租金为多少？

3. 某公司拟采购一批材料，供应商规定的付款条件如下："3/15,1/30,n/45"。

要求：
(1) 假设银行短期贷款利率为12%，确定公司的最佳付款日期。
(2) 假设目前有一短期投资收益率为40%，确定公司的最佳付款日期。

4. 某公司拟采购一批办公耗材，全部价款为20 000元，信用期限为90天。供应商为加速资金回收，提供以下条件：
(1) 立即付款，价格为18 600元；
(2) 30天内付款，价格为19 000元；
(3) 31~60天付款，价格为19 600元；
(4) 61~90天付款，价格为20 000元。

要求：假设银行短期贷款利率为15%，确定该公司的最佳付款日期和价格。

项目四 资金成本和资本结构

【知识目标】

- 了解资金成本的含义和作用。
- 了解杠杆基本原理。
- 了解资本结构的含义和影响因素。

【技能目标】

- 个别资金成本、综合资金成本和边际资金成本的计算。
- 边际贡献和息税前利润的计算。
- 经营杠杆系数、财务杠杆系数和总杠杆系数的计算。

案例引导

大宇资本结构的神话

韩国第二大企业集团大宇集团 1999 年 11 月 1 日向新闻界正式宣布，该集团董事长金宇中以及 14 名下属公司的总经理决定辞职，以表示对大宇的债务危机负责，并为推行结构调整创造条件。韩国媒体认为，这意味着"大宇集团解体进程已经完成"，"大宇集团已经消失"。

大宇集团于 1967 年开始奠基立厂，其创办人金宇中当时是一名纺织品推销员。经过 30 年的发展，通过政府的政策支持、银行的信贷支持和在海内外的大力购并，大宇成为直逼韩国最大企业——现代集团的庞大商业帝国：1998 年年底，总资产高达 640 亿美元，营业额占韩国 GDP 的 5%；业务涉及贸易、汽车、电子、通用设备、重型机械、化纤、造船等众多行业；国内所属企业曾多达 41 家，海外公司数量创下过 600 家的纪录，鼎盛时期，海外雇员多达几十万人，成为国际知名品牌。大宇是"章鱼足式"扩张模式的积极推行者，认为企业规模越大，就越能立于不败之地，即所谓的"大马不死"。据报道，1993 年金宇中提出"世界化经营"战略时，大宇在海外的企业只有 15 家，而到 1998 年年底已增至 600 多家，相当于每 3 天增加 1 家企业。还有更让韩国人为大宇着迷的是：在韩国陷入金融危机的 1997 年，大宇不仅没有被危机困倒，反而在国内的集团排名中由第 4 位上升到第 2 位，金宇中本人也被美国《幸福》杂志评为亚洲风云人物。

1997 年年底韩国发生金融危机后，其他企业集团都开始收缩，但大宇仍然我行我素，结果债务越背越重。尤其是 1998 年年初，韩国政府提出"五大企业集团进行自律结构调整"方针后，其他集团把结构调整的重点都放在改善财务结构方面，努力减轻债务负担。大宇却认为，只要提高开工率，增加销售额和出口就能躲过这场危机，因此继续大量发行债券，进行"借贷式经营"。1998 年大宇发行的公司债券达 7 万亿韩元(约 58.33 亿美元)。1998 年第 4 季度，大宇的债务危机已初露端倪，在各方援助下才避过债务灾难。此后，在严峻的债务压力下，大梦方醒的大宇虽作出了种种努力，但为时已晚。1999 年 7 月中旬，大宇向韩国政府发出求救信号；7 月 27 日，大宇因"延迟重组"，被韩国 4 家债权银行接管；8 月 11 日，大宇在压力下屈服，割价出售两家财务出现问题的公司；8 月 16 日，大宇与债权人达成协议，在 1999 年年底前，将出售盈利最佳的大宇证券，以及大宇电器、大宇造船、大宇建筑等，大宇的汽车项目资产免遭处理。"8 月 16 日协议"的达成，表明大宇已处于破产清算前夕，遭遇"存"或"亡"的险境。由于在此后的几个月中，经营依然不善，资产负债率仍然居高，大宇最终不得不走向本文开头所述的那一幕。

分析：
1. 在本案例中，财务杠杆起到了什么样的作用？
2. 什么是最佳资本结构？我们应当从"大宇神话"中汲取哪些教训？

> 理论认知

任务一 资金成本

一、资金成本的含义

资金成本是指企业为筹集和使用资金而付出的代价。广义的资金成本包括短期资金成本和长期资金成本；狭义的资金成本仅指长期资金成本。由于短期资金规模较小、时间较短，其成本的高低对企业筹资决策影响不大，因此资金成本通常是指狭义的资金成本，又称资本成本。它是衡量资本结构优化程度的标准，也是对投资获得经济效益的最低要求，通常用资金成本率表示。企业所筹得的资本付诸使用以后，只有项目的投资报酬率高于资本成本率，才能表明所筹集的资本取得了较好的经济效益。

资金成本是资金所有权与资金使用权分离的结果。从资金所有者(出资者)角度来看，资金成本表现为因让渡资金使用权所要求得到的投资报酬率；从资金需求者(筹资者)的角度来看，资金成本表现为取得资本使用权所付出的代价。资本成本可以用绝对数表示，也可以用相对数表示。资金成本从绝对量的构成来看，包括筹资费用和占用费用。

1. 筹资费用

筹资费用是指企业在筹措资金过程中为获取资金而付出的各项费用。例如，向银行支付的借款手续费，因发行股票、公司债券而支付的发行费等。筹资费用通常在筹措资金时一次性发生，在使用资金过程中不再发生，因此可视为筹资总额的一项扣除。

2. 占用费用

占用费用是指企业在资金使用过程中因占用资金而向出资者支付的费用。例如，向银行等债权人支付的利息，向股东支付的股利等。占用费用是因为占用了他人的资金而必须支付的，是资金成本的主要内容。

二、资金成本的构成

在企业筹资实务中，一般用相对数表示资金成本，即资金成本率。资金成本率是指企业占用费用与实际筹资额之间的比率，通常用百分比来表示。一般而言，资金成本包括以下内容。

1. 个别资金成本

个别资金成本是指企业各种长期资金的成本率。如股票资金成本率、债券资金成本率、长期借款资金成本率。企业在比较各种筹资方式时，需要使用个别资金成本。

2. 综合资金成本

综合资金成本也称加权资金成本，是指企业全部长期资金的成本率，是组成总资金的各种长期资金成本率的加权平均数。企业在与其他企业的资金成本进行比较或进行资本结构决策时，可以利用综合资金成本。

3. 边际资金成本

边际资金成本是指企业追加长期资金的成本率，是资金每增加一个单位而增加的成本率。企业在追加筹资方案的选择中，需要运用边际资金成本。

三、资金成本的作用

资金成本是企业筹资管理的一个重要概念，资金成本对于企业筹资管理、投资管理，乃至整个财务管理和经营管理都有重要的作用。

1. 资金成本是比较筹资方式、选择筹资方案的依据

企业的筹资方式是多种多样的，在评价各种筹资方式时，一般会考虑的因素包括对企业控制权的影响、融资的难易和风险、资金成本的高低等，而资金成本是其中的重要因素。在其他条件基本相同的情况下，企业应选择资金成本率最低的筹资方式。

2. 平均资金成本是衡量资本结构是否合理的重要依据

企业财务管理目标是企业价值最大化，企业价值是企业资产带来的未来预期收益的现值。计算企业价值时，通常采用企业的平均资金成本作为贴现率，当平均资金成本最小时，企业价值最大，此时的资本结构是企业最佳的资本结构。

3. 资金成本是评价投资项目可行性的主要标准

任何投资项目，只有它预期的投资报酬率高于该项目使用资金的成本率，在经济上才是可行的，否则该项目就是无利可图甚至亏损的。因此，资金成本率是企业用以确定项目要求达到的投资报酬率的最低标准。

4. 资金成本是评价企业整体业绩的重要依据

企业的生产经营活动，实际上就是将所筹集资金经过投放后形成的资产营运，企业的税后总资产报酬率应高于其平均资本成本率，这样才能带来剩余收益，才可以认为是经营有方，否则就是经营不善，需要改善经营管理，提高企业资产报酬率和降低成本率。

四、影响资金成本的因素

1. 总体经济环境

一个国家或地区的总体经济环境状况，表现为国民经济发展水平、预期的通货膨胀等方面。如果国民经济保持健康、稳定、持续增长，整个社会经济的资金供给和需求相对均衡且通货膨胀水平低，那么资金所有者投资的风险小，预期报酬率低，资金成本率就相应较低。相反，如果经济过热，通货膨胀持续居高不下，投资的风险大，预期报酬率高，资金成本率就相应较高。

2. 资本市场条件

资本市场条件包括资本市场的效率和风险。如果资本市场缺乏效率，证券市场流动性低，则投资者投资风险大，要求的预期报酬率高，那么通过资本市场融通的资金成本就比

较高；反之就比较低。

3. 企业经营状况和融资状况

企业的经营风险和财务风险共同构成企业总体风险，如果企业经营风险高，财务风险大，投资者要求的预期报酬率就高，企业筹资成本相应就大；反之就小。

4. 企业筹资规模和时限的需求

在一定时期内，资金供给总量是一定的，资本是一种稀缺资源。因此，企业一次性需要筹集的资金规模越大、占用资金时限越长，资金成本就越高；反之就越低。

五、个别资金成本

个别资金成本是指单一筹资方式所筹资金本身的成本，主要包括银行借款资金成本、公司债券资金成本、优先股资金成本、普通股资金成本和留存收益资本成本。其中，前两者是债务资金成本，后三者是权益资金成本。

(一) 一般模式

为了便于分析比较，资金成本通常用不考虑资金时间价值的一般通用模式计算。其计算公式如下。

$$资金成本 = \frac{年资金占用费}{筹资总额 - 筹资费用} \times 100\% = \frac{年资金占用费}{筹资总额 \times (1 - 筹资费率)} \times 100\%$$

(二) 银行借款的资金成本

银行借款的资金成本包括借款利息和借款手续费用，手续费用是筹资费用的具体表现。利息费用在税前支付，可以起抵税作用，因此企业实际负担的利息为：利息×(1-所得税税率)。银行借款资金成本按一般模式计算的公式如下。

$$K_t = \frac{I_t(1-T)}{L(1-f_t)} = \frac{i_t(1-T)}{1-f_t}$$

式中，K_t 为银行借款资金成本率；I_t 为银行借款年利息；L 为银行借款筹资额；T 为所得税税率；f_t 为筹资费用率；i_t 为银行借款年利率。

【例 4-1】 榕辉机械有限责任公司准备从银行借款 100 万元，年利率为 6%，期限为 5 年，每年付息一次，手续费率为 1%，企业所得税税率为 25%。

要求：计算该银行借款的资金成本是多少？

解：$K_t = \dfrac{6\% \times (1-25\%)}{1-1\%} = 4.55\%$

在实际工作中，银行借款的手续费一般比较低，往往可以忽略不计，因此银行借款的资金成本的计算公式可简化为：

$$K_t = i_t(1-T)$$

(三) 公司债券的资金成本

公司债券的资金成本主要包括债券利息和发行费用。债券利息在税前支付，但其发行费用一般较高,因此不能忽略不计。另外,债券存在平价、溢价和折价发行等情况,与其面值可能存在差异。因此,公司债券的资金成本的计算与银行借款的资金成本有所不同,按照一般模式计算的公式如下。

$$K_b = \frac{I_b(1-T)}{B(1-f_b)} = \frac{B_0 \times i_b(1-T)}{B(1-f_b)}$$

式中,K_b 为公司债券资金成本率;I_b 为债券年利息;B 为债券筹资额,按发行价格确定;T 为所得税税率;f_b 为筹资费用率;B_0 为债券面值;i_b 为债券票面利率。

【例 4-2】 榕辉机械有限责任公司准备以 110 元的价格,溢价发行面值为 100 元、票面利率为 8% 的 5 年期公司债券一批。每年付息一次,到期一次还本,发行费率为 2%,企业所得税税率为 25%。

要求:计算该批债券的资金成本是多少?

解:$K_b = \dfrac{100 \times 8\% \times (1-25\%)}{110 \times (1-2\%)} = 5.57\%$

(四)优先股的资金成本

优先股的资金成本主要是向优先股股东支付的各期股利和发行费用。优先股的股利通常是固定的,但其股利是在税后支付,不存在抵税作用。优先股的资金成本率按一般模式计算的公式如下。

$$K_p = \frac{d}{P_p(1-f_p)}$$

式中,K_p 为优先股资金成本率;d 为优先股年股利;P_p 为优先股筹资额,按发行价格确定;f_p 为筹资费用率。

【例 4-3】 榕辉机械有限责任公司准备发行一批优先股,每股发行价格为 5 元,发行费率为 4%,预计年股利为 0.5 元。

要求:计算该批优先股的资金成本是多少?

解:$K_p = \dfrac{0.5}{5 \times (1-4\%)} = 10.42\%$

(五)普通股的资金成本

普通股的资金成本主要包括向普通股股东支付的各期股利和发行费用。股利在税后支付,不能抵扣所得税。由于各期股利并不一定固定,随企业各期收益波动,其估算存在很大的困难,因此只能假定各期股利的变化呈一定的规律性。如果是上市公司普通股,其资金成本还可以根据该公司股票收益率与市场收益率的相关性,按资本资产定价模型法估计。

1. 股利增长模型

假定资本市场有效,股票市场价格与价值相等,则普通股的资金成本的计算公式如下。

$$K_c = \frac{d_0 \times (1+g)}{P_c(1-f_c)} + g = \frac{d_1}{P_c(1-f_c)} + g$$

式中,K_c 为普通股资金成本率;d_0 为本期已支付的普通股股利;P_c 为普通股筹资额,按发行价格确定；f_c为筹资费用率；g为普通股股利年增长率；d_1为预期第一年普通股股利。

【例4-4】 榕辉机械有限责任公司准备发行一批普通股，每股发行价格为10元，发行费率为5%，预计发行后第一年年末每股发放现金股利1元，以后每年股利固定增长3%。

要求：计算该普通股的资金成本率是多少？

解：$K_c = \dfrac{1}{10 \times (1-5\%)} + 3\% = 13.53\%$

2. 资本资产定价模型

资本资产定价模型是从投资者角度来计算资金成本的，其要求的必要报酬率正是筹资者的资金成本率。其计算公式如下。

$$K_c = R_f + \beta \times (R_m - R_f)$$

式中，K_c为普通股资金成本率；R_f为无风险收益率；β为股票的系统性风险系数；R_m为市场平均收益率。

【例4-5】榕辉机械有限责任公司普通股股票的β值为1.2，此时一年期国债利率为5%，市场平均收益率为12%。

要求：计算该普通股的资金成本率是多少？

解：$K_c = 5\% + 1.2 \times (12\% - 5\%) = 13.4\%$

(六)留存收益的资金成本

留存收益是由企业税后净利润形成的，是一种所有者权益。从表面上来看，留存收益并不花费成本。实际上，留存收益相当于股东对企业追加的投资，股东对这部分投资总是要求获得与普通股等价的报酬。因此，留存收益的资金成本的计算方法与普通股基本相同，只是不考虑筹资费用。其计算公式如下。

$$K_c = \dfrac{d_0 \times (1+g)}{P_c} + g = \dfrac{d_1}{P_c} + g$$

式中，K_c为留存收益资金成本率；d_0为本期已支付的普通股股利；P_c为普通股筹资额，按发行价格确定；f_c为筹资费用率；g为普通股股利年增长率；d_1为预期第一年普通股股利。

【例4-6】 榕辉机械有限责任公司准备发行普通股，每股发行价格为10元，发行费率为5%，预计发行后第一年年末每股发放现金股利1元，以后每年股利固定增长3%。

要求：计算该公司留存收益的资金成本率是多少？

解：$K_c = \dfrac{1}{10} + 3\% = 13\%$

(七)个别资金成本的比较

从总体上来看，债务资金的风险比权益资金的风险低，并且债务利息有抵税作用，因此债务资金的成本比权益资金的成本低。从债务资金内部来看，债券的利率与筹资费率都高于银行借款，所以债券的成本高于银行借款的成本。从权益资金内部来看，普通股与留存收益都属于普通股权益，股利支付不固定，且求偿权位于最后，其投资风险高于优先股，因此普通股与留存收益的成本均高于优先股成本；由于留存收益不用支付筹资费用，因此其成本低于普通股成本。一般来说，按资金成本由低到高的顺序排列，依次为：银行借款、公司债券、优先股、留存收益、普通股。

六、综合资金成本

在实际筹资活动中，由于各种制约条件的影响，企业很难只通过单一的筹资方式筹措所有的资金，往往需要采用多种筹资方式共同筹集。为了正确进行筹资和投资决策，需要对企业的综合资金成本进行计算分析。

综合资金成本又称为加权平均资本成本，是以各种个别资金在企业总资金中的比重为权数，对各种个别资金成本率进行加权平均而得到的总资本成本率。其计算公式如下。

$$K_w = \sum_{j=1}^{n} K_j W_j$$

式中，K_w 为综合资金成本；K_j 为第 j 种个别资金成本；W_j 为第 j 种个别资金在全部资金中的比重。

【例 4-7】 榕辉机械有限责任公司现拥有资金 1 000 万元。其中，银行借款 300 万元，长期债券 100 万元，普通股 600 万元，其个别资金成本分别为：5%，6%，15%。

要求：计算该公司的综合资金成本是多少？

解：$K_w = \dfrac{300}{1\,000} \times 5\% + \dfrac{100}{1\,000} \times 6\% + \dfrac{600}{1\,000} \times 15\% = 11.1\%$

七、边际资金成本

企业的个别资金成本和综合资金成本，是企业过去筹集的单项资金的成本或目前使用全部资金的成本。但是，企业在追加筹资时，不能仅仅考虑目前所使用资金的成本，还要考虑新筹集资金的成本，即边际资金成本。

边际资金成本是指资金新增加一个单位而增加的成本。企业无法以某一固定的资金成本来筹集无限的资金，当其筹集的资金超过一定限度时，边际资金成本就会相应增加。边际资金成本采用加权平均法计算，其权数应为目标价值权数，计算步骤如下。

(1) 确定目标资本结构。
(2) 计算个别资金成本。
(3) 计算筹资总额分界点，得出筹资总额范围。

$$筹资总额分界点 = \dfrac{某种筹资方式的资金成本分界点资金额}{该种资金在目标成本结构中所占的比重}$$

(4) 根据筹资总额分界点，利用加权平均法，分别计算各筹资总额范围的边际资金成本。

【例 4-8】 榕辉机械有限责任公司理想的目标资本结构为银行借款资金占 20%，普通股资金占 80%。该公司通过分析资本市场状况和融资能力，已经测算出各种筹资方式的资金成本随着筹资额的变化而变化的数据，如表 4-1 所示。

要求：
(1) 计算筹资总额分界点；
(2) 计算边际资金成本；

(3) 如果该公司准备筹资 200 万元，计算其边际资金成本是多少？

表 4-1　榕辉机械有限责任公司筹资资料

资金种类	新筹资范围	个别资金成本
银行借款	0～50 万元	5%
银行借款	50 万元以上	6%
普通股	0～100 万元	12%
普通股	100 万元以上	14%

解：(1) 计算筹资总额分界点：
银行借款的筹资总额分界点=50÷20%=250(万元)
普通股的筹资总额分界点=100÷80%=125(万元)
根据筹资总额分界点，可以得出新的筹资范围：①0～125 万元；②125 万～250 万元；③250 万元以上。

(2) 计算各筹资范围的边际资金成本，如表 4-2 所示。

表 4-2　边际资金成本计算

序号	筹资总额范围	筹资方式	资本结构 ①	个别资金成本 ②	边际资金成本 ③=①×②
1	0～125 万元	银行借款	20%	5%	1%
1	0～125 万元	普通股	80%	12%	9.6%
1	0～125 万元	第一筹资范围的边际资金成本=1%+9.6%=10.6%			
2	125 万～250 万元	银行借款	20%	5%	1%
2	125 万～250 万元	普通股	80%	14%	11.2%
2	125 万～250 万元	第二筹资范围的边际资金成本=1%+11.2%=12.2%			
3	250 万元以上	银行借款	20%	6%	1.2%
3	250 万元以上	普通股	80%	14%	11.2%
3	250 万元以上	第三筹资范围的边际资金成本=1.2%+11.2%=12.4%			

(3) 从表 4-2 中可以得出，新筹集资金为 200 万元时，边际资金成本为 12.2%。

任务二　杠杆效应

物理学中的杠杆效应是指人们利用杠杆，可以用较小的力量移动较重物体的现象。财务管理中也存在类似的杠杆效应，表现为由于特定费用的存在，当某一财务变量以较小幅度变动时，另一相关财务变量会以较大幅度变动。财务管理中的杠杆效应主要包括经营杠杆、财务杠杆和总杠杆三种效应形式。企业在取得杠杆效益的同时，也加大了收益波动的风险性，因此通过计算有关杠杆系数，有助于企业合理规避风险，提高资本营运效率。

一、与杠杆效应相关的概念

要运用财务管理中的杠杆效应,应先熟悉与其相关的下列概念及有关指标的计算。

(一)成本习性

成本习性又称成本性态,是指成本的变动与业务量之间的相互依存关系。按照成本习性不同,通常可以把成本分为固定成本、变动成本和混合成本三类。

1. 固定成本

固定成本是指在一定时期和一定业务量范围内成本总额不受业务量变动影响,保持相对稳定的成本。例如,固定折旧费用、房屋租金、行政管理人员工资、广告费、职工培训费、科研开发费等。一定期间的固定成本总额的稳定是有条件的,即业务量变动的范围是有限的。例如,当生产数量超过现有的生产能力时,就要新购机器设备或新建厂房,这样就会增加固定资产折旧和管理成本,导致固定成本总额的增加。能够使固定成本总额保持稳定的、特定的业务量范围,称为相关范围。在相关范围内,单位固定成本与业务量的增减呈反向变动,即业务量越大,单位产品所负担的固定成本就越小;反之就越大。固定成本习性模型如图4-1所示。

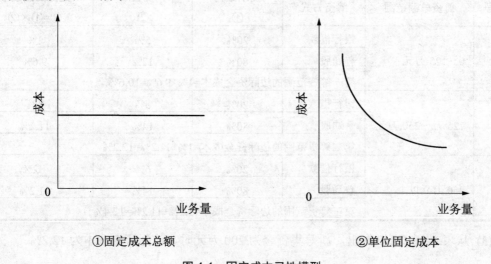

①固定成本总额　　　　　　　　②单位固定成本

图 4-1　固定成本习性模型

固定成本按其支出额是否可以在一定期间内改变,分为约束性固定成本和酌量性固定成本。

约束性固定成本是指管理层的短期经营决策行动不能改变其具体数额的固定成本。约束性固定成本一般是由既定的生产能力所决定的,是维护企业正常生产经营必不可少的成本,所以也称为经营能力成本。例如,房屋租金、固定的设备折旧、管理人员的基本工资等。这些固定成本是企业的生产能力一经形成就必然要发生的最低支出,即使生产中断也仍然要发生。降低约束性固定成本必须以缩减企业生产能力为代价,只能是合理利用企业现有的生产能力,提高产品产量,相对降低其单位固定成本,以取得更大的经济效益。

酌量性固定成本是指管理层的短期经营决策行动能改变其数额的固定成本。例如，广告费、职工培训费、新产品研究开发费用等。通常，降低固定成本总额就是指降低酌量性固定成本，但酌量性固定成本并非可有可无，它关系企业的竞争能力，因此要想降低酌量性固定成本，只有厉行节约、精打细算，编制出积极可行的预算并严格执行，防止浪费和过度投资等。

2. 变动成本

变动成本是指在一定时期和一定业务量范围内，其总额会随业务量的变动而成正比例变动的成本。例如，直接材料、直接人工、按销售量支付的推销员佣金、装运费、包装费等，都是和单位产品的生产直接联系的，其总额会随着业务量的增减成正比例地增减，单位变动成本不随业务量的变动而变动。单位变动成本的稳定是有条件的，即业务量变动的范围是有限的。例如，原材料消耗通常会与生产数量成正比，属于变动成本，但如果生产数量过高，可能导致废品率上升，单位产品的材料成本也会上升。变动成本习性模型如图 4-2 所示。

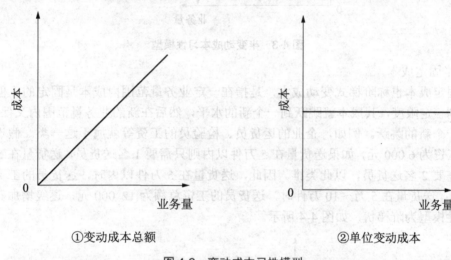

①变动成本总额　　　　　　　　②单位变动成本

图 4-2　变动成本习性模型

根据管理层是否能决定发生额，变动成本分为约束性变动成本和酌量性变动成本。

约束性变动成本也称技术性变动成本，是指由技术或设计关系所决定的变动成本。例如，生产一台计算机需要耗用一台显示器、一个主板和一个机箱等，这种成本只要生产就必然会发生，如果不生产，则不会发生。管理层不能决定约束性变动成本的发生额。

酌量性变动成本是指通过管理层的决策行为可以改变的变动成本。例如，按销售收入的一定百分比支付的销售佣金、技术转让费等。但管理层的决策一经作出，其支出额将与业务量成正比例变动，具有约束性变动成本的同样特征。

3. 混合成本

混合成本是兼具固定成本和变动成本两种不同性质的成本。它们既随业务量的变化而变化，但又不与业务量成正比例关系变动。混合成本可以进一步细分为半变动成本、半固定成本、延期变动成本和曲线变动成本四种类型。

1) 半变动成本

半变动成本是指在没有业务量时，仍然会发生一定的初始成本；当有业务量时，成本随着业务量的变化而成正比例变动的成本。例如，电话费，在没有打电话时也要缴纳月租费，当开始打电话时按照每分钟单价×通话时间交纳话费。半变动成本习性模型如图4-3所示。

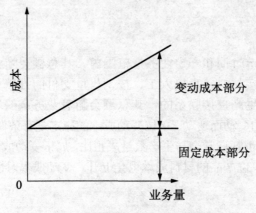

图4-3 半变动成本习性模型

2) 半固定成本

半固定成本也称阶梯式变动成本，是指在一定业务量范围内成本是固定的，但当业务量增长到一定限度，其成本就跳跃到一个新的水平，然后在新的业务量范围内又保持不变，直到另一个新的跳跃。例如，企业的运货员、检验员的工资等就属于这一类。假设1名送货员的工资为6 000元，如果送货量在5万件以内则只需要1名送货员，送货量在5万~10万件则需要2名送货员，以此类推。因此，送货量在5万件以内时，送货员的工资总额为6 000元；送货量在5万~10万件时，送货员的工资总额为12 000元，逐级增加。半固定成本习性模型为阶梯状，如图4-4所示。

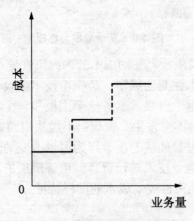

图4-4 半固定成本习性模型

3) 延期变动成本

延期变动成本是指在一定的业务量范围内成本保持不变，当业务量增长超出了这个范围时，成本随业务量的变动成正比例变动。例如，职工的工资，在没有超过正常工作时间的情况下是不变的，但当工作时间超出正常标准后，则须按加班时间的长短成比例地支付加班费。延期变动成本习性模型如图 4-5 所示。

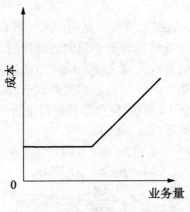

图 4-5　延期变动成本习性模型

4) 曲线变动成本

曲线变动成本是指在没有业务量时存在一个初始量，当有业务量发生时，成本随业务量的变动而变动，但它与业务量的关系是非线性的。按照单位变动成本变动速率的不同，这种曲线成本又可以分为以下两种类型：一是递增曲线成本，如累进计件工资、违约金等，随着业务量的增加，成本逐步增加，并且增加幅度是递增的；二是递减曲线成本，如有价格折扣或优惠条件下的水、电消费成本、"费用封顶"的通信服务费等，用量越大则总成本越高，但增长越来越慢，变化速率是递减的。曲线变动成本习性模型如图 4-6 所示。

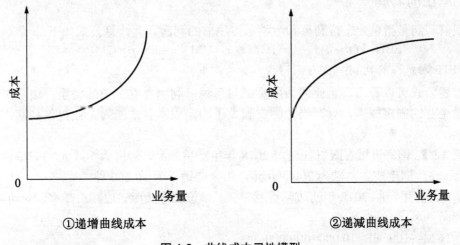

①递增曲线成本　　　　　　　　②递减曲线成本

图 4-6　曲线成本习性模型

在实际经济业务中，企业大多数成本属于混合成本，为了经营管理的需要，必须通过一定的技术方法将混合成本分解为固定成本和变动成本两部分，这也是计算边际贡献、分析杠杆效应的基本前提。其数学模型表示如下。

$$y = a + bx$$

式中，y 为成本总额，a 为固定成本，b 为单位变动成本，x 为业务量。

(二)边际贡献

边际贡献又称为边际利润、贡献毛益等,是指产品的销售收入减去变动成本后的余额。边际贡献有两种表现形式。一种是以绝对数表现的边际贡献,分为边际贡献总额和单位边际贡献。边际贡献总额是产品销售收入减去变动成本后的差额;单位边际贡献是产品销售单价减去单位变动成本后的差额。另一种是以相对数表示的边际贡献率。边际贡献率是指边际贡献总额与销售收入的百分比,或单位边际贡献与单价的百分比。

它们的计算公式及转换关系可以表示如下。

$$TCM = px - bx = (p-b)x = CM \times x = px \times CMR$$

$$CM = p - b = p \times CMR$$

$$CMR = \frac{TCM}{px} \times 100\% = \frac{CM}{p} \times 100\% = \frac{p-b}{p} \times 100\%$$

式中,TCM 为边际贡献;p 为销售单价;b 为单位变动成本;x 为产销量;CM 为单位边际贡献;CMR 为边际贡献率。

另外,还可以根据变动成本率计算边际贡献率,其计算公式如下。

$$BR = \frac{bx}{px} \times 100\% = \frac{b}{p} \times 100\%$$

$$CMR = 1 - BR$$

式中,BR 为变动成本率。

(三)息税前利润

息税前利润是指企业支付利息和缴纳所得税前的利润。其计算公式如下。

$$EBIT = (p-b)x - a = TCM - a = CM \times x - a = p \times CMR - a$$

式中,EBIT 为息税前利润;p 为销售收入。

从上述公式可以看出,企业的边际贡献与息税前利润有着密切的关系。边际贡献首先用于补偿企业的固定成本,只有当边际贡献大于固定成本时才能为企业提供利润,否则企业将亏损。

【例 4-9】 榕辉机械有限责任公司 2018 年生产甲产品,售价为 100 元/件,单位变动成本为 40 元/件,固定成本总额为 200 000 元,当年产销量为 10 000 件。

要求:计算甲产品 2018 年的边际贡献总额、单位边际贡献、边际贡献率、变动成本率、息税前利润。

解:TCM=(100-40)×10 000=600 000(元)
CM=100-40=60(元/件)
CMR=60÷100×100%=60%
BR=1-60%=40%
EBIT=600 000-200 000=400 000(元)

二、经营杠杆

(一)经营杠杆的含义

经营杠杆是指由于固定性经营成本的存在,而使得企业的息税前利润变动率大于销售量变动率的现象。经营杠杆反映了息税前利润的波动性,用于评价企业的经营风险。从息税前利润公式 EBIT=$(p-b)x-a$ 中可以看出,当不存在固定性经营成本时,所有成本都是变动性经营成本,此时息税前利润变动率与销售量的变动率完全一致;当存在固定性经营成本时,如果其他条件不变,销售量的增加虽然不会改变固定成本总额,但会降低单位固定成本,这就会使单位产品利润提高,导致息税前利润的增长率大于销售量的增长率;同样,当销售量的减少会提高单位固定成本,这就会使单位产品利润降低,导致息税前利润的下降率大于销售量的下降率,这就是经营杠杆效应。由此可见,企业利用经营杠杆,有时可以获得一定的杠杆收益,但有时也要承受相应的经营风险,可见经营杠杆是一把双刃剑。从表 4-3 的资料可以清楚地看出经营杠杆效应。

表 4-3 榕辉机械有限责任公司有关资料

指 标	2016 年	2017 年	2018 年
单价/(元/件)	100	100	100
单位变动成本/(元/件)	40	40	40
单位边际贡献/(元/件)	60	60	60
销售量/件	8 000	12 000	10 000
边际贡献/元	480 000	720 000	600 000
固定成本/元	200 000	200 000	200 000
息税前利润/元	280 000	520 000	400 000

由表 4-3 可见,从 2016 年到 2017 年,销售量增加了 $\frac{12\,000-8\,000}{8\,000} \times 100\% = 50\%$,而息税前利润增加了 $\frac{520\,000-280\,000}{280\,000} \times 100\% = 85.71\%$;从 2017 年到 2018 年,销售量下降了 $\frac{12\,000-10\,000}{12\,000} \times 100\% = 16.67\%$,但息税前利润下降了 $\frac{520\,000-400\,000}{500\,000} \times 100\% = 23.08\%$。

(二)经营杠杆系数

只要企业存在固定性经营成本,就存在经营杠杆效应。但不同企业或者同一企业不同产销量,经营杠杆效应的大小程度是不一致的。经营杠杆系数是测算经营杠杆效应程度最常用的指标,是指息税前利润变动率与销售量变动率的比值。其计算公式如下。

$$\text{DOL} = \frac{\text{息税前利润变动率}}{\text{销售量变动率}} = \frac{\frac{\Delta \text{EBIT}}{\text{EBIT}_0}}{\frac{\Delta x}{x_0}}$$

式中，DOL 为经营杠杆系数；ΔEBIT 为息税前利润变动额；$EBIT_0$ 为基期息税前利润；Δx 为销售量变动额；x_0 为基期销售量。

【例 4-10】 继续用表 4-3 的资料。

要求：计算榕辉机械有限责任公司 2017 年、2018 年的经营杠杆系数。

解：2017 年 DOL=85.71%÷50%=1.71

2018 年 DOL=23.08%÷16.67%=1.38

上述公式需要两期的数据才能计算出经营杠杆系数，为了便于计算和预测，根据息税前利润计算公式可以推导出如下公式。

$$DOL = \frac{(p-b) \times x_0}{(p-b) \times x_0 - a} = \frac{TCM_0}{EBIT_0} = \frac{EBIT_0 + a}{EBIT_0}$$

式中，TCM_0 为基期边际贡献。

【例 4-11】 继续用表 4-3 的资料。

要求：计算榕辉机械有限责任公司 2019 年的经营杠杆系数。

解：2019 年 DOL=600 000÷400 000=1.5

经营杠杆系数为 1.5，意味着榕辉机械有限责任公司在 2019 年销售量每增长 1%，其息税前利润将增长 1.5%；销售量每下降 1%，则其息税前利润将下降 1.5%。

(三)经营杠杆与经营风险

经营风险是指企业由于生产经营上的原因而导致的息税前利润波动的风险。引起经营风险的主要原因是市场需求和生产成本等因素的不确定性，经营杠杆本身并不是息税前利润不确定的原因，而是息税前利润波动的表现。但是，经营杠杆放大了市场和生产等因素对息税前利润波动的影响。而且，经营杠杆系数越高，息税前利润波动就越大，经营风险也就越大。根据上述经营杠杆系数的公式可以看出，影响经营杠杆的因素包括：企业销售数量、销售价格、成本水平(单位变动成本和固定成本总额)等。一般来说，固定成本比重越高，单位变动成本、产品销售数量和销售价格水平越低，经营杠杆系数就越大，杠杆效应越大；反之则越小。而且，在企业息税前利润为正的前提下，经营杠杆系数最低为 1，不会为负数；只要有固定性经营成本存在，经营杠杆系数总是大于 1。

三、财务杠杆

(一)财务杠杆的含义

财务杠杆是指由于固定性资金成本的存在，而使得企业的普通股每股收益变动率大于息税前利润变动率的现象。财务杠杆反映了普通股每股收益的波动性，用以评价企业的财务风险。普通股每股收益的计算公式如下。

$$EPS = \frac{(EBIT - I)(1-T) - E}{N}$$

式中，EPS 为普通股每股收益；I 为债务利息；T 为企业所得税税率；E 为优先股股利；N 为普通股股数。

从上式可以看出，当不存在债务利息、优先股股利等固定性资金成本时，息税前利润就是利润总额,此时普通股每股收益的变动率与息税前利润变动率完全一致。当有固定性资金成本存在时,如果其他条件不变,息税前利润的增加虽然不改变固定性资金成本总额,但会降低每元息税前利润分摊的固定性资金成本费用,这就提高了普通股每股收益,导致普通股每股收益的增长率大于息税前利润的增长率;同样,当息税前利润减少,每元息税前利润分摊的固定性资金成本费用就会增加,从而降低了普通股每股收益,导致普通股每股收益的下降率大于息税前利润的下降率,这就是财务杠杆效应。因此,企业利用财务杠杆,股东有时可以获得一定的杠杆收益,但有时则可能带来损失,财务杠杆也是一把双刃剑。从表4-4的资料可以清楚地看出财务杠杆效应。

表4-4 榕辉机械有限责任公司有关资料

指 标	2016年	2017年	2018年
息税前利润/元	280 000	520 000	400 000
债务利息/元	60 000	60 000	60 000
税前利润/元	220 000	460 000	340 000
企业所得税(税率为25%)	55 000	115 000	85 000
税后利润/元	165 000	335 000	255 000
普通股股数/股	100 000	100 000	100 000
普通股每股收益(元/股)	1.65	3.45	2.55

由表4-4可见,从2016年到2017年,息税前利润增加了85.71%,而普通股每股收益增加了 $\frac{3.45-1.65}{1.65} \times 100\% = 109.09\%$;从2017年到2018年,息税前利润下降了23.08%,但普通股每股收益下降了 $\frac{3.45-2.55}{3.45} \times 100\% = 26.09\%$。

(二)财务杠杆系数

只要企业存在固定性资金成本,就存在财务杠杆效应。但不同企业或者同一企业不同时期,财务杠杆效应的大小程度是不一致的。财务杠杆系数是测算财务杠杆效应程度最常用的指标,是指普通股每股收益变动率与息税前利润变动率的比值。其计算公式如下:

$$DFL = \frac{普通股每股收益变动率}{息税前利润变动率} = \frac{\frac{\Delta EPS}{EPS_0}}{\frac{\Delta EBIT}{EBIT_0}}$$

式中,DFL为财务杠杆系数;ΔEPS为普通股每股收益变动额;EPS_0为基期普通股每股收益。

【例4-12】 继续用表4-4的资料。

要求:计算榕辉机械有限责任公司2017年、2018年的财务杠杆系数。

解:2017年 DFL=109.09%÷85.71%=1.27

2018年 DFL=26.09%÷23.08%=1.13

上述公式需要两期的数据才能计算出财务杠杆系数,为了便于计算和预测,根据普通股每股收益的计算公式可以推导出如下公式。

$$DFL = \frac{EBIT_0}{EBIT_0 - I - \frac{E}{1-T}}$$

如果企业没有发行优先股或为非股份制企业，上述公式可以简化为：

$$DFL = \frac{EBIT_0}{EBIT_0 - I}$$

【例 4-13】 继续用表 4-4 的资料。

要求：计算榕辉机械有限责任公司 2019 年的财务杠杆系数。

解：2019 年 $DFL = \frac{400\,000}{400\,000 - 60\,000} \times 100\% = 1.18$

财务杠杆系数为 1.18，意味着榕辉机械有限责任公司在 2019 年息税前利润每增长 1%，其普通股每股收益将增长 1.18%；反之，该公司息税前利润每下降 1%，则其普通股每股收益将下降 1.18%。

(三)财务杠杆与财务风险

财务风险是指企业由于筹资原因产生的资金成本负担而导致的普通股每股收益波动的风险。引起企业财务风险的主要原因是息税前利润的不利变化和资金成本的固定负担，财务杠杆本身并不是普通股每股收益不稳定的原因，但财务杠杆放大了息税前利润的变化对普通股每股收益的影响，而且财务杠杆系数越高，普通股每股收益的波动就越大，财务风险也就越大。在不存在优先股股息的情况下，根据上述财务杠杆系数的计算公式可以看出，影响财务杠杆的因素包括：企业债务利息、优先股股利、息税前利润、所得税税率等，一般来说，债务利息、优先股股利和所得税税率越高，息税前利润水平越低，财务杠杆系数就越大，杠杆效应就越大；反之则越小。而且，在企业息税前利润为正的前提下，财务杠杆系数最低为 1，不会为负数；只要有固定性资金成本存在，财务杠杆系数总是大于 1。

四、总杠杆

(一)总杠杆的含义

经营杠杆和财务杠杆可以各自发挥作用，也可以共同发挥作用。由于存在固定性经营成本，产生经营杠杆效应，所以使息税前利润变动率大于产销量变动率；同样，由于存在固定性资金成本，产生财务杠杆效应，所以使普通股每股收益变动率大于息税前利润变动率。两种杠杆共同作用，将导致产销量稍有变动就会引起普通股每股收益更大幅度地变动。总杠杆也称为复合杠杆或综合杠杆，是反映经营杠杆和财务杠杆共同作用的结果，是指由于固定经营成本和固定资金成本的存在，导致普通股每股收益变动率大于产销量变动率的现象。总杠杆用来评价企业整体的风险水平。

(二)总杠杆系数

只要企业同时存在固定性经营成本和固定性资金成本，就存在总杠杆效应。但不同企业或者同一企业不同时期，总杠杆效应的大小程度是不一致的。总杠杆系数是测算总杠杆效应程度最常用的指标,是指普通股每股收益变动率与销售量变动率的比值,等于经营杠杆系数与财务杠杆系数的乘积。其计算公式如下。

$$DTL = \frac{普通股每股收益变动率}{销售量变动率} = DOL \times DFL = \frac{\frac{\Delta EPS}{EPS_0}}{\frac{\Delta x}{x_0}}$$

也可以将上述公式推导为如下公式。

$$DTL = \frac{TCM_0}{EBIT_0 - I - \frac{E}{1-T}}$$

如果企业没有发行优先股或为非股份制企业,上述公式还可以简化为:

$$DTL = \frac{TCM_0}{EBIT_0 - I}$$

【例 4-14】 继续用例 4-10、例 4-12 的资料。
要求:计算榕辉机械有限责任公司 2019 年的总杠杆系数。
解:2019 年 DTL=1.5×1.18=1.77

总杠杆系数为 1.77,意味着榕辉机械有限责任公司在 2019 年销售量每增长 1%,其普通股每股收益将增长 1.77%;反之,该公司销售量每下降 1%,则其普通股每股收益将下降 1.77%。

(三)总杠杆与公司风险

公司风险包括企业的经营风险和财务风险,反映了企业的整体风险。总杠杆系数越大,整体风险就越大;反之则越小。在总杠杆系数一定的情况下,经营杠杆系数与财务杠杆系数此消彼长。总杠杆效应的意义在于:①能够说明产销量变动对普通股每股收益的影响,以预测未来的每股收益水平;②揭示了财务管理的风险管理策略,即要保持一定的风险状况水平,需要维持一定的总杠杆系数时,经营杠杆和财务杠杆可以有不同的组合。

一般来说,资本密集型企业,固定资产比重较大,经营杠杆系数就比较高,经营风险大,企业筹资主要筹集权益资金,以保持较小的财务杠杆系数和财务风险;劳动密集型企业,变动成本比重较大,经营杠杆系数小,经营风险小,企业筹资可以主要筹集债务资金,以保持较大的财务杠杆系数和财务风险。

任务三 资本结构

资本结构决策是企业筹资决策的核心,而资本结构决策的核心是确定最优的资本结构。如果企业现有资本结构不合理,应通过筹资活动优化调整资本结构,使其趋于科学合理,适度发挥杠杆作用,提升企业价值。

一、资本结构的含义和影响因素

(一)资本结构的含义

资本结构有广义和狭义之分。广义的资本结构是指企业全部资金(全部债务资金与权益资金)的构成比例,其实质是企业资产负债表右方所有项目之间的构成及其比例关系;狭义的资本结构则是指企业各种长期资金(长期负债资金与权益资金)的构成比例。本书所指的资本结构是指狭义的资本结构,它表明企业可以长期稳定使用的各种资金构成及其比例关系,短期资金作为营运资金的一部分进行管理。

现代企业大多采用多种筹资方式筹集资金,各种筹资方式不同的组合决定着企业资本结构及其变化。企业筹资方式虽然很多,但总的来看分为债务资金和权益资金两大类。而权益资金是企业必备的基础资本,因此资本结构问题实际上就是债务资金的比例问题,即在企业全部资金中债务资金所占的比重。

不同的资本结构会对企业产生不同的影响。企业利用债务资本进行举债经营,可以发挥财务杠杆效应,产生抵税作用,降低资金成本,为企业和股东创造更大的经济利益;但随着负债比例的逐步提高,利息等固定费用负担加重,资金成本随之上升,财务风险也不断加大,一旦息税前利润下降,每股收益会下降得更快,可能导致企业和股东遭受更大损失。因此,举债经营具有双重作用,企业必须权衡财务风险和资金成本的关系,确定最佳资本结构。

所谓最佳资本结构,是指在一定条件下使企业平均资金成本率最低、企业价值最大的资本结构。评价企业资本结构最佳状态的标准应该是既能够提高股权收益或降低资金成本,又能控制财务风险,最终目的是提升企业价值。

(二)影响资本结构的因素

1. 企业的经营状况

如果企业产销量稳定,其获利能力也相对稳定,则企业有能力较多地负担固定的财务费用,可以适当提高债务比例;如果产销量和盈余不稳定或有周期性,则固定的财务费用将给企业带来较大的财务风险,这时应对负债持慎重的态度。另外,如果预期产销量能够以较高的水平增长,企业可以采用高负债的资本结构,以提高普通股的每股收益。

2. 企业的资产结构

一般来说,拥有大量固定资产的企业,如制造业企业,总资产周转速度慢,必须有相当规模的股权资本做后盾,所以主要通过发行股票等方式筹集权益资金;拥有较多流动资产的企业,如商业企业,资本周转速度快,可适当提高负债比率;资产适用于抵押贷款的企业负债较多,如房地产企业抵押贷款都相当多;以技术研发为主的企业,如软件开发企业,有形资产较少,债务筹资相对较难,负债比率就较低。

3. 行业特征和企业发展周期

不同行业的资本结构差异很大。一般来说,产品市场稳定的成熟产业经营风险低,可提高负债比率,发挥财务杠杆作用;而高新技术企业产品市场尚不成熟,经营风险高,可降低负债比率,降低财务风险。

另外,同一企业在不同发展阶段,资本结构安排也不同。企业初创阶段,产销不稳定,经营风险高,应控制负债比率;企业成熟阶段,产销量稳定并持续增长,经营风险低,可适度提高负债率,发挥财务杠杆效应;企业收缩阶段,市场占有率下降,经营风险逐步加大,应逐步降低负债比率,以保证债务到期能够及时偿付,减少破产风险。

4. 企业所有者和管理层的态度

从企业所有者的角度来看,如果企业股权分散,谁也没有绝对控制权,则企业可能更多地采用权益资金筹资分散企业风险,因为股东并不担心控制权的分散;如果企业为少数股东控制,为保证绝对控制权,企业一般尽量避免采用普通股筹资,而是采用优先股或债务资金筹资,以防止控股权稀释。

从企业管理层的角度来看,负债比率高的资本结构财务风险高,一旦经营失败或出现财务危机,管理层将面临市场接管的威胁或者被董事会解聘。因此,稳健的管理层偏好于选择负债比率低的资本结构。

5. 企业的财务状况和信用等级

企业的财务状况越好,信用等级越高,债权人就越愿意向企业提供信用,企业就越容易筹集到债务资金;相反,企业的财务状况不佳,信用等级不高,债权人投资风险大,这样就会降低企业对债权人的吸引力,加大企业筹集债务资金的成本。

6. 税收政策和货币政策

资本结构决策必然受到宏观经济状况的影响,特别是税收政策和货币金融政策。债务利息具有抵税作用,当所得税税率较高时,债务筹资减税效益多,企业就会偏好于选择负债筹资。货币金融政策影响资本供给,从而影响利率水平的变动,当国家执行紧缩的货币政策时,市场利率较高,企业债务资金成本增大。如果企业管理层认为现有利率较低,但预期不久将会上升,便会大量筹借长期债务,使利率长期保持在较低水平。

二、资本结构决策

资本结构决策就是要确定最佳资本结构。从理论上来讲,最佳资本结构是存在的,但由于企业内部条件和外部环境的经常性变化,使得确定最佳资本结构十分困难,并不是所有企业都能达到最佳资本结构。与"最佳"相比,"较优"是更多企业的选择,常用的较优资本结构确定方法有平均资金成本比较法和每股收益分析法。

(一)平均资金成本比较法

平均资金成本比较法是通过计算和比较各种可能的筹资组合方案的平均资金成本,选择平均资金成本率最低的方案。这种方法侧重于从资金投入的角度对筹资方案和资本结构进行优选分析,即平均资金成本最低的资本结构,就是较优的资本结构。

【例 4-15】 榕辉机械有限责任公司现拥有资金 1 000 万元。其中,银行借款 300 万元,资金成本率为5%；长期债券100万元，资金成本率为6%；普通股600万元，普通股股数200万股，资金成本率为15%。因生产需要，准备再筹资200万元。企业有两个方案可选择：一是以每股2元的价格增发100万股普通股；二是发行票面利率为6%的债券。

要求：假设无论采取哪种方案都不改变个别资金成本，则应采用哪种筹资方案？

解：(1) 目前，资本结构的平均资本为11.1%(详见例4-7)。

(2) 增发普通股后的平均资金成本为：

$$K_w = \frac{300}{1\,200} \times 5\% + \frac{100}{1\,200} \times 6\% + \frac{600+200}{1\,200} \times 15\% = 11.75\%$$

(3) 发行债券后的平均资金成本：

$$K_w = \frac{300}{1\,200} \times 5\% + \frac{100+200}{1\,200} \times 6\% + \frac{600}{1\,200} \times 15\% = 10.25\%$$

经比较可知，发行债券后，公司的平均资金成本最低，因此应选择发行债券的筹资方案。

(二)每股收益分析法

负债筹资的目的之一，就在于债务资金能够带来财务杠杆效应，利用负债筹资的财务杠杆作用来增加股东财富。在实际财务管理工作中，往往将股东财富最大化作为财务管理的目标，即不断提高普通股股东的每股收益，因此可以用每股收益的变化来判断资本结构是否合理。一般而言，能够提高普通股每股收益的资本结构，就是合理的资本结构；反之，就是不合理的。

每股收益分析法的核心是确定每股收益无差别点。每股收益无差别点又称息税前利润平衡点，即不同筹资方案下每股收益相等时的息税前利润。利用每股收益无差别点，可以分析判断在什么样的息税前利润水平前提下，适于采用何种筹资组合方式，进而安排和调整企业的资本结构。每股收益分析法的计算步骤如下。

(1) 列出不同筹资方式的每股收益计算式，将息税前利润(EBIT)设为未知数。

(2) 令两种筹资方式的每股收益相等，即：

$$\frac{(\text{EBIT} - I_1)(1-T) - E_1}{N_1} = \frac{(\text{EBIT} - I_2)(1-T) - E_2}{N_2}$$

(3) 解出上式中的EBIT，即每股收益无差别点。

(4) 作出筹资方案选择。

① 当实际或预期息税前利润等于每股收益无差别点时，无论是采用债务资金筹资方案还是权益资金筹资方案，每股收益都是相等的，此时选择两种方式均可。

② 当实际或预期息税前利润大于每股收益无差别点时，选择债务资金筹资方案可获得较高的每股收益。

③ 当实际或预期息税前利润小于每股收益无差别点时，选择权益资金筹资方案可获得较高的每股收益。

图4-7为每股收益无差别点分析图。

项目四　资金成本和资本结构

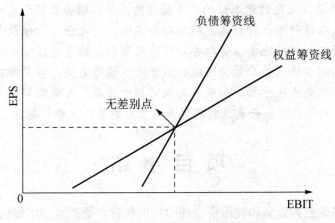

图 4-7　每股收益无差别点分析

【例 4-16】根据例 4-15 的资料，且银行借款利率为 4.5%，原有债券的票面利率为 5%，企业所得税税率为 25%。假设榕辉机械有限责任公司预计息税前利润为 50 万元。

要求：利用每股收益分析法来选择筹资方案。

解：采用增发普通股方案 $EPS_1 = \dfrac{(EBIT - 300 \times 4.5\% - 100 \times 5\%)(1-25\%)}{200 + 100}$

采用发行债券方案 $EPS_2 = \dfrac{(EBIT - 300 \times 4.5\% - 100 \times 5\% - 200 \times 6\%)(1-25\%)}{200}$

令 $EPS_1 = EPS_2$，得：每股收益无差别点 EBIT=54.5 万元，这时两种方案的每股收益相等，即 $EPS_1 = EPS_2 = 0.09$ 元/股。

因为公司预计息税前利润 50 万元＜每股收益无差别点 54.5 万元，所以公司应该采取增发普通股方案筹集所需资金。

案例解析

1. 大宇集团存在的问题固然是多方面的，但不可否认有财务杠杆的消极作用。财务杠杆是一把双刃剑，即利用财务杠杆，可能产生好的效果，也可能产生坏的效果。当息税前利润率大于债务利息率时，能取得财务杠杆利益；当息税前利润率小于债务利息率时，会产生财务风险。大宇集团在政府政策和银行信贷的支持下，走上了一条"举债经营"之路。试图通过大规模举债，达到大规模扩张的目的，最后实现"市场占有率至上"的目标。1997年亚洲金融危机爆发后，大宇集团已经显现出经营上的困难，其销售额和利润均不能达到预期目的，而与此同时，债权金融机构又开始收回短期贷款，政府也无力再给它更多支持。1998 年年初韩国政府提出"五大企业集团进行自律结构调整"方针后，其他集团把结构调整的重点放在改善财务结构方面，努力减轻债务负担。但大宇却认为，只要提高开工率，增加销售额和出口就能躲过这场危机，因此继续大量发行债券，进行"借贷式经营"。正由于经营上的不善，加上资金周转上的困难，最后轰然倒塌。由此可见，大宇集团的举债经营所产生的财务杠杆效应是消极的，不仅难以提高企业的盈利能力，反而因巨大的偿付压力使企业陷于难以自拔的财务困境。

2. 能使企业价值最大化的资本结构才是最优的，企业财务管理人员应合理安排资本结构，适度负债，来取得财务杠杆利益，控制财务风险，实现企业价值最大化。过度负债要负担较多的债务成本，相应地要经受财务杠杆作用所引起的普通股收益变动较大的冲击。一旦企业息税前利润下降，企业的普通股收益就会下降得更快，当息税前利润不足以支付固定利息支出时，就会出现亏损，如果不能及时扭亏为盈，可能会引起破产。亚洲金融危机是大宇扛不下去的导火索，而真正的危机是其债台高筑、大举扩张。

项 目 小 结

资金成本是指企业为筹集和使用资金而付出的代价，是衡量资本结构优化程度的标准，也是对投资获得经济效益的最低要求。资金成本从绝对量的构成来看，包括筹资费用和占用费用；用相对数表示即资金成本率，包括个别资金成本、综合资金成本和边际资金成本。财务管理中的杠杆效应，表现为由于特定费用(固定性经营成本和固定性资金成本)的存在，当某一财务变量以较小幅度变动时，另一相关财务变量会以较大幅度变动。企业在取得杠杆效益的同时，也加大了收益波动的风险性，杠杆主要包括经营杠杆、财务杠杆和总杠杆。资本结构是指企业各种长期资金(长期负债资金与权益资金)的构成比例。资本结构决策是企业筹资决策的核心，而资本结构决策的核心是确定最优的资本结构，主要择优方法有平均资金成本比较法和每股收益分析法。

项目强化训练

一、单项选择题

1. 某公司拟增发新的普通股，发行价格为6元/股，该公司上年支付股利为0.5元。预计股利每年增长3%，所得税税率为25%，则该普通股的资金成本为(　　)。
   A. 11.33%　　　　B. 11.58%　　　　C. 11.11%　　　　D. 11.44%
2. 某企业本期财务杠杆系数为2，本期息税前利润为500万元，则本期实际利息费用为(　　)万元。
   A. 100　　　　　B. 175　　　　　C. 250　　　　　D. 300
3. 通过企业资本结构的调整，可以(　　)。
   A. 降低经营风险　B. 影响财务风险　C. 提高经营风险　D. 不影响财务风险
4. 某企业债务资金和权益资金的比例为1∶1，则该企业(　　)。
   A. 只有经营风险　　　　　　　　　B. 只有财务风险
   C. 既有经营风险，也有财务风险
   D. 没有风险，因为经营风险和财务风险可以互相抵消
5. 在个别资金成本的计算中，不用考虑筹资费用影响因素的是(　　)。
   A. 长期借款　　　B. 债券　　　　C. 留存收益　　　D. 普通股
6. 某公司平价发行公司债券，面值100元，期限5年，票面利率为8%，每年付息一次，

发行费率为3%，所得税税率为25%，则该债券的资金成本为( )。

  A. 6%   B. 7.76%   C. 6.19%   D. 8.25%

7. 一般来说，在企业各种资金来源中，资金成本最高的是( )。

  A. 留存收益 B. 普通股 C. 公司债券 D. 银行借款

8. 某公司的经营杠杆系数为1.3，财务杠杆系数为2，则该公司销售额每增长1倍，就会造成每股收益增加( )倍。

  A. 2.6   B. 3   C. 4   D. 3.3

9. 下列说法中，正确的是( )。

  A. 在相关范围内，提高固定成本总额，能够降低企业的经营风险

  B. 在相关范围内，产销量上升，经营风险加大

  C. 在相关范围内，经营杠杆系数与产销量呈反方向变动

  D. 对于某一特定企业来说，经营杠杆系数是固定的，不随产销量的变动而变动

10. 既具有抵税效应，又能带来杠杆收益的筹资方式是( )。

  A. 发行优先股 B. 发行债券 C. 发行普通股 D. 留存收益

11. 在固定成本不变的情况下，下列表述正确的是( )。

  A. 经营杠杆系数与经营风险成正比例关系

  B. 销售额与经营杠杆系数成正比例关系

  C. 经营杠杆系数与经营风险成反比例关系

  D. 销售额与经营风险成正比例关系

12. 财务杠杆效应是指( )。

  A. 提高债务比例导致的所得税降低

  B. 利用现金折扣获取的利益

  C. 利用债务筹资给企业带来的额外收益

  D. 降低债务比例所节约的利息费用

13. 某公司拟发行优先股股票，筹资费率和股息年利率分别为6%和8%，则该优先股成本为( )。

  A. 8.51%   B. 4.26%   C. 5.85%   D. 9.37%

14. 一般情况下，各筹资方式资金成本由小到大依次是( )。

  A. 普通股、银行借款、企业债券 B. 银行借款、企业债券、普通股

  C. 银行借款、普通股、企业债券 D. 企业债券、普通股、银行借款

15. 只要企业存在固定成本，当企业息税前利润大于0时，那么经营杠杆系数必( )。

  A. 恒大于1   B. 与销售量成正比

  C. 与固定成本成反比 D. 与风险成反比

16. 当企业负债筹资额为0时，财务杠杆系数为( )。

  A. 0   B. 1   C. 不确定   D. ∞

17. 下列各项中，在计算其资金成本时涉及所得税的是( )。

  A. 普通股 B. 优先股 C. 银行借款 D. 留存收益

18. 某企业的权益资金与债务资金比例为60∶40，则可断定该企业( )。

  A. 只存在经营风险   B. 经营风险大于财务风险

C. 经营风险小于财务风险　　　　D. 同时存在经营风险和财务风险

19. 某公司发行普通股股票800万元，筹资费用率为5%，上年股利率为10%，预计股利每年增长5%，所得税税率为25%，该公司年末留存50万元未分配利润用作发展之需，则该留存收益的成本为(　　)。

　　A. 14.74%　　　　B. 19.7%　　　　C. 19%　　　　D. 20.47%

20. 企业的(　　)越小，经营杠杆系数就越大。

　　A. 产品单价　　B. 单位变动成本　　C. 固定成本　　D. 利息费用

二、多项选择题

1. 关于边际资金成本，下列说法正确的有(　　)。
   A. 适用于追加筹资的决策
   B. 是按加权平均法计算的
   C. 不考虑资本结构的影响
   D. 反映资金增加引起成本的变化
   E. 现有的资金也可以计算边际资金成本

2. 影响资金成本高低的因素有(　　)。
   A. 预期通货膨胀率的高低
   B. 证券市场流动性的强弱
   C. 企业风险的大小
   D. 企业对资金需求量的规模
   E. 总杠杆系数越大，企业财务风险越大

3. 总杠杆具有如下性质(　　)。
   A. 总杠杆能够起到财务杠杆和经营杠杆的综合作用
   B. 总杠杆能够表达企业边际贡献与息税前利润的比率
   C. 总杠杆能够估计出销售额变动对每股收益的影响
   D. 总杠杆系数越大，企业经营风险越大
   E. 总杠杆系数越大，企业财务风险越大

4. 企业降低经营风险的一般途径有(　　)。
   A. 增加销售量　　B. 增加资金　　C. 降低变动成本
   D. 增加固定成本比重　　E. 提高产品售价

5. 影响综合资金成本的因素有(　　)。
   A. 资本结构　　　　　　　　B. 个别资金成本
   C. 筹资期限　　　　　　　　D. 企业风险

6. 关于留存收益的资金成本，下列说法正确的有(　　)。
   A. 它没有成本
   B. 它的成本是一种机会成本
   C. 它的成本计算不考虑筹资费用
   D. 它相当于股东投资于某种股票所要求的必要收益率
   E. 在企业实务中一般不予考虑

7. 在个别资金成本中须考虑抵税因素的有(　　　　)。
   A. 债券成本　　　　　　　　　　B. 银行借款成本
   C. 普通股成本　　　　　　　　　D. 留存收益成本
8. 影响总杠杆系数的因素有(　　　　)。
   A. 固定成本　　B. 边际贡献　　C. 销售量　　D. 债务利息
9. 最佳资本结构的判断标准是(　　　　)。
   A. 资本规模最大　　　　　　　　B. 筹资风险最小
   C. 企业价值最大　　　　　　　　D. 加权平均资本成本最低
10. 确定企业资本结构时，(　　　　)。
    A. 如果企业的销售不稳定，则可较多地筹集负债资金
    B. 所得税税率越高，举债利益越明显
    C. 为了保证原有股东的绝对控制权，一般应尽量避免普通股筹资
    D. 若预期市场利率会上升，企业应尽量利用短期负债
11. 下列筹资方式中，筹集资金属于企业负债的有(　　　　)。
    A. 银行借款　　B. 公司债券　　C. 融资租赁　　D. 商业信用
12. 下列关于财务杠杆系数表述正确的有(　　　　)。
    A. 它是由企业资本机构决定的，债务资金比例越高，财务杠杆系数越大
    B. 它反映企业的财务风险，财务杠杆系数越大，财务风险也越大
    C. 它反映息税前利润随销售量变动而变动的幅度
    D. 它反映息税前利润随普通股每股收益变动而变动的幅度
13. 利用每股收益无差别点进行企业资本结构分析，(　　　　)。
    A. 当预计息税前利润高于每股收益无差别点时，权益筹资比债务筹资有利
    B. 当预计息税前利润高于每股收益无差别点时，债务筹资比权益筹资有利
    C. 当预计息税前利润低于每股收益无差别点时，权益筹资比债务筹资有利
    D. 当预计息税前利润等于每股收益无差别点时，两种筹资方式的收益相同
14. 下列属于资金占用费的有(　　　　)。
    A. 股票的股利　　B. 债务利息　　C. 发行费用　　D. 广告费用
15. 吸收一定比例的债务资金，可能产生的结果有(　　　　)。
    A. 降低企业资金成本　　　　　　B. 加大企业总风险
    C. 加大企业财务风险　　　　　　D. 提高每股收益

三、判断题

1. 留存收益的资金成本实质上是一种机会成本，它完全可以按照普通股的资金成本的计算公式来计算。（　　）
2. "财务费用"账户的发生额可以大体上反映企业债务资金成本的实际数额。（　　）
3. 改变资本结构是降低某种个别资金成本的重要手段。（　　）
4. 筹资额超过了筹资分界点，但只要维持目前的资本结构，就不会引起企业综合资金成本的变化。（　　）
5. 资金成本计算的正确与否，通常会影响企业的筹资决策，不会影响投资决策。（　　）

6. 假定其他因素不变，销售量越大，则经营杠杆系数越小。（　）
7. 由于经营杠杆的作用，当息税前利润下降时，普通股每股收益会下降得更快。（　）
8. 经营风险是指企业未使用债务时经营的内在风险，它是企业投资决策的结果，表现在企业息税前利润率的变动上。（　）
9. 经营杠杆并不是经营风险，而只是放大了经营风险。（　）
10. 当经营杠杆系数趋近于无穷大时，企业的经营利润为零。（　）
11. 最佳资本结构是企业筹资能力最强、财务风险最小的资本结构。（　）
12. 通过发行股票筹资，可以不付利息，因此其成本比债务资金的成本低。（　）
13. 债务筹资可以降低资金成本，所以企业的负债越多越好。（　）
14. 若某种证券的流动性差或者市场价格流动大，就会加大筹资者的筹资代价。（　）
15. 在个别资金成本不变的情况下，企业不同时期的综合资金成本相等。（　）

四、名词解释

综合资金成本　边际资金成本　固定成本　变动成本　经营杠杆　财务杠杆

五、思考题

1. 什么是资金成本？资金成本的作用是什么？
2. 影响资金成本的因素有哪些？
3. 什么是杠杆效应？它有哪些形式？
4. 影响企业总杠杆系数的因素有哪些？
5. 什么是资本结构？哪些因素可以影响它？
6. 资本结构的决策方法有哪些？它们决策的根据是什么？

六、计算分析题

1. 辉腾公司正在着手编制明年的财务计划，公司财务主管请你协助计算其综合资金成本。有关信息如下：

(1) 公司银行借款利率当前为 6.8%，明年将下降为 6.6%。

(2) 公司债券面值为 10 元，票面利率为 8%，每年付息一次。当前市场价格为 12 元。如果按当前市价发行新的债券，发行成本为市价的 3%。

(3) 公司普通股面值为 5 元，当前每股市价为 6 元，本年派发现金股利 0.5 元，预计股利增长率维持在 5%；如果按目前市价发行新的普通股，发行成本为市价的 6%。

(4) 公司当前(本年)的资本结构为：银行借款为 200 万元，长期债券为 600 万元，普通股股本为 805.150 万元，留存收益为 400 万元。

(5) 公司所得税税率为 25%，公司普通股的 β 值为 1.2。

(6) 当前国债的收益率为 5%，市场平均收益率为 12%。

要求：

(1) 计算银行借款的资金成本。
(2) 计算债券的资金成本。
(3) 分别使用股利增长模型和资本定价模型计算普通股资金成本。
(4) 如果明年不改变资本结构，计算其综合资金成本。(普通股资金成本采用股利增长模型。)

2. 飞达公司计划筹集新的资金,并维持目前的资本结构(债券占 60%,普通股占 40%)不变。随着筹资额的增加,各筹资方式的资金成本的变化如表 4-5 所示。

表 4-5 资金成本变化

融资方式	新融资额	资金成本
债券	120 万元以下	8%
	120 万~240 万元	9%
	240 万元以上	10%
普通股	200 万元以下	13%
	200 万元以上	15%

要求:计算飞达公司的边际资金成本。

3. 某企业只生产和销售甲产品,其总成本习性模型为 $y = 4\,000\,000 + 40x$。假定该企业 2018 年度产品销售量为 200 000 件,每件售价为 100 元,按市场预测 2019 年该产品的销售数量将增长 20%。

要求:

(1) 计算 2018 年该企业的边际贡献总额。

(2) 计算 2018 年该企业的息税前利润。

(3) 计算 2019 年的经营杠杆系数。

(4) 计算 2019 年的息税前利润增长率。

(5) 该企业 2018 年发生债务利息共计 1 200 000 元,优先股股息 600 000 元,企业所得税税率为 25%,计算 2019 年的总杠杆系数。

4. 胜达公司目前拥有资金 1 000 万元。其中,银行借款 400 万元,年利率为 10%;普通股 600 万元,上年支付的每股股利 1 元,预计股利增长率为 5%,当前市价为 10 元。该公司计划筹集资金 100 万元,企业所得税税率为 25%,有以下两种筹资方案。

方案一:增加银行借款 100 万元,借款利率上升到 12%,假设其他条件不变。

方案二:增发普通股 62 500 股,普通股市价增加到每股 16 元,假设其他条件不变。

要求:

(1) 计算该公司筹资前综合资金成本。

(2) 用平均资金成本法确定该公司的筹资方案。

5. 荣威公司当前资金结构如表 4-6 所示。

表 4-6 资金结构

资 金	金额/万元
长期债券(年利率为 8%)	3 000
普通股(3 500 万股)	3 500
留存收益	1 500
合 计	8 000

因生产发展需要,公司年初准备增加资金 2 000 万元,现有两个融资方案可供选择。方

案一：增加发行1 000万股普通股，每股市价2元。方案二：按面值发行每年年末付息、票面利率为10%的公司债券2 000万元。假定股票与债券的发行费用均可忽略不计，企业所得税税率为25%。

要求：

(1) 计算两种筹资方案的每股收益无差别点息税前利润。

(2) 计算处于每股收益无差别点时方案二的财务杠杆系数。

(3) 如果公司预计息税前利润为1 400万元，指出该公司应采用的筹资方案。

(4) 如果公司预计息税前利润为1 800万元，指出该公司应采用的筹资方案。

(5) 若公司预计息税前利润在每股收益无差别点上增长10%，计算采用方案二时该公司普通股每股收益的增长幅度。

6. 腾达公司原有资金2 000万元。其中，债务资金800万元(每年负担利息60万元)，普通股资本1 200万元(发行普通股24万股，每股面值50元)，企业所得税税率为25%。由于扩大业务，须追加筹资600万元，其融资方案有三个。

方案一：全部发行普通股，增发12万股，每股面值50元。

方案二：全部按面值发行债券，债券利率为10%。

方案三：发行优先股600万元，股息率为12%。

要求：

(1) 计算普通股筹资与债券筹资每股收益无差别点的息税前利润。

(2) 计算普通股筹资与优先股筹资每股收益无差别点的息税前利润。

(3) 假设扩大业务后的息税前利润为300万元，确定该公司应当采用哪种筹资方案(不考虑风险)。

项目五 项目投资

【知识目标】

- 掌握项目投资的概念。
- 掌握各种指标的计算公式。
- 熟悉净现值、内部收益率、静态投资回收期等的计算方法。

【技能目标】

- 固定资产投资项目的现金流量的计算。
- 投资决策的各种评价指标的计算。
- 能应用项目可行性评价及其投资决策方法。

案例引导

某公司为改变产品结构、开拓新的市场领域，拟开发新产品，为此拟投资建设一条生产线，建设期为一年，建设期发生的固定资产投资为110万元，在建设期初一次全部投入，固定资产的折旧年限为10年，期末预计净残值为10万元，按直线法计提折旧；流动资金投资10万元，于投产开始垫付，流动资金在项目终结时可一次全部收回。企业不缴纳消费税，适用的所得税税率为25%，增值税税率为17%，城建税税率为7%，教育费附加率为3%。所在行业的基准收益率为10%。财务经理经过计算分析认为：该生产线投产后预计每年的营业收入为100万元，每年经营成本为68万元。其中，外购原材料、燃料和动力费为40万元，工资及福利费为23万元，其他费用为5万元。

分析：
1. 该公司的投资类型。
2. 项目投资的期限。
3. 项目投资决策的主要指标和辅助指标。
4. 对该项目投资作出财务可行性的评价。

理论认知

任务一 项目投资概述

一、项目投资的概念、特点及类型

(一)项目投资的概念与特点

项目投资是一种实体性资产的长期投资，是一种以特定项目为对象，直接与新建项目或更新改造项目有关的长期投资行为。与其他形式的投资相比，项目投资具有投资金额大、影响时间长、变现能力差和投资风险大的特点。

1. 投资金额大

项目投资，特别是战略性的扩大生产能力投资，一般都需要较多的资金，其投资额往往是企业及其投资人多年的资金积累，在企业总资产中占有相当大的比重。因此，项目投资对企业未来的现金流量和财务状况都将产生深远的影响。

2. 影响时间长

项目投资的投资期及其发挥作业的时间很长，对企业未来的生产经营活动和长期经营活动会产生重大影响。

3. 变现能力差

项目投资一般不会在一年或一个经营周期内变现，而且即使想在短期内变现，其变现能力也较差。因为投资一旦完成，要想改变是相当困难的，不是无法变现就是代价太大。

4. 投资风险大

影响项目投资未来收益的因素特别多，再加上投资金额大、影响时间长和变现能力差，因此，它的投资风险比其他投资风险要大，会对企业的未来命运产生决定性影响。无数事例证明，一旦项目投资决策失败，会给企业带来无法逆转的损失。

(二)项目投资的类型

工业企业投资项目主要包括新建项目(含单纯固定资产投资项目和完整工业投资项目)和更新改造项目两种类型。

1. 新建项目

新建项目是指以新建生产能力为目的外延式扩大再生产，新建项目按其涉及内容还可进一步细分为单纯固定资产投资项目和完整工业投资项目。

单纯固定资产投资项目简称固定资产投资。其特点在于：在投资中只包括为取得固定资产而发生的垫支资本投入，而不涉及周转资本的投入。

完整工业投资项目的特点在于：不仅包括固定资产投资，而且还涉及流动资金投资，甚至包括其他长期资产项目(如无形资产、长期待摊费用等)的投资。

2. 更新改造项目

更新改造项目是指以恢复或改善生产能力为目的内涵式扩大再生产。

二、项目投资的程序

1. 提出项目建议书

投资规模较大的、所需资金较多的战略性项目，应由董事会提议，由各部门专家组成专家小组提出项目建议书。投资规模较小、投资金额不大的战术性项目由主管部门提议，并由有关部门组织人员提出项目建议书。

提出项目建议书是投资前对项目的轮廓设想，主要从投资建设的必要性方面来衡量，同时初步分析投资建设的可行性。其内容主要有：投资项目提出的必要性，产品方案，拟建规模和建设地点的初步设想，资源状况、建设条件、协作关系的初步分析；投资估算和资金筹措设想，偿还贷款能力测算，项目的大体进度安排；经济效益和社会效益的初步估算。

2. 进行可行性研究

根据调查的资料对投资项目技术上的先进可行性、经济上的合理性以及建设条件的可能性等方面进行技术经济论证，进行不同方案的分析比较，并在研究分析投资效益的基础上，提出建设项目是否可行和怎样进行建设的意见和方案，编写出可行性研究报告。

项目可行性研究是指在项目决策前，通过对项目有关的工程、技术、经济等各方面条件和情况进行调查、研究、分析，对各种可能的建设技术方案进行比较论证和对项目建成后的经济效益进行预测和评价，来考察项目技术上的先进性和适用性、经济上的盈利性和合理性、建设上的可能性和可行性。

3. 编制设计任务书

根据可行性研究报告中所提供的项目投资若干方案，包括其中的最佳方案，经再调查、研究、补充、修正、挑选确定，即可作为编制设计任务书的可靠依据。

4. 项目评估

邀请有关技术、经济专家和承办投资贷款的银行，对项目的可行性研究报告进行预审，然后由投资银行的咨询机构或计划决策部门委托有资格的工程咨询公司进行项目评估，即对项目的可行性研究报告和计划任务书进行全面、认真、仔细地审查、计算和核实，根据审核、评估的结果，编写项目评估报告。

5. 项目审批

完成上述程序后，决策部门应对可行性研究报告和计划任务书及评估报告等文件进一步加以审核，如果项目是可行的，即可批准。计划任务书一经批准，就算立项，投资项目决策就基本定下来了。

三、项目计算期的构成

项目计算期是指投资项目从投资建设开始到最终清理结束整个过程的全部时间，包括建设期和运营期(具体又包括投产期和达产期)。

建设期是指从项目资金正式投入开始到项目建成投产为止所需要的时间，建设期的第一年年初称为建设起点(记作第 0 年)，建设期的最后一年年末称为投产日(记作第 s 年)。在实践中，通常应参照项目建设的合理工期或项目的建设进度计划合理确定建设期。

项目计算期的最后一年年末称为终结点(记作第 n 年)，假定项目最终报废或清理均发生在终结点(但更新改造除外)。从投产日到终结点之间的时间间隔称为运营期，又包括试产期和达产期(完全达到设计生产能力)两个阶段。试产期是指项目投入生产，但生产能力尚未完全达到设计能力时的过渡阶段。达产期是指生产运营达到设计预期水平后的时间。运营期一般应根据项目主要设备的经济使用寿命期确定。

项目计算期(n)、建设期(s)和运营期(p)之间存在以下关系。

$$项目计算期 n = 建设期 s + 运营期 p$$
$$运营期 = 试产期 + 达产期$$

项目计算期的关系如图 5-1 所示。

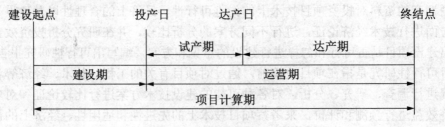

图 5-1 项目计算期的关系

【注意】运营期一般应根据项目主要设备的经济使用寿命期确定。例如,设备的经济使用寿命是 10 年,通常这个项目的运营期也是 10 年。

四、项目投资资金构成

项目总投资是指拟建项目全部建成、投入营运所需的费用总和。项目投入总资金由建设投资、建设期利息和垫支流动资金三部分组成。生产性建设项目总投资包括建设投资(含固定资产投资、无形资产投资、递延资产投资等)、建设期借款利息和垫支流动资金三部分。而非生产性建设项目总投资只有固定资产投资,不包括流动资产投资。项目总投资是指项目建设投资、流动资金投资和建设期利息之和,也叫投资总额,主要在项目可行性报告中使用。房地产项目的总投资包括土地费用、前期工程费用、建设配套费、建筑安装工程费用、室外工程费、建设监理费、建设单位管理费、预备费用以及建设期贷款利息等项目。项目的资金投入方式通常是分次投入,其中固定资产的投资往往在建设开始时投入,而无形资产和流动资产投资多数是在建设期结束时投入。当然,对项目总投资包含的内容,不同的教材和企业在理论和实践中均有不同的表述。项目总投资之间的关系如图 5-2 所示。

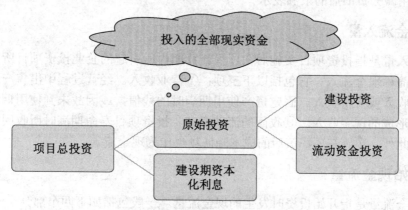

图 5-2 项目总投资之间的关系

【例 5-1】 榕辉机械有限责任公司为改变产品结构、开拓新的市场领域,拟开发新产品,为此,需要购买一条价值 110 万元的新生产线。该生产线的建设期间为 1 年,可使用期限为 10 年,期满时有残值收入 10 万元;另需要购买一项价值 10 万元的专利权,专利权的摊销期限为 10 年,在建设期末时投入;同时,建设期末投入流动资金 5 万元开始生产。投资者要求的报酬率是 10%。投产后,每年预计营业收入为 80 万元。

要求:根据资料分析该项目总投资各指标的关系。

解:固定资产投资=110(万元)

建设投资=110+10=120(万元)

原始投资=110+10+5=125(万元)

项目总投资=125+0=125(万元)

任务二　现金流量的内容及其估算

一、现金流量的含义

现金流量是指投资项目在其计算期内因资金循环而引起的现金流入和现金流出增加的数量。这里的"现金"概念是广义的,包括各种货币资金及与投资项目有关的非货币资产的变现价值,具体如下。

(一)现金流出量

现金流出量是指投资项目实施后在项目计算期内所引起的企业投资项目的全部资金支出,简称现金流出。它包括以下三项:①固定资产投资。购入或建造固定资产的各项资金支出。②流动资产投资。投资项目所需的存货、货币资金和应收账款等项目所占用的资金。③营运成本。投资项目在经营过程中所发生的生产成本、管理费用和销售费用等。通常以全部成本费用减去折旧后的余额表示。

(二)现金流入量

现金流入量是指投资项目实施后在项目计算期内所引起的企业投资项目所发生的全部资金收入,简称现金流入。它包括以下三项:①营业收入。经营过程中出售产品的销售收入。②残值收入或变价收入。固定资产使用期满时的残值,或因故未到使用期满时,出售固定资产所形成的现金收入。③收回的流动资产。投资项目寿命期满时所收回的原流动资产投资额。此外,实施某项决策后的成本降低额也作为现金流入。

(三)初始现金流量

初始现金流量是指开始投资时发生的现金流量,一般包括如下四个部分。
(1) 固定资产上的投资,包括固定资产的购入或建造成本、运输成本和安装成本等。
(2) 流动资产上的投资,包括对材料、在产品、产成品和现金等流动资产上的投资。
(3) 其他投资费用,是指与长期投资有关的职工培训费、谈判费、注册费等。
(4) 原有固定资产的变价收入,主要是指固定资产更新时原有固定资产的变卖所得的现金收入。

(四)营业现金流量

营业现金流量是指投资项目投入使用后,在其寿命周期内由于生产经营所带来的现金流入和流出的数量。这种现金流量一般以年为单位进行计算。这里现金流入一般是指营业现金收入。现金流出是指营业现金支出和交纳的税金。如果一个投资项目的每年销售收入等于营业现金收入,付现成本(指不包括折旧等非付现的成本)等于营业现金支出,那么,年现金净流量(简记为 NCF)=年现金流入量-年现金流出量,当流入量大于流出量时,净流量为正值;反之,净流量为负值。

(五) 建设期现金净流量的计算

$$\text{现金净流量} = -\text{该年投资额}$$

由于在建设期没有现金流入量，所以建设期的现金净流量总为负值。其次，建设期现金净流量还取决于投资额的投入方式是一次投入还是分次投入，若投资额是在建设期一次全部投入的，上述公式中的该年投资额即为原始总投资。

(六) 营业期年现金净流量

其计算公式如下。

$$\text{每年净现金流量(NCF)} = \text{营业收入} - \text{付现成本} - \text{所得税}$$

$$\text{付现成本} = \text{变动成本} + \text{付现的固定成本} = \text{总成本} - \text{折旧额及摊销额}$$

或

$$\text{每年净现金流量(NCF)} = \text{净利润} + \text{折旧}$$

或 每年净现金流量(NCF)=营业收入×(1-所得税率)-付现成本×(1-所得税率)+折旧×所得税率

(七) 终结点现金流量

终结现金流量是指投资项目完结时所发生的现金流量，主要包括以下内容。
(1) 固定资产的残值收入或变价收入。
(2) 原有垫支在各种流动资产上的资金的收回。
(3) 停止使用的土地的变价收入等。

其计算公式如下。

$$\text{终结点现金净流量} = \text{营业现金净流量} + \text{回收额}$$

二、确定现金流量时应考虑的问题

现金流量管理假设是人们在进行现金流量管理理论研究和现金流量管理活动时，面对未经确切认识或无法正面论证的经济事物或现象，根据已有知识，经过思考后提出的，具有一定事实依据的假定或设想，是进一步研究现金流量管理理论和进行现金流量管理活动的基础之一。

(一) 现金流量管理假设的性质

(1) 现金流量管理假设是进行现金流量管理理论研究和现金流量管理实践不可或缺的。
(2) 现金流量管理假设是不能直接自我检验的。
(3) 现金流量管理假设的确立并非是一成不变的，它也会面临更新的挑战。

可见，现金流量管理假设是研究现金流量管理理论和进行现金流量管理活动的基础，是不可缺少的，但不能自身直接加以证明，同时应随着事物的发展而发展。

(二) 现金流量管理假设的内容

1. 现金流量管理主体假设

它是指现金流量管理活动应该限制在经济利益相对独立并且具有一定现金流量管理自

主权的主体之内,这一假设也可以简称为主体假设。主体假设明确了现金流量管理活动的空间范围,将一个主体的管理行为区别于另一主体的管理行为。

2. 持续经营假设

它是指在可以预见的将来,除非有相反的证据,现金流量管理主体可以持续经营下去。相反的证据是指可以证明管理主体的经营活动即将终止的证据,如按合同规定企业即将解散,或已经不能清偿到期债务,即将破产等。

3. 时间价值假设

它是指现金流量管理主体在管理现金流量时,假定资金应该按照时间的推移不断增加价值,也就是说,假定不同时点的现金流量有着不同的价值。

4. 理性管理假设

它是指现金流量管理主体在进行现金流量管理时的管理行为是理性的,是为了实现管理主体的管理目标进行管理的。

5. 信息不对称假设

它是指现金流量管理主体与外界拥有不同的信息。

6. 管理有效性假设

它是指现金流量管理主体的管理行为会对管理主体的现金流量产生重大影响(虽然并不一定完全可以控制),进而给管理主体带来一定的利益。

7. 现金资源稀缺假设

它是指现金流量管理主体所管理的现金资源是稀缺的,并非取之不尽,用之不竭。

8. 不确定性假设

它是指现金流量管理主体面临的内部和外部环境并非完全肯定,总有一些管理主体无法预知或无法肯定。

三、现金流量的估算实例

【例 5-2】榕辉机械有限责任公司某项目投资总额为 150 万元。其中,固定资产投资 110 万元,建设期为 2 年,于建设起点分 2 年平均投入;无形资产投资 20 万元,于建设起点投入;流动资金投资 20 万元,于投产开始垫付。该项目经营期为 10 年,固定资产按直线法计提折旧,期满有 10 万元净残值;无形资产于投产开始分 5 年平均摊销;流动资金在项目终结时可一次全部收回。另外,预计项目投产后,前 5 年每年可获得 40 万元的营业收入,并发生 34 万元的总成本和 4 万元的营业税金及附加;后 5 年每年可获得 60 万元的营业收入,并发生 35 万元的经营成本和 5 万元的营业税金及附加。

要求:

(1) 计算该项目投资在项目计算期内各年的现金净流量。(不考虑所得税因素。)

(2) 假设所得税税率为25%，计算该项目投资在项目计算期内各年的现金净流量。

解：(1) 不考虑所得税因素的现金净流量。

固定资产年折旧额=(110-10)÷10=10(万元)

无形资产年摊销额=20÷5=4(万元)

NCF_0=-55-20=-75(万元)

NCF_1=-55(万元)

NCF_2=-20(万元)

NCF_{3-7}=40-34-4+10+4=16(万元)

NCF_{8-11}=60-35-5=20(万元)

NCF_{12}=20+10+20=50(万元)

(2) 考虑所得税因素的现金净流量。

NCF_0=-55-20=-75(万元)

NCF_1=-55(万元)

NCF_2=-20(万元)

NCF_{3-7}=(40-34-4)×(1-25%)+10+4=15.5(万元)

NCF_{8-11}=(60-35-5-10)×(1-25%)+10=17.5(万元)

NCF_{12}=17.5+10+20=47.5(万元)

【例 5-3】榕辉机械有限责任公司拟更新一套尚可使用5年的旧设备。旧设备原价170 000元，账面净值110 000元，期满残值10 000元，目前旧设备变价净收入60 000元。旧设备每年营业收入200 000元，经营成本和营业税金及附加164 000元。新设备投资总额300 000元，可用5年，使用新设备后每年可增加营业收入60 000元，并降低经营成本28 000元，增加营业税金及附加4 000元，期满残值30 000元。所得税税率为25%。(考虑所得税因素)

要求：

(1) 新旧方案的各年现金净流量。

(2) 更新方案的各年差量现金净流量。

解：旧设备的年折旧额=$\dfrac{110\,000-10\,000}{5}$=20 000(元)

新设备的年折旧额=$\dfrac{300\,000-30\,000}{5}$=54 000(元)

(1) 继续使用旧设备的各年现金净流量。

因为旧设备的账面净值=110 000(元)

所以旧设备出售净损失=110 000-60 000=50 000(元)(计入营业外支出)

少缴所得税税额=50 000×25%=12 500(元)(属现金流入)

NCF_0=-60 000-50 000×25%=-72 500(元)(变价净收入和旧设备出售净损失均为机会成本)

NCF_{1-4}=200 000×(1-25%)-164 000×(1-25%)+20 000×25%=32 000(元)

NCF_5=32 000+10 000=42 000(元)

采用新设备的各年现金净流量。

NCF$_0$=-300 000(万元)
NCF$_{1-4}$=[(200 000+60 000)-(164 000-28 000)-4 000-54 000]×(1-25%)+54 000
　　　=103 500(元)
NCF$_5$=103 500+30 000=133 500(元)
(2) 更新方案的各年差量现金净流量。
△NCF$_0$=-300 000-(-72 500)=-227 500(元)
△NCF$_{1-4}$=103 500-32 000=71 500(元)
△NCF$_5$=133 500-42 000=91 500(元)

任务三　项目投资决策评价指标及其运用

　　财务可行性评价指标是指用于衡量投资项目财务效益大小和评价投入产出关系是否合理，以及评价其是否具有财务可行性所依据的一系列量化指标的统称。财务可行性评价指标很多，本书主要介绍静态指标(也称非贴现指标)：投资回收期、投资收益率；动态指标(也称贴现指标)：净现值、净现值率和内含报酬率这五个指标。

一、静态指标

(一)投资回收期

1. 投资回收期的含义

　　投资回收期是指以投资项目经营净现金流量抵偿原始总投资所需要的全部时间。一般以年为单位，该指标可以衡量收回投资额速度的快慢，一般是越快越好。在实务中包括建设期的投资回收期(PP)和不包括建设期的投资回收期(PP′)两种形式，二者关系的计算公式如下。

　　包括建设期的投资回收期(PP)=不包括建设期的投资回收期(PP′)+建设期(s)

2. 投资回收期的计算

　　投资回收期是一个非贴现的反指标，回收期越短，方案就越有利。如果投资项目投产后若干年(假设为 M 年)内，每年的经营现金净流量相等，且有以下关系成立：$M×$投产后 M 年内每年相等的现金净流量(NCF)≥投资总额；则可用以下公式计算投资回收期。

(1) 经营期年现金净流量相等(不包括建设期)，其计算公式如下。

$$投资回收期 = \frac{投资总额}{年现金净流量}$$

【例5-4】继续用表5-1中的资料。
要求：计算甲方案的投资回收期。

表 5-1 相关资料

项目计算期	甲方案		乙方案	
	利润	现金净流量(NCF)	利润	现金净流量(NCF)
0		(100 000)		(100 000)
1	15 000	35 000	10 000	30 000
2	15 000	35 000	14 000	34 000
3	15 000	35 000	18 000	38 000
4	15 000	35 000	22 000	42 000
5	15 000	35 000	26 000	46 000
合计	75 000	75 000	90 000	90 000

解：甲方案的投资回收期 $=\dfrac{100\,000}{35\,000}=2.86(年)$

(2) 经营期年现金净流量不相等，则须计算逐年累计的现金净流量，然后用插入法计算出投资回收期。

【例 5-5】 继续用表 5-2 中的资料。

要求：计算乙方案的投资回收期。

表 5-2 相关资料

项目计算期	乙方案	
	现金净流量(NCF)	累计现金净流量
1	30 000	30 000
2	34 000	64 000
3	38 000	102 000
4	42 000	144 000
5	46 000	190 000

解：从表 5-2 可得出，乙方案的投资回收期在第 2 年与第 3 年之间，用插入法可计算出。

乙方案投资回收期 $=2+\dfrac{100\,000-64\,000}{102\,000-64\,000}=2.95(年)$

(二)投资收益率

1. 投资收益率的含义

投资收益率又称投资报酬率，是指项目投资方案的年平均利润额占平均投资总额的百分比。

2. 投资收益率的计算

投资收益率的计算公式如下。

$$投资收益率=\frac{年平均利润额}{平均投资总额}\times100\%$$

式中，分子是平均利润，不是现金净流量，不包括折旧等；分母可以用投资总额的50%来简单计算，一般不考虑固定资产的残值。

3. 投资收益率的实例

【例 5-6】某企业有甲、乙两个投资方案，投资总额均为10万元，全部用于购置新的设备，折旧采用直线法计算，使用期均为5年，无残值，其他有关资料如表5-3所示。

要求：计算甲、乙两个方案的投资收益率，并进行比较。

表 5-3 相关资料

单位：元

项目计算期	甲方案		乙方案	
	利 润	现金净流量(NCF)	利 润	现金净流量(NCF)
0		(100 000)		(100 000)
1	15 000	35 000	10 000	30 000
2	15 000	35 000	14 000	34 000
3	15 000	35 000	18 000	38 000
4	15 000	35 000	22 000	42 000
5	15 000	35 000	26 000	46 000
合 计	75 000	75 000	90 000	90 000

解：甲方案的投资收益率 $=\dfrac{15\,000}{100\,000\div 2}\times100\%=30\%$

乙方案的投资收益率 $=\dfrac{90\,000\div 5}{100\,000\div 2}\times100\%=36\%$

从计算结果来看，乙方案的投资收益率比甲方案的投资收益率高6%(36%-30%)，应选择乙方案。

二、动态指标

(一)净现值(NPV)

净现值是指在项目计算期内，按一定贴现率计算的各年现金净流量现值的代数和。所用的贴现率可以是企业的资本成本，也可以是企业所要求的最低报酬率水平。净现值的计算公式如下。 $NPV=\sum\limits_{t=0}^{n}NCF_{t}\times(P/F,i,t)$

式中，n 为项目计算期(包括建设期与经营期)；NCF_t 为第 t 年的现金净流量；$(P/F,i,t)$ 为第 t 年、贴现率为 i 的复利现值系数。

净现值指标的决策标准是：如果投资方案的净现值大于或等于零，该方案为可行方案；如果投资方案的净现值小于零，该方案为不可行方案；如果几个方案的投资额相同，项目计算期相等且净现值均大于零，那么净现值最大的方案为最优方案。所以，净现值大于或等于零是项目可行的必要条件。

【例 5-7】 榕辉机械有限责任公司购入设备一台,价值为 30 000 元,按直线法计提折旧,使用寿命为 6 年,期末无残值。预计投产后每年可获得利润 4 000 元,假定贴现率为 12%。

要求:计算该项目的净现值。

解:$NCF_0 = -30\,000$(元)

$$NCF_{1-6} = 4\,000 + \frac{30\,000}{6} = 9\,000(元)$$

$NPV = 9\,000 \times (P/A, 12\%, 6) - 30\,000$

　　　$= 9\,000 \times 4.111\,4 - 30\,000 = 7\,002.6$(元)

【例 5-8】 假定例 5-7 中,投产后每年可获得净利润分别为 3 000 元、3 000 元、4 000 元、4 000 元、5 000 元、6 000 元,其他资料不变。

要求:计算该项目的净现值。

解:$NCF_0 = -30\,000$(元)

$$年折旧额 = \frac{30\,000}{6} = 5\,000(元)$$

$NCF_1 = 3\,000 + 5\,000 = 8\,000$(元)

$NCF_2 = 3\,000 + 5\,000 = 8\,000$(元)

$NCF_3 = 4\,000 + 5\,000 = 9\,000$(元)

$NCF_4 = 4\,000 + 5\,000 = 9\,000$(元)

$NCF_5 = 5\,000 + 5\,000 = 10\,000$(元)

$NCF_6 = 6\,000 + 5\,000 = 11\,000$(元)

$NPV = 8\,000 \times (P/F, 12\%, 1) + 8\,000 \times (P/F, 12\%, 2) + 9\,000 \times (P/F, 12\%, 3) + 9\,000 \times (P/F, 12\%, 4)$

　　　$+ 10\,000 \times (P/F, 12\%, 5) + 11\,000 \times (P/F, 12\%, 6) - 30\,000$

　　　$= 8\,000 \times 0.892\,9 + 8\,000 \times 0.797\,2 + 9\,000 \times 0.711\,8 + 9\,000 \times 0.635\,5 + 10\,000 \times 0.567\,4$

　　　$+ 11\,000 \times 0.506\,6 - 30\,000 = 6\,893.1$(元)

(二)净现值率(NPVR)与现值指数(PI)

上述的净现值是一个绝对数指标,与其相对应的相对数指标是净现值率与现值指数。

净现值率(NPVR)是指投资项目的净现值与投资现值合计的比值;现值指数是指项目投产后按一定贴现率计算的在经营期内各年现金净流量的现值合计与投资现值合计的比值。其计算公式如下。

$$净现值率 = \frac{净现值}{投资现值}$$

$$现值指数 = \frac{\sum 经营期各年现金净流量现值}{投资现值}$$

因此,对于单一方案的项目来说,净现值率大于或等于 0,现值指数大于或等于 1 是项目可行的必要条件。当有多个投资项目可供选择时,由于净现值率或现值指数越大,企业的投资报酬水平就越高,所以应采用净现值率大于 0 或现值指数大于 1 中的最大者。

【例 5-9】 继续用例 5-7 的资料。

要求：计算净现值率和现值指数。

解：净现值率 $=\dfrac{7\,002.6}{30\,000}=0.233\,4$

现值指数 $=\dfrac{9\,000\times(P/A,12\%,6)}{30\,000}=1.233\,4$

现值指数＝净现值率＋1＝0.233 4＋1＝1.233 4

(三) 内含报酬率(IRR)

内含报酬率(IRR)是指投资项目在项目计算期内各年现金净流量现值合计数等于 0 时的贴现率，亦可将其定义为能使投资项目的净现值等于 0 时的贴现率。

(1) 经营期内各年现金净流量相等，且全部投资均于建设起点一次投入，建设期为 0，即：

经营期每年相等的现金净流量(NCF)×年金现值系数$(P/A,\text{IRR},t)$−投资总额＝0

内含报酬率具体计算步骤如下。

① 计算年金现值系数$(P/A,\text{IRR},t)$，计算公式如下。

年金现值系数 $=\dfrac{\text{投资总额}}{\text{经营期每年相等的现金净流量}}$

② 根据计算出来的年金现值系数与已知的年限 n，查年金现值系数表，确定内含报酬率的范围。

③ 用插入法求出内含报酬率。

【例 5-10】 继续用例 5-7 的资料。

要求：计算内含报酬率。

解：$(P/A,\text{IRR},6)=\dfrac{30\,000}{9\,000}=3.333\,3$

查表可知：

18%	IRR	20%
3.497 6	3.333 3	3.325 5

$\text{IRR}=18\%+\dfrac{3.497\,6-3.333\,3}{3.497\,6-3.325\,5}\times(20\%-18\%)=19.91\%$

(2) 经营期内各年现金净流量不相等，采用逐步测试法计算内含报酬率。

【例 5-11】 继续用例 5-8 的资料。

要求：计算内含报酬率，相关资料如表 5-4 所示。

表 5-4 相关资料

单位：元

年 份	现金净流量(NCF)	贴现=16%		贴现=18%		贴现=20%	
		现值系数	现值	现值系数	现值	现值系数	现值
0	(30 000)	1	(30 000)	1	(30 000)	1	(30 000)
1	8 000	0.862 1	6 896.8	0.847 5	6 780.0	0.833 3	6 666.4

续表

年 份	现金净流量(NCF)	贴现=16%		贴现=18%		贴现=20%	
		现值系数	现值	现值系数	现值	现值系数	现值
2	8 000	0.743 2	5 945.6	0.718 2	5 745.6	0.694 4	5 555.2
3	9 000	0.640 7	5 766.3	0.608 6	5 477.4	0.578 7	5 208.3
4	9 000	0.552 3	4 970.7	0.515 8	4 642.2	0.482 3	4 340.7
5	10 000	0.476 2	4 762.0	0.437 1	4 371.0	0.401 9	4 019.0
6	11 000	0.410 4	4 514.4	0.370 4	4 074.4	0.334 9	3 683.9
净现值			2 855.8		1 090.6		(526.5)

解：用插入法计算内含报酬率。

查表可知：

```
    18%                    IRR                    20%
NPV=1 090.6              NPV=0              NPV=−526.5
```

$$IRR = 18\% + \frac{1\,090.6 - 0}{1\,090.6 - (-526.5)} \times (20\% - 18\%) = 19.35\%$$

内含报酬率是一个动态相对量正指标，既考虑了资金时间价值，又能从动态的角度直接反映投资项目的实际报酬率，且不受贴现率高低的影响，比较客观，但该指标的计算过程比较复杂。

贴现评价指标之间的关系。这些指标的计算结果都受到建设期和经营期的长短、投资金额及方式，以及各年现金净流量的影响。所不同的是，净现值(NPV)为绝对数指标，其余为相对数指标。计算净现值、净现值率和现值指数所依据的贴现率(i)都是已知的，而内含报酬率(IRR)的计算本身与贴现率(i)的高低无关，只是采用这一指标的决策标准是将所测算的内含报酬率与其贴现率进行对比，当IRR≥i时，该方案是可行的。

三、项目投资决策分析方法的应用

(一)独立方案的对比与选优

独立方案的对比与选优是指方案之间存在着相互依赖的关系，但又不能相互取代的方案。评价指标需要满足以下条件：NPV≥0，NPVR≥0，PI≥1，IRR≥i，则项目具有财务可行性；反之，则不具备财务可行性。而静态的投资回收期与投资收益率可作为辅助指标评价投资项目。需要注意的是，当辅助指标与主要指标(净现值等)的评价结论发生矛盾时，应当以主要指标的结论为准。

【例5-12】榕辉机械有限责任公司拟引进一条流水线，投资额为110万元，分两年投入。第一年年初投入70万元，第二年年初投入40万元，建设期为2年，净残值10万元，折旧采用直线法。在投产初期投入流动资金20万元，项目使用期满仍可全部回收。该项目可使用10年，每年销售收入为60万元，总成本为30万元，营业税金及附加为5万元。假定企业期望的投资报酬率为10%，所得税税率为25%。

要求：计算该项目的净现值、内含报酬率，并判断该项目是否可行。

解：$NCF_0=-70$(万元)

$NCF_1=-40$(万元)

$NCF_2=-20$(万元)

年折旧额$=\dfrac{110-10}{10}=10$(万元)

$NCF_{3-11}=(60-30-5)\times(1-25\%)+10=28.75$(万元)

$NCF_{12}=28.75+(10+20)=58.75$(万元)

$NPV=28.75\times[(P/A,10\%,11)-(P/A,10\%,2)]+58.75\times(P/F,10\%,12)-[70+40\times(P/F,10\%,1)+20\times(P/F,10\%,2)]$

$=28.75\times(6.495\ 1-1.735\ 5)+58.75\times0.318\ 6-(70+40\times0.909\ 1+20\times0.826\ 4)$

$=32.664\ 3$(万元)

$i=14\%$时，测算 NPV。

$NPV=28.75\times(5.452\ 7-1.646\ 7)+58.75\times0.207\ 6-(70+40\times0.877\ 2+20\times0.769\ 5)$

$=1.141$(万元)

$i=15\%$时，测算 NPV。

$NPV=28.75\times(5.233\ 7-1.625\ 7)+58.75\times0.186\ 7-(70+40\times0.869\ 6+20\times0.756\ 1)$

$=-5.195\ 6$(万元)

用插入法计算 IRR。

查表可知：

$i=14\%$	IRR	$=15\%$
NPV=1.141	NPV=0	NPV=−5.195 6

$IRR=14\%+(1.141-0)\div[1.141-(-5.195\ 6)]\times(15\%-14\%)=14.18\%>10\%$

计算表明，净现值为 32.664 3 万元，大于 0；内含报酬率为 14.18%，大于贴现率 10%，所以该项目在财务上是可行的。一般来说，用净现值和内含报酬率对独立方案进行评价，不会出现相互矛盾的结论。

(二)互斥方案的对比与选优

(1) 互斥方案的投资额、项目计算期均相等，可采用净现值法或内含报酬率法。

【例 5-13】 某企业现有资金 100 万元可用于固定资产项目投资，有 A、B、C、D 四个互相排斥的备选方案可供选择，这四个方案投资总额均为 100 万元，项目计算期均为 6 年，贴现率为 10%，现经计算：

$NPV_A=8.125\ 3$(万元)　　　　　　$IRR_A=13.3\%$

$NPV_B=12.25$(万元)　　　　　　　$IRR_B=16.87\%$

$NPV_C=-2.12$(万元)　　　　　　　$IRR_C=8.96\%$

$NPV_D=10.36$(万元)　　　　　　　$IRR_D=15.02\%$

要求：决策哪一个投资方案为最优。

解：A、B、D 三个方案均符合财务可行的必要条件。

且 $NPV_B>NPV_D>NPV_A$

12.25 万元>10.36 万元>8.125 3 万元

IRR$_B$>IRR$_D$>IRR$_A$

16.87%>15.02%>13.3%

所以，B方案为最优，D方案为其次，A方案为最差，应采用B方案。

(2) 互斥方案的投资额不相等，但项目计算期相同，可采用差额法。差额法是指在两个投资总额不同方案的差量现金净流量(记作ΔNCF)的基础上，计算差额净现值(记作ΔNPV)或差额内含报酬率(记作ΔIRR)，并据以判断方案孰优孰劣的方法。

【例5-14】 某企业有甲、乙两个投资方案可供选择，甲方案的投资额为100 000元，每年现金净流量均为30 000元，可使用5年；乙方案的投资额为70 000元，每年现金净流量分别为10 000元、15 000元、20 000元、25 000元、30 000元，使用年限也为5年。甲、乙两个方案建设期均为0年，假设贴现率为10%。

要求：对甲、乙两个方案作出选择。

解：因为两个方案的项目计算期相同，但投资额不相等，所以可采用差额法来判断。

ΔNCF_0=-100 000-(-70 000)=-30 000(元)

ΔNCF_1=30 000-10 000=20 000(元)

ΔNCF_2=30 000-15 000=15 000(元)

ΔNCF_3=30 000-20 000=10 000(元)

ΔNCF_4=30 000-25 000=5 000(元)

ΔNCF_5=30 000-30 000=0

$\Delta NPV_{甲-乙}$=20 000×(P/F,10%,1)+15 000×(P/F,10%,2)+10 000×(P/F,10%,3)+5 000
　　　　×(P/F,10%,4)-30 000

　　　　=20 000×0.909 1+15 000×0.826 4+10 000×0.751 3+5 000×0.683-30 000

　　　　=11 506(元)>0元

用i=32%测算ΔNPV。

ΔNPV=20 000×(P/F,32%,1)+15 000×(P/F,32%,2)+10 000×(P/F,32%,3)+5 000
　　　　×(P/F,32%,4)-30 000

　　　　=20 000×0.757 6+15 000×0.573 9+10 000×0.434 8+5 000×0.329 4-30 000

　　　　=-244.5(元)<0元

用插入法计算ΔIRR。

$$\Delta IRR = 28\% + \frac{1\,412.5 - 0}{1\,412.5 - (-244.5)} \times (32\% - 28\%) = 31.41\%$$

计算表明，差额净现值为11 506元，大于0；差额内含报酬率为31.41%，大于贴现率10%，应选择甲方案。

(3) 互斥方案的投资额不相等，项目计算期也不相同，可采用年回收额法。年回收额法是指通过比较所有投资方案的年等额净现值指标的大小来选择最优方案的决策方法。在此法下，年等额净现值最大的方案为优。

年回收额法的计算步骤如下：

① 计算各方案的净现值NPV。

② 计算各方案的年等额净现值，若贴现率为i，项目计算期为n，则：

年等额净现值 $A=\dfrac{NPV}{(P/A,i,n)}$

【例 5-15】 某企业有两个投资方案,其现金净流量如表 5-5 所示。

要求:如果该企业期望达到最低报酬率为 12%,请作出决策。

表 5-5　现金净流量

单位:元

项目计算期	甲方案		乙方案	
	净收益	现金净流量	净收益	现金净流量
0		(200 000)		(200 000)
1	20 000	120 000	16 000	56 000
2	32 000	132 000	16 000	56 000
3			16 000	56 000

解:计算甲、乙两个方案的 NPV。

$NPV_{甲}$=120 000×(P/F,12%,1)+132 000×(P/F,12%,2)-200 000

　　　=120 000×0.892 9+132 000×0.797 2-200 000

　　　=12 378.4(元)

$NPV_{乙}$=56 000×(P/A,12%,3)-120 000

　　　=56 000×2.401 8-120 000

　　　=14 500.8(元)

甲方案年等额净现值=$\dfrac{12\ 378.4}{(P/A,12\%,2)}=\dfrac{12\ 378.4}{1.690\ 1}$=7 324.06(元)

乙方案年等额净现值=$\dfrac{14\ 500.8}{(P/A,12\%,3)}=\dfrac{14\ 500.8}{2.401\ 8}$=6 037.47(元)

因为甲方案年等额净现值>乙方案年等额净现值(7 324.06>6 037.47),所以应选择甲方案。

案例解析

1. 该公司的投资类型为项目投资,即单纯固定资产投资。
2. 项目投资的期限为 11 年。
3. 项目投资决策的主要指标和辅助指标如下。

该生产线投产后每年发生的:

年折旧额=$\dfrac{110-10}{10}$=10(万元)

成本费用=68+$\dfrac{110-10}{10}$=78(万元)

营业税金及附加=(100-40)×17%×(7%+3%)=1.02(万元)

净利润=[100-(78+1.02)]×(1-25%)=15.735(万元)

该方案的现金净流量(考虑所得税因素):

$NCF_0 = -110(万元)$

$NCF_1 = -10(万元)$

$NCF_{2-10} = 15.735 + 10 = 25.735(万元)$

$NCF_{11} = 25.735 + (10+10) = 45.735(万元)$

净现值 $NPV = -110 - 10 \times (P/F,10\%,1) + 25.735 \times [(P/A,10\%,10) - (P/A,10\%,1)] + 45.735 \times (P/F,10\%,11)$

$= 31.6747(万元)$

不包括建设期的静态投资回收期 $= \dfrac{|-120|}{24.06} = 4.66(年)$

包括建设期的静态投资回收期 $= 4.66 + 1 = 5.66(年)$

4. 财务可行性的评价如下。

∵ 该方案的净现值 31.6747 万元 > 0，该方案包括建设期的静态投资回收期 5.66 年 > 5.5(11÷2)(年)。

∴ 该方案基本具备财务可行性。

项 目 小 结

项目投资是一种以特定项目为对象，直接与新建项目或更新改造项目有关的长期投资行为。项目投资按其涉及内容还可进一步细分为单纯固定资产投资、完整工业投资项目和更新改造项目。项目投资的程序包括投资项目设计、可行性论证、项目投资决策、项目投资的执行等。

现金流量是指在投资决策中一个项目引起的企业现金支出和现金收入增加的数量，具体包括：现金流出量、现金流入量和现金净流量三个方面。

建设期现金净流量的计算公式如下。

现金净流量 = -该年投资额

营业期年现金净流量计算公式如下。

每年净现金流量 = 营业收入 - 付现成本 - 所得税

(其中付现成本 = 变动成本 + 付现的固定成本 = 总成本 - 折旧额及摊销额)

或　　每年净现金流量 = 净利润 + 折旧

或每年净现金流量 = 营业收入×(1-所得税税率) - 付现成本×(1-所得税税率) + 折旧×所得税税率

终结点现金净流量 = 营业现金净流量 + 回收额

项目投资决策评价指标分为非贴现指标和贴现指标两大类。非贴现指标也称静态指标，主要包括投资回收期、投资收益率等指标。贴现指标也称动态指标，主要包括净现值、净现值率、现值指数、内含报酬率等指标。贴现评价指标之间的关系为：当 NPV>0 时，NPVR>0，PI>1，IRR>i；当 NPV=0 时，NPVR=0，PI=1，IRR=i；当 NPV<0 时，NPVR<0，PI<1，IRR<i。这些指标的计算结果都受到建设期和经营期的长短、投资金额及方式，以及各年现金净流量的影响。所不同的是，净现值(NPV)为绝对数指标，其余为相对数指标。计算净现值、净现值率和现值指数所依据的贴现率(i)都是已知的，而内含报酬率(IRR)的计算

本身与贴现率(i)的高低无关，只是采用这一指标的决策标准是将所测算的内含报酬率与其贴现率进行对比，当 IRR$\geq i$ 时，该方案是可行的。

项目投资决策评价指标的决策应用分为：独立方案的对比与选优、互斥方案的对比与选优、其他方案的对比与选优。

项目强化训练

一、单项选择题

1. 在存在所得税的情况下，以"利润+折旧"估计经营期净现金流量时，"利润"是指（　）。
   A. 利润总额　　　B. 净利润　　　C. 营业利润　　　D. 息税前利润

2. 假定某项目的原始投资在建设期初全部投入，其预计的净现值率为 15%，则该项目的获利指数是（　）。
   A. 6.67　　　B. 1.15　　　C. 1.5　　　D. 1.125

3. 下列投资项目评价指标中，不受建设期长短、投资回收时间先后及现金流量大小影响的评价指标是（　）。
   A. 投资回收期　　B. 投资利润率　　C. 净现值率　　D. 内部收益率

4. 下列各项中，不会对投资项目内部收益率指标产生影响的因素是（　）。
   A. 原始投资　　B. 现金流量　　C. 项目计算期　　D. 设定折现

5. 某完整工业投资项目的建设期为 0，第一年流动资产需用额为 1 000 万元，流动负债需用额为 400 万元，则该年流动资金投资额为（　）万元。
   A. 400　　　B. 600　　　C. 1 000　　　D. 400

6. 某企业拟进行一项固定资产投资项目决策，设定折现率为 12%，有四个方案可供选择。其中，甲方案的项目计算期为 10 年，净现值为 1 000 万元，(A/P,12%,10)=0.177；乙方案的净现值率为-15%；丙方案的项目计算期为 11 年，其年等额净回收额为 150 万元；丁方案的内部收益率为 10%。最优的投资方案是（　）。
   A. 甲方案　　　B. 乙方案　　　C. 丙方案　　　D. 丁方案

7. 净现值与现值指数相比，其缺点是（　）。
   A. 考虑了资金时间价值　　　B. 考虑了投资风险
   C. 不便于投资额相同方案的比较　　D. 不便于投资额不同方案的比较

8. 某投资项目原始投资为 15 000 元，当年完工投产，有效期为 4 年，每年可获得现金净流量 5 000 元，则该项目内含报酬率为（　）。
   A. 12.21%　　　B. 12.59%　　　C. 13.04%　　　D. 13.52%

9. 当贴现率为 10%，某项目的净现值为 500 元，则说明该项目内含报酬率（　）。
   A. 高于 10%　　B. 低于 10%　　C. 等于 10%　　D. 无法界定

10. 某投资方案贴现率为 15%时，净现值为 430 万元；当贴现率为 17%时，净现值为-790 万元，则该方案的内含报酬率为（　）。

A. 15.7% B. 15.22% C. 17.34% D. 17.56%

11. 当净现值为0时，则可说明( )。
    A. 投资方案无收益 B. 投资方案只能获得平均利润
    C. 投资方案只能收回投资 D. 投资方案亏损，应拒绝接受

12. 下列各项中，属于长期投资决策静态评价指标的是( )。
    A. 现值指数 B. 投资利润率 C. 净现值 D. 内部收益率

13. 下列长期投资决策评价指标中，其数值越小越好的指标是( )。
    A. 净现值率 B. 投资回收期 C. 内部收益率 D. 投资利润率

14. 当某方案的净现值大于0时，其内部收益率( )。
    A. 小于零 B. 一定等于零
    C. 一定大于设定折现率 D. 可能等于设定折现率

15. 如果其他因素不变，一旦折现率提高，则下列指标中数值将会变小的是( )。
    A. 净现值率 B. 投资利润率 C. 内部收益率 D. 投资回收期

16. 原始投资额是反映项目( )的价值指标。
    A. 所需现实资金 B. 投资总体规模
    C. 所需潜在资金 D. 固定资产规模

17. 下列各项中，不属于投资项目现金流出量内容的是( )。
    A. 固定资产投资 B. 折旧与摊销 C. 无形资产投资 D. 新增经营成本

18. 如果某投资项目的相关评价指标满足以下关系：NPV>0，NPVR>0，PI>1，IRR>I，PP>n/2，则可以得出的结论是( )。
    A. 该项目基本具备财务可行性 B. 该项目完全具备财务可行性
    C. 该项目基本不具备财务可行性 D. 该项目完全不具备财务可行性

19. 一般流动资金的回收发生于( )。
    A. 建设起点 B. 投产时点 C. 项目终结点 D. 经营期任意一点

20. 假定甲、乙两个方案为互斥方案，甲方案与乙方案的差额方案为丙方案，经用净现值法测算，丙方案不具备财务可行性，则下列表述正确的是( )。
    A. 应选择甲方案 B. 应选择乙方案
    C. 应选择丙方案 D. 所有方案均可选

二、多项选择题

1. 某投资项目终结点年度的税后利润为100万元，折旧为10万元，回收流动资金20万元，回收固定资产残值5万元。下列表述正确的有( )。
    A. 回收额为25万元 B. 回收额为5万元
    C. 经营净现金流量为110万元 D. 终结点净现金流量为135万元

2. 下列项目中，属于现金流入项目的有( )。
    A. 营业收入 B. 建设投资 C. 回收流动资金 D. 经营成本节约额

3. 当新建项目的建设期不为0时，建设期内各年的净现金流量可能( )。
    A. 小于0 B. 等于0 C. 大于0 D. 大于1

4. 下列项目中，属于经营期现金流入项目的有( )。

A. 营业收入　　　　　　　　　B. 回收流动资金
C. 经营成本节约额　　　　　　D. 回收固定资产余值

5. 下列指标中，属于动态指标的有(　　　)。
   A. 现值指数　　B. 净现值率　　C. 内部收益率　　D. 投资利润率
6. 下列长期投资决策评价指标中，需要以已知的行业基准折现率作为计算依据的有(　　　)。
   A. 净现值率　　B. 现值指数　　C. 内部收益率　　D. 投资利润率
7. 采用净现值法评价投资项目可行性时，所采用的折现率通常有(　　　)。
   A. 投资项目的资金成本率　　　B. 投资的机会成本率
   C. 行业平均资金收益率　　　　D. 投资项目的内部收益率
8. 下列属于主要指标的有(　　　)。
   A. 静态投资回收期　　　　　　B. 净现值
   C. 净现值率　　　　　　　　　D. 内部收益率
9. 能够影响所有动态指标的因素有(　　　)。
   A. 建设期长短　　　　　　　　B. 投资方式
   C. 各年净现金流量的数量特征　D. 折现率
10. 影响内部收益率大小的因素有(　　　)。
    A. 营业现金流量　　　　　　　B. 建设期长短
    C. 投资项目有效年限　　　　　D. 原始投资金额

三、判断题

1. 某投资方案的净现值为0，则该方案贴现率可称为该方案的内含报酬率。（　　）
2. 折旧属于非付现成本，不会影响企业的现金流量。（　　）
3. 净现值与现值指数之间存在一定的对应关系，当净现值大于0时，现值指数大于0但小于1。（　　）
4. 净现值与净现值率的共同缺点是均不能反映投资项目的实际收益率。（　　）
5. 现值指数大于1，说明投资方案的报酬率低于资金成本。（　　）
6. 在比较任何两个投资方案时，内部收益率较高的方案较优。（　　）
7. 若内含报酬率大于资金成本，则投资方案不可行。（　　）
8. 在项目投资决策中，应当以现金流量作为评价项目经济效益的评价指标。（　　）
9. 净现金流量只发生在经营期，建设期没有净现金流量。（　　）
10. 内部收益率的大小与事先设定的折现率的高低无关。（　　）

四、名词解释

现金流量　付现成本　投资回收期　净现值　现值指数　内含报酬率

五、思考题

1. 影响项目投资的因素有哪些？
2. 项目投资现金流量由哪几部分内容构成？
3. 简述投资回收期法与净现值法的优缺点。

项目五 项目投资

六、业务题

1. 某企业拟购置一台设备，购入价为 200 000 元，预计可使用 5 年，净残值为 8 000 元。假设资金成本为 10%，投产后每年可增加利润 50 000 元。

要求：
(1) 用年数总和法计算该设备的各年折旧额。
(2) 列式计算该投资方案的净现值。
(3) 列式计算该投资方案的现值指数。

2. 某企业有一台旧设备，原值为 15 000 元，预计使用年限 10 年，已使用 5 年，每年付现成本为 3 000 元，目前变现价值为 9 000 元，报废时无残值。现在市场上有一种新的同类设备，购置成本为 20 000 元，可使用 5 年，每年付现成本为 1 000 元，期满无残值。假设公司资金成本为 10%。

要求：该设备是否应该进行更新？

3. 假设企业有五个可供选择的投资项目，即 A、B、C、D、E。其中，B 和 C，D 和 E 是互斥选择项目，企业可动用资本最大限量为 500 万元，详细资料如表 5-6 所示。

表 5-6 详细资料

单位：元

投资项目	原始投资	现值指数	净现值
A	2 000 000	1.375	800 000
B	1 800 000	1.467	840 000
C	4 000 000	1.25	1 000 000
D	1 100 000	1.309	400 000
E	1 000 000	1.21	210 000

要求：确定该企业最佳的投资组合。

4. 某企业准备购入一台设备以扩充生产能力。现有甲、乙两个方案可供选择。甲方案需要投资 20 000 元，使用寿命为 5 年，采用直线法计提折旧，5 年后无残值，5 年中每年可实现销售收入为 15 000 元，每年付现成本为 5 000 元。乙方案需要投资 30 000 元，采用直线法计提折旧，使用寿命也是 5 年，5 年后有残值收入 4 000 元，5 年中每年销售收入为 17 000 元，付现成本第一年为 5 000 元，以后逐年增加修理费用 200 元。另需要垫支营运资金 3 000 元。假设所得税税率为 25%，资金成本率为 12%。

要求：
(1) 计算两个方案的现金流量。
(2) 计算两个方案的净现值。
(3) 计算两个方案的现值指数。
(4) 计算两个方案的内含报酬率。
(5) 计算两个方案的投资回收期。
(6) 试判断应采用哪个方案。

5. 某企业拟进行一项固定资产投资，该项目的现金流量如表 5-7 所示。

表 5-7 现金流量

单位：万元

项目	建设期		经营期					合计
	0	1	2	3	4	5	6	
净现金流量	-500	-1 000	100	1 000	B	1 000	1 000	
累计净现金流量	-500	-1 500	-1 400	A	100	1 100	2 100	—
折现净现金流量	-500	-900	C	729	328.05	590.49	531.44	

要求：

(1) 计算表中用英文字母表示的项目的数值。

(2) 计算下列指标：①静态投资回收期；②净现值；③原始投资现值；④净现值率；⑤获利指数。

(3) 评价该项目的财务可行性。

项目六 证券投资

【知识目标】

- 了解证券的种类和各类投资的优缺点。
- 掌握股票、债券的估价方法。
- 掌握证券投资组合的风险与收益的计算。

【技能目标】

- 运用模型对股票、债券进行估价。
- 能应用证券投资组合的策略和方法。

案例引导

张新，26岁，单身，某私企职员，工作2年，月收入25 000元，年终奖金6 000元，有五险和住房公积金，每月平均支出8 000元，目前有定期存款20 000元，计划30岁结婚，希望到时能够拥有一套属于自己的房子。由于张新在投资上相对陌生，所以咨询理财专家，希望能得到理财方面的建议。银河证券的理财分析师周某认为，从张新的基本情况来看，其属于工薪阶层。具体来说，首先，工作稳定，收入来源基本有保证，年净收入大约在210 000元；其次，其保险保障方面，暂无后顾之忧；另外，张新目前单身，年仅26岁，承受风险的能力相对较强。在投资理财品种方面，目前主要分为股票、债券、基金、人民币理财产品等几类。其中，理财基金投资是一个重点品种。当前资本市场的不断发展，使很多金融品种走向大众化，投资机会也越来越多，完全可以满足不同风险偏好的投资者。货币基金、短期债券基金一般年收益率分别在2%和2.4%左右，收益稳定，本金较安全，适合短期投资；股票型基金收益率比较高，一般在8%左右，适合1年期以上的投资。分析：根据所学知识，帮助张新作出合理投资决策。

理论认知

任务一　证券投资概述

一、证券概述及证券投资的概念和目的

(一)证券的概念和特点

证券是指具有一定票面金额，代表财产所有权和债权，可以有偿转让的凭证，如股票、债券等。证券具有产权性、收益性、流动性、风险性四个特点。

1. 证券的产权性

证券的产权性是指证券的特征是什么，有价证券记载着权利人的财产权内容，代表着一定的财产所有权，拥有证券就意味着享有财产的占有、使用、收益和处置的权利。在现代经济社会里，财产权利和证券已密不可分，财产权利与证券两者融为一体，证券已成为财产权利的一般形式。虽然证券持有人并不实际占有财产，但可以通过持有证券，拥有有关财产的所有权或债权。

2. 证券的收益性

证券的收益性是指持有证券本身可以获得一定数额的收益，这是投资者转让资本使用权的回报。证券代表的是对一定数额的某种特定资产的所有权。资产是一种特殊的价值，它要在社会经济运行中不断运动、不断增值，最终高于原始投资价值。由于这种资产的所有权属于证券投资者，投资者持有证券也就拥有取得这部分资产增值收益的权利。因此，

证券本身具有收益性。有价证券的收益表现为利息收入、红利收入和买卖证券的差价。收益的多少通常取决于该资产增值数额的多少和证券市场的供求状况。

3. 证券的流动性

证券的流动性又称变现性，是指证券持有人可按自己的需要灵活地转让证券以换取现金。流通性是证券的生命力所在，不但可以使证券持有人随时把证券转变为现金，而且还使持有人根据自己的偏好选择持有证券的种类。证券的流通是通过承兑、贴现、交易实现的。

4. 证券的风险性

证券的风险性是指证券持有者面临着预期投资收益不能实现，甚至使本金也受到损失的可能，这是由未来经济状况的不确定性所致。在现有的社会生产条件下，未来经济的发展变化有些是投资者可以预测的，而有些则无法预测，因此，投资者难以确定其所持有的证券将来能否取得收益和能获得多少收益，从而就使持有证券具有风险。

(二)证券投资的概念和目的

证券投资是指企业为获取投资收益或特定经营目的而买卖有价证券的一种投资行为。企业进行证券投资都抱有一定目的。概括起来，主要目的可分为以下几种。

1. 有效地利用现金

企业在经营过程中，收入和支出货币资金的速度都不是均衡进行的，这就必然造成有时一部分货币资金在循环周转过程中被暂时闲置，而有时又会出现货币资金短缺的现象。为平衡企业资金的收入支出运动速度，企业投资于证券，将有价证券作为现金的替代品，通过持有有价证券取代大量现金余额，当现金需要量大于供给量，依靠银行贷款又无法满足资金需求时，可以卖掉若干有价证券以弥补现金余额。另外，通过证券投资，还可以取得收益，提高资金使用效益。

2. 从事证券投机

有些企业从事证券投资，往往不只是以在证券持有期限内取得固定收益(股利、债息)或调剂现金余缺为目的，而且同时希望在证券市场上，通过低价买进高价卖出证券以获取价差收入。这种行为通常称为证券投机。

3. 满足企业扩张需要

企业的生产经营达到一定规模后，为了发展就需要不断投资。企业可以通过兴建新厂房、购置新设备等实物投资形式扩大生产经营规模；也可以通过在证券市场上购进其他企业发行的有价证券，实现不断扩张的目的。但后者与前者相比，对企业来说是一种更方便的投资途径。如果企业购买某个企业发行的股票达到一定规模，有时可以兼并该企业。如若不想兼并，则可以拥有参与该企业经营的决策权，甚至是控制权。

4. 出于其他目的

企业投资于证券，有时是出于其他目的。例如，企业可能会为了履行某种义务而购买政府发行的债券，或表示对某些非营利性机构的友好与支持，购买其发行的债券。这些债券尽管不会给企业带来多大直接利益，但对树立企业良好形象，改善其经营环境将大有裨益。企业通常会为实现这个目的而从事一部分证券投资。

二、证券及证券投资的种类

要了解证券投资的种类，首先要了解证券的种类。

(一)证券的种类

1. 所有权证券、信托投资证券和债权性证券

按证券体现的权益关系分类，证券可分为所有权证券、信托投资证券和债权性证券。所有权证券是一种既不定期支付利息，也无固定偿还期的证券，它代表着投资者在被投资企业所占权益的份额，在被投资企业盈利且宣布发放股利的情况下，才可能分享被投资企业的部分净收益，股票是典型的所有权证券。信托投资证券是由公众投资者共同筹集、委托专门的证券投资机构投资于各种证券，以获取收益的股份或收益凭证，如投资基金。债权性证券是一种必须定期支付利息，并要按期偿还本金的有价证券，如国库券、企业债券、金融债券。所有权证券的投资风险要大于债权性证券。投资基金的风险低于股票投资而高于债券投资。

2. 固定收益证券和变动收益证券

按收益状况分类，证券可分为固定收益证券和变动收益证券。固定收益证券是指在证券票面上规定有固定收益率，投资者可定期获得稳定收益的证券，如优先股股票、债券等。变动收益证券是指证券票面无固定收益率，其收益情况随企业经营状况而变动的证券。变动收益证券风险大，投资报酬也相对较高；固定收益证券风险小，投资报酬也相对较低。

3. 政府证券、金融证券和公司证券

按发行主体分类，证券可分为政府证券、金融证券和公司证券三种。政府证券是指中央或地方政府为筹集资金而发行的证券，如国库券等；金融证券是指银行或其他金融机构为筹集资金而发行的证券；公司证券又称企业证券，是工商企业发行的证券。

4. 短期证券和长期证券

按证券到期日的长短分类，证券可分为短期证券和长期证券。短期证券是指一年内到期的有价证券，如银行承兑汇票、商业本票、短期融资券等。长期证券是指到期日在一年以上的有价证券，如股票、债券等。

(二)证券投资的种类

1. 债券投资

债券投资是指企业将资金投入各种债券，如国债、公司债和短期融资券等。相对于股票投资，债券投资一般风险较小，能获得稳定收益，但要注意投资对象的信用等级。

2. 股票投资

股票投资是指企业购买其他企业发行的股票作为投资，如普通股、优先股股票。股票投资风险较大，收益也相对较高。

3. 组合投资

组合投资是指企业将资金同时投放于债券、股票等多种证券，这样可分散证券投资风险。组合投资是企业证券投资的常用投资方式。

4. 基金投资

基金就是投资者的钱和其他许多人的钱合在一起，然后由基金公司的专家负责管理，用来投资于多家公司的股票或者债券。基金按受益凭证可否赎回，分为封闭式基金与开放式基金。封闭式基金在信托契约期限未满时，不得向发行人要求赎回；而开放式基金就是投资者可以随时要求基金公司收购所买基金(即"赎回")，当然目标应该是卖出价高于买入价，同时在赎回的时候，要承担一定的手续费。而投资者的收益主要来自于基金分红。与封闭式基金普遍采取的年终分红所不同，根据行情和基金收益状况的不定期分红是开放式基金的主流分红方式。基金投资因为由专家经营管理，所以风险相对较小，越来越受广大投资者的青睐。

本章将主要介绍债券投资、股票投资及组合投资。

三、证券投资的一般程序

1. 合理选择投资对象

合理选择投资对象是证券投资成败的关键，企业应根据一定的投资原则，认真分析投资对象的收益水平和风险程度，以便合理选择投资对象，将风险降低到最低限度，取得较好的投资收益。

2. 委托买卖

由于投资者无法直接进场交易，因此买卖证券业务须委托证券商代理。企业可通过电话委托、计算机终端委托、递单委托等方式委托券商代为买卖有关证券。

3. 成交

证券买卖双方通过中介券商的场内交易员分别出价委托，若买卖双方的价位与数量合适，交易即可达成，这个过程称为成交。

4. 清算与交割

企业委托券商买入某种证券成功后，即应解交款项，收取证券。清算即指证券买卖双方结清价款的过程。

交割是指在清算过程中，投资者与证券商之间的资金结算。

5. 办理证券过户

证券过户只限于记名证券的买卖业务。当企业委托买卖某种记名证券成功后，必须办理证券持有人的姓名变更手续。

任务二　证券投资风险概述

一、证券投资风险的概念

风险性是证券投资的基本特征之一。在证券投资活动中，投资者买卖证券是希望获取预期的收益。在投资者持有证券期间，各种因素的影响可能使预期收益减少甚至使本金遭受损失；持有期间越长，各种因素产生影响的可能性越大。与证券投资活动相关的所有风险统称为总风险。总风险按是否可以通过投资组合加以回避及消除，可分为系统性风险与非系统性风险。

(一)系统性风险

系统性风险是指由于政治、经济及社会环境的变动而影响证券市场上所有证券的风险。这类风险的共同特点是：其影响不是作用于某一种证券，而是对整个证券市场发生作用，导致证券市场上所有证券出现风险。由于系统性风险对所有证券的投资总是存在的，并且无法通过投资多样化的方法加以分散、回避与消除，故称为不可分散风险。它包括市场风险、利率风险、购买力风险、政策性风险、汇率风险以及自然因素导致的风险等。

1. 市场风险

市场风险是指由有价证券的"空头"和"多头"等市场因素所引起的证券投资收益变动的可能性。

空头市场即熊市，是证券市场价格指数从某个较高点(波峰)下降开始，一直呈下降趋势至某个较低点(波谷)并开始上升时结束。多头市场即牛市，是证券市场价格指数从某个较低点开始上升开始，一直呈上升趋势至某个较高点并开始下降时结束。从这一点开始，证券市场又进入空头市场。多头市场和空头市场的这种交替，导致市场证券投资收益发生变动，进而引起市场风险。多头市场的上升和空头市场的下跌都是就市场的总趋势而言，显然，市场风险是无法回避的。

2. 利率风险

利率风险是指由于市场利率变动引起证券投资收益变动的可能性。

因为市场利率与证券价格具有负相关性，即当利率下降时，证券价格上升；当利率上升时，证券价格下降。由于市场利率变动引起证券价格变动，进而引起证券投资收益变动，这就是利率风险。市场利率的波动是基于市场资金供求状况与基准利率水平的波动。不同经济发展阶段市场资金供求状况不同，中央银行根据宏观金融调控的要求调节基准利率水平，当中央银行调整利率时，各种金融资产的利率和价格必然作出灵敏的市场反应，所以利率风险是无法回避的。

3. 购买力风险

购买力风险又称通货膨胀风险，是指由于通货膨胀所引起的投资者实际收益水平下降的风险。

由于通货膨胀必然引起企业制造成本、管理成本、融资成本的提高，当企业无法通过涨价或内部消化加以弥补时，就会导致企业经营状况与财务状况的恶化，投资者因此会丧失对股票投资的信心，股市价格随之跌落。一旦投资者对通货膨胀的未来态势产生持久的不良预期时，股价暴跌风潮也就无法制止。世界证券市场发展的历史经验表明，恶性通货膨胀是引发证券市场混乱的祸根。此外，通货膨胀还会引起投资者本金与收益的贬值，使投资者货币收入增加却并不一定真的获利。通货膨胀是一种常见的经济现象，它的存在必然使投资者承担购买力风险，而且这种风险不会因为投资者退出证券市场就可以避免。

4. 政策性风险

政策性风险是指由于宏观经济政策调整而对投资收益带来的风险。

国家产业政策对支柱产业和限制产业进行确定与调整，并通过经济、法律手段调整行业收益水平导向市场行为，使限制产业的公司盈利水平受到影响；货币政策与财政政策调控力度过大或操作不当，经济可能大起大落，市场波动随之升降，都会对证券市场产生波动。

5. 汇率风险

汇率风险是指汇率水平波动而对投资收益带来的风险。

这里所谓的汇率风险并不涉及国际投资。汇率与证券市场的关系主要表现在以下两个方面：一方面，汇率变动将影响与进口产品相关联的经营性公司的原材料成本和产品销售收入，从而影响这些公司所发行的有价证券的价格；另一方面，对于货币可自由兑换的国家来说，汇率变动可能引起资本的输入输出，进而影响国内货币资金供给和证券市场的供求状况。

6. 政治风险

政治风险是指由于一国政治局势的变动而使证券市场发生震荡，从而影响投资收益的可能性。这里的政治风险同样不涉及国际投资，仅指一国政局的变动对本国证券市场的影响，如政府更迭、国家首脑的健康状况不佳、群众性大规模示威运动爆发、对外政治关系发生危机等。此外，政界人士参与证券投机活动和证券从业人员内幕交易等这一类的政治、社会丑闻也会对证券市场构成很大威胁，往往丑闻一经披露证券市场价格马上下跌。

（二）非系统性风险

非系统性风险是指由于市场、行业以及企业本身等因素影响个别企业证券的风险。它是由单一因素造成的只影响某一证券收益的风险，属个别风险，能够通过投资多样化来抵消，又称为可分散风险或公司特别风险。它包括行业风险、经营风险、违约风险、财务风险等。

1. 行业风险

行业风险是指由证券发行企业所处的行业特征所引起的该证券投资收益变动的可能性。有些行业本身包含较多的不确定因素，如高新技术行业；而有些行业则包含较少的不确定因素，如电力、煤气等公用事业。

2. 经营风险

经营风险是指由于公司经营状况变动而导致盈利能力的变化造成投资者的收益和本金减少或损失的可能性。

影响公司经营情况的因素很多，主要有经济周期或商业周期引起公司收益的变动，公司经营决策和管理不善导致产品质量下降、成本上涨，从而引起公司盈利变化，以及竞争对手条件变化使公司在行业竞争中处于不利地位，造成收益率下降，会使公司的股价大幅度下跌给投资者造成损失。

3. 违约风险

违约风险是指一个公司不能按时向证券持有人支付利息和本金的可能性。其主要针对债券而言，证券发行者不能履行对其债务所承担的义务，是因为财务状况不佳造成的，其性质属于债务者失信，因此也称为信用风险。

4. 财务风险

财务风险是指公司因采用不同的融资方式而带来的风险。

公司经营业务所需的资金从直接融资角度来看，主要采用两种方式来筹措，即发行股票和发行债券，由两者的所得款组成公司的资本结构。股票需要分配一部分净利给股东作为股息，但不固定，可以时多时少，也可以暂不支付，完全根据盈利情况而定。债券则不同，不管公司当年有无盈利或盈利多少，必须按期付清债券利息，成为举债公司的固定开支。倘若在公司资本结构中债务集资方式的比重较大，就可以据此推断其财务风险较大。

综上所述，证券投资的总风险是系统风险和非系统风险的总和。

二、证券投资风险的特征

证券投资风险作为一种风险，在具备了一般风险特征的同时，也有其自身特有的性质，这主要是由有价证券的特殊性所决定的，即证券仅是一种虚拟资本或价值符号，其价格体现了投资者对未来收益的预期。根据证券投资风险的定义，其主要特征归纳为以下几个方面。

1. 客观存在性

由于证券市场的风险因素是客观存在的，通过其在时间和数量上积累，引发风险事故，从而影响整个证券市场的价格波动，造成投资者的实际收益与预期收益的偏差，所以证券投资风险也是客观存在的，不以投资者的主观意志为转移。在证券市场的投资活动中，人们通常所说的"风险防范"也是在承认证券投资风险客观存在的前提下设法规避和降低风险的。

2. 不确定性

因风险因素触发的风险事故，会引起投资者心理预期的改变，从而造成市场的价格波动，并进一步对投资者的投资收益产生影响，其具体表现为实际收益相对于预期收益的偏差。偏差可能是正的(高于预期)，也可能是负的(低于预期)，因此，证券投资风险具有不确定性。

3. 可测度性

尽管证券投资风险具有不确定性，但仍然可以通过一定的方法来对其大小进行测度。从统计学的角度来看，证券投资风险是实际收益与预期收益的偏离程度。偏离程度越高，风险越大；偏离程度越低，风险越小。同时，可以运用一定的统计方法对收集的历史数据进行计算，从而实现这种偏离程度的量化。

4. 相对性

证券投资风险是相对的，由于投资者对风险偏好的不同，因此他们各自对风险也会采取不同的态度。风险承受能力强的，为获取高收益而敢冒高风险；风险承受能力低的，为避免风险而宁可选择低收益。因此，某一程度的证券投资风险在某些投资者看来很高，而在某些投资者看来则很低。

5. 危害性

虽然证券投资风险会给投资者的实际收益带来一定的不确定性，但涉及可能发生的损失和收益与投资者的预期偏差过大时，证券投资风险就具有一定的危害性。如前所述，当证券市场价格波动幅度过大时，容易引发过度的投机行为，投资者在盲目追涨的同时，往往会蒙受惨重的损失。另外，随着证券市场内在风险的进一步扩大，会引发金融风暴和经济危机，对国家的社会、经济、政治的稳定会造成相当大的危害。

6. 可防范性

尽管证券投资风险是客观存在的，同时又带有不确定性，甚至达到一定程度后更具危害性，但仍然可以采取一定的方法来防范和规避证券投资风险，尽可能避免或减小风险带来的损失和危害。例如，投资者可以借鉴现代投资组合理论，利用分散化投资来降低投资组合的风险，同时，也可以通过做空机制来对冲证券市场价格下跌所带来的风险。政府可以通过对现行制度进行改革以及加强市场监管力度，从根本上消除可能出现的证券投资风险。

三、单一证券投资风险的衡量

衡量单一证券的投资风险对于证券投资者具有极为重要的意义，它是投资者选择合适投资对象的基本出发点。投资者在选择投资对象时，如果各种证券具有相同的期望收益率，显然会倾向于风险低的证券。

单一证券投资风险的衡量一般包括算术平均法与概率测定法两种。

(一)算术平均法

算术平均法是最早产生的单一证券投资风险的测定方法。其计算公式如下。

$$平均价差率 = \frac{\sum_{i=1}^{n} 各期价差率}{n}$$

式中，各期价差率=(该时期最高价-最低价)÷(该时期最高价+最低价)÷2；n 为计算时期数。

如果将风险理解为证券价格可能的波动，平均价差率则是一个衡量证券投资风险的较好指标。证券投资决策可以根据平均价差率的大小来判断该证券风险的大小，平均价差率大的证券风险也大；平均价差率小的证券风险则小。

利用算术平均法对证券投资风险的测定，其优点是简单明了，但其测定范围有限，着重于过去的证券价格波动，风险所包含的内容过于狭窄，因此不能准确地反映该证券投资未来风险的可能趋势。

(二)概率测定法

概率测定法是衡量单一证券投资风险的主要方法，它依据概率分析原理，计算各种可能收益的标准差与标准离差率，以反映相应证券投资的风险程度。

1. 标准差

判断实际可能的收益率与期望收益率的偏离程度，一般可采用标准差指标。其计算公式如下。

$$\sigma = \sqrt{\sum_{i=1}^{n}(K_i - \overline{K})^2 P_i}$$

式中，$\overline{K}$ 为期望收益率 $\left(\sum_{i=1}^{n}(K_i, P_i)\right)$；$K_i$ 为第 i 种可能结果的收益率；P_i 为第 i 种可能结果的概率；n 为可能结果的个数；σ 为标准差。

一般来说，标准差越大，说明实际可能的结果与期望收益率偏离越大，实际收益率不稳定，因而该证券投资的风险较大；标准差越小，说明实际可能的结果与期望收益率偏离越小，实际收益率比较稳定，因而该证券投资的风险较小。但标准差只能用来比较期望收益率相同的证券投资风险程度，而不能用来比较期望收益率不同的证券投资风险程度。

2. 标准离差率

标准离差率又称标准差系数，可用来比较不同期望收益率的证券投资风险程度。其计算公式如下。

$$q = \sigma \div \overline{K} \times 100\%$$

标准差系数通过标准差与期望收益率的对比，以消除期望收益率水平高低的影响，可比较不同收益率水平的证券投资风险程度的大小。一般来说，标准差系数越小，说明该证券投资风险程度相对较低；反之则较高。

【例 6-1】某企业拟对两种证券进行投资，每种证券均可能遭遇繁荣、衰退两种行情，各自的预期收益率及概率如表 6-1 所示。

要求：试比较 A、B 两种证券投资的风险程度。

表 6-1　两种证券投资的风险比较

经济趋势	发生概率(P_i)	收益率(K_i) A	收益率(K_i) B
衰退	50%	−20%	10%
繁荣	50%	70%	30%

解：(1) 分别计算 A、B 两种证券的期望收益率。

$$\bar{K}_A = (-20\%) \times 0.5 + 70\% \times 0.5 = 25\%$$
$$\bar{K}_B = 10\% \times 0.5 + 30\% \times 0.5 = 20\%$$

(2) 分别计算 A、B 两种证券的标准差。

$$\sigma_A = \sqrt{(-20\% - 25\%)^2 \times 0.5 + (70\% - 25\%)^2 \times 0.5}$$
$$= 45\%$$
$$\sigma_B = \sqrt{(10\% - 20\%)^2 \times 0.5 + (30\% - 20\%)^2 \times 0.5}$$
$$= 10\%$$

(3) 分别计算 A、B 两种证券的标准离差率。

$$q_A = 45\% \div 25\% \times 100\% = 180\%$$
$$q_B = 10\% \div 20\% \times 100\% = 50\%$$

由此可以断定：尽管证券 A 的期望收益率高于证券 B，但其风险程度也高于证券 B。

任务三　证券投资决策

一、债券投资的收益评价

(一)债券的价值

债券的价值是指进行债券投资时投资者预期可获得的现金流入的现值。债券的现金流入主要包括利息和到期收回的本金或出售时获得的现金两部分。当债券的购买价格低于债券价值时，才值得购买。

1. 债券价值的基本模型

债券价值的基本模型主要是指按复利方式计算的每年定期付息、到期一次还本情况下的债券的估价模型。

$$V = \sum_{t=1}^{n} \frac{i \times F}{(1+K)^t} + \frac{F}{(1+K)^n}$$
$$= i \cdot F(P/A, K, n) + F \cdot (P/F, K, n)$$
$$= I \cdot (P/A, K, n) + F \cdot (P/F, K, n)$$

式中，V 为债券价值；i 为债券票面利息率；I 为债券利息；F 为债券面值；K 为市场利率或投资人要求的必要收益率；n 为付息总期数。

【例 6-2】榕辉机械有限责任公司发行债券面值为 1 000 元，票面利率为 6%，期限为 3 年。某企业要对这种债券进行投资，当前的市场利率为 8%。

要求：债券价格为多少时才能进行投资？

解：$V=1\,000\times 6\%\times (P/A,8\%,3)+1\,000\times (P/F,8\%,3)$
$=60\times 2.577\,1+1\,000\times 0.793\,8$
$=948.43(元)$

该债券的价格必须低于 948.43 元时才能进行投资。

2. 一次还本付息的单利债券价值模型

我国很多债券属于一次还本付息、单利计算的存单式债券，其价值模型如下。

$$V=\frac{F(1+i\times n)}{(1+K)^n}$$

$$V=F(1+i\times n)\times (P/F,K,n)$$

式中，符号含义同前式。

【例 6-3】榕辉机械有限责任公司拟购买另一家公司的企业债券作为投资，该债券面值为 1 000 元，期限为 3 年，票面利率为 5%，单利计息，当前市场利率为 6%。

要求：该债券发行价格为多少时才能购买？

解：$V=1\,000\times (1+5\%\times 3)\times (P/F,6\%,3)$
$=1\,000\times 1.15\times 0.839\,6$
$=965.54(元)$

该债券的价格必须低于 965.54 元时才适宜购买。

(二)债券收益率

1. 短期债券收益率的计算

短期债券由于期限较短，一般不用考虑货币时间价值因素，只需考虑债券价差及利息，将其与投资额相比，即可求出短期债券收益率。其计算公式如下。

$$K=\frac{S_1-S_0+I}{S_0}$$

式中，S_0 为债券购买价格；S_1 为债券出售价格；I 为债券利息；K 为债券投资收益率。

【例 6-4】榕辉机械有限责任公司于 2017 年 5 月 8 日以 920 元购进一张面值为 1 000 元、票面利率为 5%、每年付息一次的债券，并于 2018 年 5 月 8 日以 970 元的市价出售。

要求：该债券的投资收益率是多少？

解：$K=(970-920+50)\div 920\times 100\%$
$=10.87\%$

该债券的投资收益率为 10.87%。

2. 长期债券收益率的计算

对于长期债券，其投资收益率一般是指购进债券后一直持有至到期日可获得的收益率，它是使债券利息的年金现值和债券到期收回本金的复利现值之和等于债券购买价格时的贴现率。

1) 每期支付利息，到期归还本金的一般债券收益率的计算

其计算公式如下。

$$V=I\cdot(P/A,K,n)+F\cdot(P/F,K,n)$$

式中：V 为债券的购买价格；I 为每年获得的固定利息；F 为债券到期收回的本金或中途出售收回的资金；K 为债券的投资收益率；n 为投资期限。

【例 6-5】 榕辉机械有限责任公司于 2013 年 1 月 1 日用平价购买一张面值为 1 000 元的债券，其票面利率为 8%，每年 1 月 1 日计算并支付一次利息，该债券于 2018 年 1 月 1 日到期，按面值收回本金。

要求：计算其到期收益率。

解：I=1 000×8%=80(元)

F=1 000(元)

设收益率 i=8%，则 V=80×$(P/A,8\%,5)$+1 000×$(P/F,8\%,5)$=1 000(元)

用 8%计算出来的债券价值正好等于债券买价，所以该债券的收益率为 8%。可见，平价发行的每年复利计息一次的债券，其到期收益率等于票面利率。

如果该公司购买该债券的价格为 1 100 元，即高于面值，则该债券收益率应为多少？

由于无法直接计算收益率，必须采用逐步测试法及内插法来计算，即：先设定一个贴现率代入上式，如计算出的 V 正好等于债券买价，则该贴现率即为收益率；如计算出的 V 与债券买价不等，则须继续测试，再用内插法求出收益率。

如该公司购买该债券的价格为 1 100 元，要求计算出收益率，则必须使下式成立。

$$1\ 100=80\times(P/A,K,5)+1\ 000\times(P/F,K,5)$$

由于利率与现值呈反向变化，因此现值越大，利率越小。而债券买价为 1 100 元，大于 1 000 元，则收益率一定低于 8%，应降低贴现率进一步试算。

K_1=6%；V_1=1 084.29(元)。由于贴现结果仍小于 1 100 元，还应进一步降低贴现率试算。

K_2=5%；V_2=1 129.86(元)；$K=5\%+\dfrac{1\ 129.86-1\ 100}{1\ 129.86-1\ 084.29}\times(6\%-5\%)=5.66\%$

所以如果债券的购买价格为 1 100 元时，债券的收益率为 5.66%。

2) 一次还本付息的单利债券收益率的计算

一次还本付息的单利债券价值模型如下。

$V=F(1+i\cdot n)\cdot(P/F,K,n)$，$(P/F,K,n)=V/F(1+i\cdot n)$

查表或用内插法求 K。

【例 6-6】 榕辉机械有限责任公司 2015 年 1 月 1 日以 1 020 元购买一张面值为 1 000 元、票面利率为 10%、单利计息的债券。该债券期限为 5 年，到期一次还本付息。

要求：计算其到期收益率。

解：一次还本付息的单利债券价值模型为：

$$V=F(1+i\cdot n)\cdot(P/F,K,n)$$

$$1\ 020=(1\ 000\times1+5\times10\%)\times(P/F,K,5)$$

$$(P/F,K,5)=1\ 020\div1\ 500=0.68$$

查复利现值表，5 年期的复利现值系数等于 0.68 时，K=8%。如此时查表无法直接求得

收益率，则可用内插法计算。

债券的收益率是进行债券投资时选购债券的重要标准，它可以反映债券投资按复利计算的实际收益率。如果债券的收益率高于投资人要求的必要报酬率，则可购进债券；否则就应放弃此项投资。

(三)债券投资的优缺点

1. 债券投资的优点

(1) 投资收益稳定。进行债券投资一般可按时获得固定的利息收入，收益稳定。

(2) 投资风险较低。相对于股票投资而言，债券投资风险较低。政府债券有国家财力作后盾，通常被视为无风险证券。而企业破产时企业债券的持有人对企业的剩余财产有优先求偿权，因而风险较低。

(3) 流动性强。大企业及政府债券很容易在金融市场上迅速出售，流动性较强。

2. 债券投资的缺点

(1) 无经营管理权。债券投资者只能定期取得利息，无权影响或控制被投资企业。

(2) 购买力风险较大。由于债券面值和利率是固定的，如果投资期间通货膨胀率较高，债券面值和利息的实际购买力就会降低。

二、股票投资的收益评价

(一)股票的价值

股票的价值又称股票的内在价值，是进行股票投资所获得的现金流入的现值。股票的内在价值由一系列的股利和将来出售股票时售价的现值所构成。通常，当股票的市场价格低于股票内在价值才适宜投资。

1. 股票价值的基本模型

$$V = \sum_{t=1}^{n} \frac{d_t}{(1+K)^t} + \frac{V_n}{(1+K)^n}$$

式中，V 为股票内在价值；d_t 为第 t 期的预期股利；K 为投资人要求的必要资金收益率；V_n 为未来出售时预计的股票价格；n 为预计持有股票的期数。

2. 股利零增长、长期持有的股票价值模型

$$V = \frac{d}{K}$$

式中，V 为股票内在价值；d 为每年固定股利；K 为投资人要求的资金收益率。

【例 6-7】 榕辉机械有限责任公司拟投资购买并长期持有某公司股票，该股票每年分配股利 2 元，必要收益率为 10%。

要求：该股票价格为多少时适合购买？

解：$V = d \div K = 2 \div 10\% = 20$(元)

股票价格低于 20 元时才适合购买。

3. 长期持有股票，股利固定增长的股票价值模型

$$V = d_0(1+g) \div (K-g)$$
$$= d_1 \div (K-g)$$

式中，d_0 为上年股利；d_1 为本年股利；g 为每年股利增长率。

【例 6-8】 榕辉机械有限责任公司拟投资某公司股票，该股票上年每股股利为 2 元，预计年增长率为 2%，必要投资报酬率为 7%。

要求：该股票价格为多少可以投资？

解：$V = d_0(1+g) \div (K-g)$
　　　$= 2 \times (1+2\%) \div (7\%-2\%)$
　　　$= 40.8$(元)

该股票价格低于 40.8 元时才可以投资。

4. 非固定成长股票的价值

有些公司的股票在一段时间里高速增长，在另一段时间里又正常固定增长或固定不变，这样就要分段计算，才能确定股票的价值。

【例 6-9】 榕辉机械有限责任公司持有 A 公司股票，其必要报酬率为 12%。预计 A 公司未来 3 年股利高速增长，增长率为 20%；此后转为正常增长，增长率为 8%。公司最近支付的股利是 2 元，计算该公司的股票价值。

首先，计算非正常增长期的股利现值，如表 6-2 所示。

表 6-2 非正常增长期的股利现值

单位：元

年份	股利	现值因素	现值
1	2×1.2=2.4	0.892 9	2.143 0
2	2.4×1.2=2.88	0.797 2	2.295 9
3	2.88×1.2=3.456	0.711 8	2.460 0
合计(3 年股利现值)			6.898 9

其次，按固定股利成长模型计算固定增长部分的股票价值，即：

$$V_3 = \frac{d_3 \times (1+g)}{K-g} = \frac{3.456 \times 1.08}{0.12-0.08} = 93.312(\text{元})$$

由于这部分股票价值是第三年年底以后的股利折算的内在价值，须将其折算为现值，即：
$V_3 \times (P/F,12\%,3) = 93.312 \times 0.711\ 8 = 66.419$(元)

最后，计算股票目前的内在价值，即：
$V = 6.898\ 9 + 66.419 = 73.32$(元)

(二)股票投资的收益率

1. 短期股票收益率的计算

其计算公式如下。

$$K = (S_1 - S_0 + d) \div S_0 \times 100\%$$
$$= (S_1 - S_0) \div S_0 + d \div S_0$$
$$= 预期资本利得收益率 + 股利收益率$$

式中，K 为短期股票收益率；S_1 为股票出售价格；S_0 为股票购买价格；d 为股利。

【例 6-10】 2017 年 3 月 10 日，榕辉机械有限责任公司购买某公司每股市价为 20 元的股票，2018 年 1 月每股获现金股利 1 元，2018 年 3 月 10 日，将该股票以每股 22 元的价格出售。

要求：投资收益率为多少？

解：$K=(22-20+1)\div 20\times 100\%=15\%$

该股票的收益率为 15%。

2. 股票长期持有，股利固定增长的收益率的计算

其计算公式如下。

$$V = d_1 \div (K - g), \quad K = d_1 \div V + g$$

【例 6-11】 有一只股票的价格为 40 元，预计下一期的股利是 2 元，该股利将以大约 10% 的速度持续增长。

要求：该股票的预期收益率为多少？

解：$K=2\div 40+10\%=15\%$

该股票的收益率为 15%。

3. 一般情况下，股票投资收益率的计算

股票投资的收益率是使各期股利及股票售价的复利现值等于股票买价时的贴现率。其计算公式如下。

$$V = \sum_{t=1}^{n} \frac{d_t}{(1+K)^t} + \frac{V_n}{(1+K)^n}$$

式中，V 为股票的买价；d_t 为第 t 期的股利；K 为投资收益率；V_n 为股票出售价格。

【例 6-12】 榕辉机械有限责任公司于 2015 年 6 月 1 日投资 600 万元购买某只股票 100 万股，在 2016 年、2017 年和 2018 年 5 月 30 日分得每股现金股利分别为 0.6 元、0.8 元和 0.9 元，并于 2018 年 5 月 30 日以每股 8 元的价格将股票全部出售。

要求：计算该项投资的收益率。

解：用逐步测试法计算，先用 20% 的收益率进行测算，即：

$V=60\div(1+20\%)+80\div(1+20\%)^2+890\div(1+20\%)^3$

$=60\times 0.833\,3+80\times 0.694\,4+890\times 0.578\,7$

$=620.59(万元)$

解：由于 620.59 万元比 600 万元大，再用 24% 测试，即：

$V=60\div(1+24\%)+80\div(1+24\%)^2+890\div(1+24\%)^3$

$=60\times 0.806\,5+80\times 0.650\,4+890\times 0.524\,5$

$=567.23(万元)$

然后用内插法计算，即：

$K=20\%+(620.59-600)\div(620.59-567.23)\times 4\%$
　$=21.54\%$

(三)股票投资的优缺点

1. 股票投资的优点

(1) 投资收益高。股票投资风险大，收益也高，只要选择得当，就能取得优厚的投资收益。
(2) 购买力风险低。与固定收益的债券相比，普通股能有效地降低购买力风险。因为通货膨胀率较高时，物价普遍上涨，股份公司盈利增加，股利也会随之增加。
(3) 拥有经营控制权。普通股的投资者是被投资企业的股东，拥有一定的经营控制权。

2. 股票投资的缺点

(1) 收入不稳定。普通股股利的有无、多少，须视被投资企业经营状况而定，很不稳定。
(2) 价格不稳定。股票价格受众多因素影响，极不稳定。
(3) 求偿权居后。企业破产时，普通股投资者对被投资企业的资产求偿权居于最后，其投资有可能得不到全额补偿。

任务四　证券投资组合

一、证券投资组合的概念

证券投资组合又称证券组合，是指在进行证券投资时，不是将所有的资金都投向单一的某种证券，而是有选择地投向一组证券。这种同时投资多种证券的做法称为证券投资组合。证券投资具有诸多风险因素，投资者为了避免单独投资于某一种证券而遭受绝对风险，一般情况下采用分散投资策略，即将资金分散投向若干种证券，并根据其风险的大小、盈利的多少、流动能力的强弱进行合理地搭配组合，所以证券投资组合的主要目的是分散和降低投资风险。

二、证券投资风险与收益

(一)两种证券投资组合的收益

(1) 不论投资组合中两种证券之间的相关系数如何，只要投资比例不变，各证券的期望收益率不变，则该投资组合的期望收益率就不变，即投资组合的期望收益率与其相关系数无关。
(2) 在其他条件不变时，如果两只股票收益率的相关系数越小，组合的方差就越小，表明组合后的风险越低，组合中分散掉的风险越大，其投资组合可分散的风险的效果就越大，即投资组合的风险与其相关系数负相关。
① 当两项资产的收益率完全正相关时，两项资产的风险完全不能互相抵消，所以这样的资产组合不能降低任何风险。

② 当两项资产的收益率完全负相关时，两者之间的风险可以充分地相互抵消，甚至完全消除(但限于非系统性风险)。

③ 只要两种证券的相关系数小于 1，证券组合报酬率的标准离差就小于各证券报酬率标准离差的加权平均数。

④ 一般来讲，随着证券资产组合中资产个数的增加，证券资产组合的风险会逐渐降低，当资产的个数增加到一定程度时，证券资产组合的风险程度将趋于平稳，这时组合风险的降低将非常缓慢，直到不再降低。

在证券资产组合中，能够随着资产种类增加而降低直至消除的风险，称为非系统性风险；不能随着资产种类增加而分散的风险，称为系统性风险。

证券组合投资的期望收益率可由各个证券期望收益率的加权平均所得，但证券组合投资的风险并不是各个证券标准差的加权平均数，即 $\sigma_p \neq \sum_{i=1}^{n} \sigma_i \cdot w_i$。证券投资组合理论研究表明，理想的证券组合投资的风险一般要小于单独投资某一证券的风险，通过证券投资组合可以规避各证券本身的非系统性风险。

【例 6-13】 某企业投资于由 W、M 两种证券组成的投资组合，投资比重各为 50%。2013—2017 年各年的收益率及标准差资料如表 6-3 所示。

表 6-3 2013—2017 年各年的收益率及标准差资料

年　度	证券 W 的收益率 K_W/%	证券 M 的收益率 K_M/%	W、M 投资组合收益率 K_p/%
2013	40	−10	15
2014	−10	40	15
2015	35	−5	15
2016	−5	35	15
2017	15	15	15
平均收益率	15	15	15
标准差	22.6	22.6	0.0

由此可见，如果只投资 W 或 M，它们的风险都很高；但如将两种证券进行组合投资，则其风险为零(标准差为零)。这种组合之所以风险为零，是因为这两种证券的投资收益率的变动方向正好相反：当 W 的投资收益率上升时，M 的投资收益率下降；反之，当 W 的投资收益率下降时，M 的投资收益率上升。这种收益率的反向变动趋势，统计学上称之为完全负相关，相关系数 $r = -1.0$。如果两种证券的收益率变动方向完全一致，统计学上称之为完全正相关，相关系数 $r = +1.0$。这样的两种证券进行投资组合，不能抵消风险。对于大多数证券，一般表现为正相关，但又不是完全正相关，所以投资组合可在一定程度上降低投资风险，但不能完全消除投资风险。一个证券组合的风险，不仅取决于组合中各构成证券个别的风险，也决定于它们之间的相关程度。

证券投资组合收益率的计算公式如下：

$$\bar{K}_p = \sum_{i=1}^{n} K_i \cdot W_i \cdot P_i = \sum_{i=1}^{n} \bar{K}_i \cdot W_i$$

式中，$\bar{K}_p$ 为证券组合投资的期望收益率；$\bar{K}_i$ 为第 i 种证券的期望收益率；W_i 为第 i 种证券价值占证券组合投资总价值的比重；n 为证券组合中的证券数。

【例 6-14】某企业拟对两种证券进行投资，每种证券均可能遭遇繁荣、衰退两种行情，各自的预期收益率及概率见表 6-3。假设该企业各投资 50%于 A、B 证券。

要求：组合投资的期望收益率为多少？

两种证券投资的风险比较如表 6-4 所示。

表 6-4　两种证券投资的风险比较

经济趋势	发生概率(P_i)	收益率(K_i)	
		A	B
衰退	50%	−20%	10%
繁荣	50%	70%	30%

解：$\bar{K}_A = (-20\%) \times 0.5 + 70\% \times 0.5 = 25\%$

$\bar{K}_B = 10\% \times 0.5 + 30\% \times 0.5 = 20\%$

$$\bar{K}_p = \sum_{i=1}^{n} K_i \cdot W_i \cdot P_i = \sum_{i=1}^{n} \bar{K}_i \cdot W_i$$

$\bar{K}_p = 25\% \times 0.5 + 20\% \times 0.5 = 22.5\%$

(二)证券投资组合的风险

前已述及，系统性风险是由于政治、经济及社会环境的变动影响整个证券市场上所有证券价格变动的风险。它使证券市场平均收益水平发生变化，但是，每一种具体证券受系统性风险的影响程度并不相同。β 值就是用来测定一种证券的收益随整个证券市场平均收益水平变化程度的指标，它反映了一种证券收益相对于整个市场平均收益水平的变动性或波动性。如果某种股票的 β 系数为 1，说明这种股票的风险情况与整个证券市场的风险情况一致。也就是说，如果市场行情上涨了 10%，该股票也会上涨 10%；如果市场行情下跌 10%，该股票也会下跌 10%。如果某种股票的 β 系数大于 1，说明其风险大于整个市场的风险；如果某种股票的 β 系数小于 1，说明其风险小于整个市场的风险。

单一证券的 β 值通常会由一些投资服务机构定期计算并公布，证券投资组合的 β 值则可由证券组合投资中各组成证券 β 值加权计算而得。其计算公式如下。

$$\beta_p = \sum_{i=1}^{n} w_i \beta_i$$

式中，β_p 为证券组合的 β 系数；w_i 为证券组合中第 i 种股票所占的比重；β_i 为第 i 种股票的 β 系数；n 为证券组合中股票的数量。

【例 6-15】榕辉机械有限责任公司持有共 100 万元的 3 种股票。该组合中，A 股票 20 万元，B 股票 40 万元，β 系数均为 1.5；C 股票 40 万元，β 系数为 0.8。

要求：该投资组合的 β 系数为多少？

解：$\beta_p = \sum_{i=1}^{n} w_i \beta_i$

$= 20\% \times 1.5 + 40\% \times 1.5 + 40\% \times 0.8 = 1.22$

(三)证券投资组合的风险收益

1. 证券投资组合的风险收益率

投资者进行证券投资,就会要求对承担的风险进行补偿,股票的风险越大,要求的收益率就越高。由于证券投资的非系统性风险可通过投资组合来抵消,投资者要求补偿的风险主要是系统性风险,因此证券投资组合的风险收益是投资者因承担系统性风险而要求的,超过资金时间价值的那部分额外收益。其计算公式如下。

$$R_p = \beta_p \cdot (K_m - R_f)$$

式中,R_p 为证券组合的风险收益率;β_p 为证券组合的 β 系数;K_m 为市场收益率,证券市场上所有股票的平均收益率;R_f 为无风险收益率,一般用政府公债的利率来衡量。

【例 6-16】 根据例 6-14 资料,如股票的市场收益率为 10%,无风险收益率为 6%。

要求:确定该证券投资组合的风险收益率。

解:R_p=1.22×(10%-6%)=4.88%

在其他因素不变的情况下,风险收益取决于证券投资组合的 β 系数,β 系数越大,风险收益率越大;β 系数越小,风险收益率越小。

2. 证券投资的必要收益率

证券投资的必要收益率等于无风险收益率加上风险收益率,即:

$$K_i = R_f + \beta(K_m - R_f)$$

这就是资本资产计价模型(CAPM)。式中,K_i 为第 i 种股票或证券组合的必要收益率;β 为第 i 种股票或证券组合的 β 系数;K_m 为市场收益率,证券市场上所有股票的平均收益率;R_f 为无风险收益率。

【例 6-17】 榕辉机械有限责任公司股票的 β 系数为 1.5,无风险利率为 4%,市场平均收益率为 8%。

要求:该股票的必要收益率为多少时投资者才会购买?

解:$K_i = R_f + \beta(K_m - R_f)$

=4%+1.5×(8%-4%)=10%

股票的收益率达到或超过 10% 时投资者才会购买。

三、证券投资组合的策略与方法

(一)证券投资组合的策略

1. 保守型的投资组合策略

选择这种策略的投资者对风险相对比较厌恶,不愿承担高风险。这种组合策略要求尽量模拟证券市场现状(包括证券的种类和各证券所占的比重),将尽可能多的证券包括进来,以便分散掉全部的非系统风险,从而得到与市场平均收益率相近的投资收益率。保守型投资组合策略主要具有以下优点:基本上能分散掉全部的非系统性风险;投资者不需要具备高深的证券投资专业知识;证券投资的管理费用比较低。但是,这种投资组合策略的显著缺点在于,投资组合所能获得的收益不会高于证券市场上所有证券的平均收益。

2. 冒险型的投资组合策略

选择这种策略的投资者认为，只要选择适当的投资组合，就能击败市场或超越市场，从而取得远远高于市场平均收益水平的投资收益。这种组合策略要求尽可能多地选择一些成长性较好的股票，而少选择低风险低收益的股票，这样就有可能使投资组合的收益高于证券市场的平均收益。这种组合的收益高，同时风险也高于证券市场的平均风险。

3. 适中型的投资组合策略

适中型组合策略通常选择一些风险不大、效益较好的公司的股票。这些股票虽然不是高增长的股票，但却能给投资者带来稳定的股利收益。选择这种策略的投资者认为，有价证券的价格特别是股票的价格主要受发行公司的经营业绩影响，只要公司的经济效益好，股票的价格终究会体现其优良的业绩。所以在进行股票投资时，要全面、深入地进行证券投资分析，选择一些品质优良的股票组成证券投资组合，这样既可以获得较高的投资收益，又不会承担太大的投资风险。

(二)证券投资组合的方法

1. 选择足够数量的证券进行组合

当证券数量增加，可分散风险会逐步减小；当证券数量足够时，大部分可分散的风险都能分散掉。

2. 把投资收益呈负相关的证券放在一起组合

负相关证券是指一种证券的收益上升而另一种证券的收益下降的两种证券。把收益负相关的证券组合在一起，能有效分散风险。

3. 把不同风险程度的证券组合在一起

就是把 1/3 资金投资风险大的证券，1/3 资金投资风险中等的证券，1/3 资金投资风险小的证券组合在一起。这种组合方法不会获得太高的收益，但也不会承担太大的风险。

● 案例解析

首先对房价走势进行预测，以及对个人首付款和未来还款能力进行分析。

其次对个人承受风险能力强弱进行分析。

最后证券市场综合风险程度分析，合理配置投资组合，实现最佳的投资收益。

建议其构建"7+2+1"的投资组合，即以现有储蓄 2 万元为起点，其中 14 万元买入股票型基金，4 万元买入中期国债，2 万元买入短期债券型基金。该组合是一个中长期(2 年以上)的理财规划，目标年收益率预计在 8%左右。然后，将每年的收入都作如此的配比，形成长期理财习惯。如果承受风险能力较弱，可以调整其资本投资比例，以降低风险。

项 目 小 结

证券是指具有一定票面金额，代表财产所有权和债权，可以有偿转让的凭证，证券具有流动性、收益性和风险性三个特点。证券投资可分为债券投资、股票投资、基金投资及组合投资等。

企业要进行证券投资，首先必须进行证券投资的收益评价，评价证券收益水平主要有两个指标，即证券的价值和收益率。债券的价值是指进行债券投资时投资者预期可获得的现金流入的现值。短期债券收益率的计算只需考虑债券价差及利息，将其与投资额相比，即可求出短期债券收益率。对于长期债券，其投资收益率一般是指购进债券后一直持有至到期日可获得的收益率，它是使债券利息的年金现值和债券到期收回本金的复利现值之和等于债券购买价格时的贴现率。股票的内在价值由一系列的股利和将来出售股票时售价的现值所构成，通常当股票的市场价格低于股票内在价值才适宜投资。短期股票收益率=预期资本利得收益率+股利收益率。一般股票投资的收益率是使各期股利及股票售价的复利现值等于股票买价时的贴现率。

风险性是证券投资的基本特征之一。风险按是否可以通过投资组合加以回避及消除，可分为系统性风险与非系统性风险。系统性风险包括市场风险、利率风险、购买力风险以及自然因素导致的风险等。非系统性风险属个别风险，能够通过投资多样化来抵消，又称可分散风险或公司特别风险。它包括行业风险、企业经营风险、企业违约风险等。单一证券投资风险的衡量一般包括算术平均法与概率测定法两种。为了规避风险，可采用证券投资组合的方式，证券投资组合的策略有三种：冒险型策略、保守型策略和适中型策略。β值是用来测定一种证券的收益随整个证券市场平均收益水平变化程度的指标。证券投资组合的风险收益是投资者因承担系统性风险而要求的，超过货币时间价值的那部分额外收益。其计算公式为：$R_p = \beta_p \cdot (K_m - R_f)$。

证券投资的必要收益率等于无风险收益率加上风险收益率，即：$K_i = R_f + \beta(K_m - R_f)$，这就是资本资产计价模型(CAPM)。

项目强化训练

一、单项选择题

1. 下列哪种投资组合策略必须具备丰富的投资经验(　　)。
　　A. 保守型策略　　B. 冒险型策略　　C. 适中型策略　　D. 投资型策略
2. 投资一笔国债，5 年期，平价发行，票面利率为 12.22%，单利计算，到期收取本金和利息，则该债券的投资收益率是(　　)。
　　A. 9%　　　　　B. 11%　　　　　C. 10%　　　　　D. 12%
3. 下列因素中，不会影响债券价值的是(　　)。
　　A. 票面价值和票面利率　　　　　B. 市场利率

项目六 证券投资

  C. 到期日与付息方式   D. 购买价格
4. 下列说法中，正确的是(　　)。
  A. 国库券没有利率风险   B. 公司债券只有违约风险
  C. 国库券和公司债券均有违约风险   D. 国库券没有违约风险，但有利率风险
5. 如果组合中包括了全部股票，则投资人(　　)。
  A. 只承担市场风险   B. 只承担特有风险
  C. 只承担非系统风险   D. 不承担系统风险
6. 证券投资者购买证券时，可以接受的最高价格是证券的(　　)。
  A. 票面价格   B. 到期价格   C. 市场价格   D. 内在价值
7. 当投资期望收益率等于无风险投资收益时，风险系数应(　　)。
  A. 大于1   B. 等于1   C. 小于1   D. 等于0
8. 已知某证券的 β 系数等于1，则表明此证券(　　)。
  A. 无风险   B. 有非常低的风险
  C. 和金融市场所有证券的平均风险一致
  D. 比金融市场所有证券的平均风险高一倍
9. 假定某项投资的风险系数为1.5，无风险收益率为10%，市场平均收益率为20%，则期望收益率为(　　)。
  A. 15%   B. 25%   C. 30%   D. 20%
10. 当利率下降时，证券价格一般会(　　)。
  A. 下跌   B. 上涨   C. 涨跌交错   D. 不变
11. 下列各项中，属于证券投资系统性风险的是(　　)。
  A. 利息率风险   B. 违约风险   C. 破产风险   D. 流动性风险
12. 下列各项中，不能衡量证券投资收益水平的是(　　)。
  A. 持有期收益率   B. 到期收益率   C. 息票收益率   D. 标准离差率
13. 低风险、低收益证券所占比重较小，高风险、高收益证券所占比重较高的投资组合属于(　　)。
  A. 冒险性投资组合   B. 适中性投资组合
  C. 保守性投资组合   D. 随机性投资组合
14. 一般认为，企业进行长期债券投资的主要目的是(　　)。
  A. 控制被投资企业   B. 调剂现金余缺
  C. 获得稳定收益   D. 增强资产流动性
15. 证券的购买力风险表现为(　　)。
  A. 出售证券所得收入小于原投资额   B. 出售证券所获得的货币资金的购买力下降
  C. 证券不能立即出售转换为现金   D. 证券发行人无法支付利息

二、多项选择题
1. 证券投资的风险主要有(　　)。
  A. 违约风险   B. 利息率风险   C. 购买力风险   D. 流动性风险
2. β 系数是衡量风险大小的重要指标，下列表述中正确的有(　　)。

A. β 越大，说明风险越大
B. 某股票 $\beta=0$，说明此证券无风险
C. 某股票 $\beta=1$，说明其风险等于市场的平均风险
D. 某股票 $\beta>1$，说明其风险大于市场的平均风险

3. 按照资本资产定价模式，影响特定股票预期收益率的因素有( )。
   A. 无风险的收益率　　　　　　B. 平均风险股票的必要收益率
   C. 特定股票的 β 系数　　　　　D. 财务杠杆系数
4. 证券投资的收益包括( )。
   A. 现价与原价的价差　　　　　B. 股利收益
   C. 债券利息收益　　　　　　　D. 出售收入
5. 与股票内在价值呈反方向变化的因素有( )。
   A. 股利年增长率　　　　　　　B. 年股利
   C. 预期的报酬率　　　　　　　D. β 系数
6. 下列属于固定收益证券的有( )。
   A. 国库券　　B. 公司债券　　C. 优先股　　D. 普通股
7. 下列风险中，固定利率债券比浮动利率债券风险大的有( )。
   A. 违约风险　　B. 利率风险　　C. 购买力风险　　D. 变现力风险
8. 相对于实物投资，证券投资的特点有( )。
   A. 盈利性高　　B. 流动性强　　C. 价格不稳定　　D. 交易成本低
9. 股票投资的缺点有( )。
   A. 求偿权居后　　B. 价格不稳定　　C. 收入不稳定　　D. 购买力风险大
10. 债券投资的缺点有( )。
    A. 购买力风险大　　　　　　　B. 购买力风险小
    C. 没有经营管理权　　　　　　D. 有经营管理权

三、判断题

1. 当风险系数等于0时，表明投资无风险，期望收益率等于市场平均收益率。（ ）
2. 投资者可以根据证券的内在价值与当前市场价格的比较来决定是否进行证券投资。
（ ）
3. 一般来说，长期投资的风险要大于短期投资。（ ）
4. 一个行业的竞争程度越高，投资该行业的证券风险就越大。（ ）
5. 证券组合风险的大小，等于组合中各证券风险的加权平均。（ ）
6. 就违约风险而言，从大到小的排列顺序为：公司证券、金融证券、政府证券。（ ）
7. 变动收益证券比固定收益证券的风险要小，报酬要高。（ ）
8. 一般而言，银行利率下降，证券价格下降；银行利率上升，证券价格上升。（ ）
9. 在计算长期证券收益率时，应该考虑资金时间价值因素。（ ）
10. 债券的持有时间与违约风险呈正相关，与利率风险呈负相关。（ ）

四、名词解释

股票 债券 系统性风险 非系统性风险 β系数 基金投资

五、思考题

1. 有价证券的主要特征是什么？
2. 债券投资的特点是什么？
3. 股票投资的特点是什么？
4. 证券投资组合的策略有哪几种？

六、计算分析题

1. 某投资者于2013年1月1日以1180元购入一张面值为1000元、票面利率为10%、每年1月1日付息、到期日为2017年12月31日的债券。该投资者持有债券至到期日止，当时市场利率为8%。

要求：
(1) 计算该债券价值。
(2) 计算该债券收益率。

2. 某企业计划利用一笔长期资金购买一家公司的股票，现有A公司和B公司可供选择。已知A公司股票现行市价为每股9元，上年每股股利为0.15元，预计以后每年以6%的增长率增长；B公司股票现行市价为每股7元，上年每股股利为0.60元，公司采用稳定的股利政策。该企业所要求的投资收益率为8%。

要求：
(1) 计算A、B公司股票的内在价值。
(2) 请为该企业作出股票投资决策。

3. 某企业于2010年5月5日投资800元购进一张面值为1000元、票面利率为8%、每年付息一次的债券，并于2018年5月5日以850元的价格出售。

要求：计算该债券的投资收益率。

4. 公司持有A、B、C三种股票构成的证券组合，其β系数分别是1.8、1.5和0.7，在证券组合中所占的比重分别为50%、30%和20%，股票的市场收益率为10%，无风险收益率为5%。

要求：计算该证券组合的风险收益率。

5. 某企业股票上年支付的股利为每股1.92元，股票投资的必要报酬率为9%。

要求：
(1) 分别计算在下列情况下的股票价值：股利增长速度为零；股利固定增长，增长速度为4%。
(2) 假设该股票的股利增长速度固定为4%，目前该股票的市价为45元，你作为投资者是否购买？
(3) 假设该股票的股利增长速度为零，每股股利为1.92元，目前该股票的价格为25元。
要求：该股票的必要收益率是多少？

6. 预计 ABC 公司明年的税后利润为 1 000 万元，发行在外普通股 500 万股。假设股利的逐年增长率为 6%，投资人要求的必要报酬率为 10%，预计盈余的 60%用于发放股利。

要求：用股利固定增长的股票股价模式计算其股票价值。

7. 某投资者准备将其投资额中的 30%购买 A 公司发行的面值为 5 000 元、票面利率为 10%、期限为 5 年、每年付息一次的债券。同期市场利率为 8%，当时该债券的市场价格为 5 200 元；以 70%的资金购买 B 公司的股票，该股票未来两年的股利将超速增长，成长率为 10%，此后转为正常增长，增长率为 4%，最近的一期的股利为每股 3 元，该股票 β 系数为 2，市场平均收益率为 10%，国库券年利率为 5%。

要求：

(1) 该投资者是否应该购买 A 公司债券？

(2) B 公司股票的必要收益率是多少？

(3) 投资于 B 公司股票可以接受的价格是多少？

项目七 营运资金管理

【知识目标】

- 了解营运资金的概念和管理原则,了解企业持有现金的动机。
- 掌握现金、应收账款和存货的管理目标、功能及成本。

【技能目标】

- 掌握现金收支管理的内容及主要措施。
- 掌握应收账款的信用政策、监控方法及日常管理的内容。
- 能运用经济订货批量模型、ABC分类控制法、存货储存器控制法对存货进行控制。

案例引导

A企业主要面向国内机械厂做配套生产，老板王总创业8年，连续几年业务增长一直很快。企业一共有3 000种物料，能生产40多种产品，有30多家客户。2016年销售额达到了6 500万元，但利润增长率却下降了2%；2017年销售增长没问题，但利润滑坡更严重。

让王总为难的是公司的销售。尽管一直在招收销售人员，却越来越难以搞清什么时间该收哪笔钱；而且客户每笔钱不一定一次性付清，A企业有大量的应收款；有些客户钱款已付，但企业仍然没有给客户发货；而货及时发出的，客户退还货物的情况也越来越多，这加重了A企业的成本和管理困难。因此，销售部门经常和其他部门发生冲突。2017年年末，A企业的存货达到了1 800万元。

分析：如何帮助王总有序地管理应收账款，解决其在创业过程中遇到的管理困惑？谈谈你的高见。

理论认知

任务一　营运资金概述

一、营运资金的概念

营运资金是指在企业生产经营过程中占用在流动资产上的资金。营运资金有广义和狭义之分，狭义的营运资金是指企业流动资产减流动负债后的余额；广义的营运资金又称毛营运资金，是指一个企业流动资产的总额。我们日常说的营运资金指的就是狭义的营运资金，用公式表示如下：

营运资金总额=流动资产总额-流动负债总额

流动资产是指在一年或者超过一年的一个营业周期内变现或耗用的资产，主要包括现金、短期有价证券、应收账款和存货等。

流动负债是指在一年或者超过一年的一个营业周期内必须清偿的债务，主要包括短期借款、短期融资券、应付账款、应付票据、预收账款等商业信用。

二、营运资金的特点

(一)流动资产的特点

流动资产投资又称经营性投资，与固定资产投资相比，有如下特点。

1. 投资回收期短

投资于流动资产的资金一般在一年或一个营业周期内收回，对企业影响的时间比较短。

2. 流动性强

流动资产相对固定资产等长期资产来说比较容易变现，这对于财务上满足临时性资金需求具有重要意义。

3. 具有并存性

流动资产在循环周转过程中，各种不同形态的流动资产在空间上同时并存，在时间上依次继起。因此，合理地配置流动资产各项目的比例，是保证流动资产得以顺利周转的必要条件。

4. 具有波动性

流动资产易受到企业内外环境的影响，其资金占有量的波动往往很大，财务人员应有效地预测和控制这种波动，以防止其影响企业正常的生产经营活动。

(二)流动负债的特点

与长期负债筹资相比，流动负债筹资具有如下特点。

1. 速度快

申请短期借款往往比申请长期借款更容易、更便捷，通常在较短时间内便可获得。

2. 弹性大

与长期债务相比，短期借款给债务人更大的灵活性。

3. 成本低

在正常情况下，短期负责筹资所发生的利息支出低于长期负责筹资的利息支出。

4. 风险大

尽管短期债务的成本低于长期债务，但其风险却高于长期债务。

三、营运资金的周转

营运资金周转是指企业的营运资金从现金投入生产经营开始，到最终转化为现金为止的过程。

(1) 存货周转期，是指将原材料转化成产成品并出售所需要的时间。
(2) 应收账款周转期，是指将应收账款转化为现金所需要的时间。
(3) 应付账款周转期，是指从收到尚未付款的材料开始到现金支出之间所用的时间。

四、营运资金的管理原则

(一)认真分析生产经营状况，合理确定营运资金的需要数量

企业营运资金的需要数量与企业生产经营活动有直接关系，当企业产销两旺时，流动资产会不断增加，流动负债也会相应增加；而当企业产销量不断减少时，流动资产和流动负债也会相应减少。因此，企业财务人员应认真分析生产经营状况，采用一定的方法预测营运资金的需要数量，以便合理使用营运资金。

(二)在保证生产经营需要的前提下，节约使用资金

在营运资金管理中，必须正确处理保证生产经营需要和节约合理使用资金二者之间的关系。要在保证生产经营需要的前提下，遵守勤俭节约的原则，挖掘资金潜力，精打细算地使用资金。

(三)加速营运资金周转，提高资金的使用效果

营运资金周转是指企业的营运资金从现金投入生产经营开始，到最终转化为现金的过程。在其他因素不变的情况下，加速营运资金的周转，也就相应提高了资金的利用效果。因此，企业要千方百计地加速存货、应收账款等流动资产的周转，以便用有限的资金，取得最优的经济效益。

(四)合理安排流动资产与流动负债的比例关系，保证企业有足够的短期偿债能力

流动资产、流动负债及二者的关系能较好地反映企业的短期偿债能力。流动负债是在短期内需要偿还的债务，而流动资产则是在短期内可以转化为现金的资产。因此，如果一个企业的流动资产比较多，流动负债比较少，说明企业的短期偿债能力较强；反之，则说明短期偿债能力较弱。但如果企业的流动资产太多，流动负债太少，也并不是正常现象，这可能是因流动资产闲置流动负债利用不足所致。根据惯例，流动资产是流动负债的一倍是比较合理的。因此，在营运资金管理中，要合理安排流动资产和流动负债的比例关系，以便既节约使用资金，又保证企业有足够的偿债能力。

五、营运资金政策

营运资金政策包括营运资金持有政策和营运资金筹集政策，它们分别研究如何确定营运资金持有量和如何筹集营运资金两个方面的问题。

(一)营运资金持有政策

营运资金持有量的高低，影响着企业的收益和风险。营运资金持有量的确定，就是在收益和风险之间进行权衡。持有较高的营运资金称为宽松的营运资金政策；而持有较低的营运资金称为紧缩的营运资金政策。前者的收益、风险均较低；后者的收益、风险均较高。介于两者之间的，是适中的营运资金政策。在适中的营运资金政策下，营运资金的持有量不过高也不过低，恰好现金足够支付之需，存货足够满足生产和销售所用，除非利息高于成本(这种情况不大可能发生)，企业不保留有价证券。也就是说，适中的营运资金政策对于投资者财富最大化来讲理论上是最佳的。各企业应当根据自身的具体情况和环境条件，按照适中的营运资金政策的原则，确定适当的营运资金持有量。

(二)营运资金筹集政策

营运资金筹集政策主要是就如何安排临时性流动资产和永久性流动资产的资金来源而言的，一般可分为三种，即配合型筹资政策、激进型筹资政策和稳健型筹资政策，如表7-1所示。

表 7-1　营运资金筹集政策的种类

种　类	特　点
配合型筹资政策	临时性流动资产，用临时性负债筹集资金满足其资金需要；永久性资产，用长期负债、自发性负债和权益资本筹集资金满足其资金需要
激进型筹资政策	临时性负债不但融通临时性流动资产的资金需要，还解决部分永久性资产的资金需要
稳健型筹资政策	临时性负债只融通一部分临时性流动资产的资金需要，另一部分临时性流动资产和永久性资产，则由长期负债、自发性负债和权益资本作为资金来源

一般地说，如果企业能够驾驭资金的使用，采用收益和风险配合得较为适中的配合型筹资政策是有利的。

任务二　现金管理

一、现金管理的目的

现金管理的目的，是在保证生产经营所需现金的同时，节约使用资金，在资产的流动性和盈利能力之间作出抉择，以获取最大的长期利润。企业的库存现金没有收益，银行存款的利息率也远远低于企业的资金利润率。现金节余过多，会降低企业的收益；但现金太少，有可能会出现现金短缺，影响生产经营活动。现金管理应力求做到既保证企业交易所需资金，降低风险，又不使企业有过多的闲置现金，以增加收益。

二、企业置存现金的动机

(一)交易动机

交易动机也称支付动机，是指出于满足企业日常交易目的而持有现金，如用于支付职工工资、购买原材料、交纳税款、支付股利、偿还到期债务等。企业在日常经营活动中，每天发生的现金流入量与现金流出量在数量上通常都存在一定的差额，因此，企业必须持有一定数量的现金才能满足企业日常交易活动的正常进行。

(二)预防动机

预防动机是指出于应付意外事件的目的而持有现金，如应付自然灾害、生产事故、意外发生的财务困难等。持有一定数量的预防性现金，可以减少企业的财务风险。

预防性现金持有量的多少依以下三个因素来估计。

(1) 现金收支预测的准确程度。

(2) 企业承担风险的意愿程度。

(3) 企业在发生不测事件时的临时筹资能力。

(三)投机动机

投机动机是指出于投机获利的目的而持有现金,如在证券市场价格剧烈波动时,进行证券投机所需要的现金、为了能随时购买到偶然出现的廉价原材料或资产而准备的现金等。投机是为了获利,同时也会承担较大的风险,所以企业应当在正常的现金需要量基础上追加一定数量的投机性现金余额,不能用企业正常的交易活动所需的现金进行投机活动。

投机性现金的持有量主要取决于企业对待投机的态度以及企业在市场上的投机机会的大小。

三、编制现金收支预算

(一)现金收支预算的内容

预算是指用货币和数据表示的计划。现金收支预算也称现金预算或现金收支计划,它是预计未来一定时期企业现金的收支状况,并进行现金平衡的计划。这里的现金,是指库存现金和银行存款等货币资金。

编制现金收支预算的目的在于平衡现金收支,正确地调度资金,保证资金的正常供应。现金收支预算主要包括以下四个部分。

1. 现金收入

现金收入包括营业现金收入和其他现金收入两部分。

1) 营业现金收入

营业现金收入的主要来源是销售收入和应收账款的收回,可从销售预算中获得所需资料。财务人员根据销售预算编制现金收支预算时,应注意两点:①必须将现销和赊销分开,并单独分析赊销的收款时间和金额。②必须考虑企业收账中可能出现的有关因素,如现金折扣、销售退回、坏账损失等。

2) 其他现金收入

其他现金收入通常有固定资产变价收入、设备租赁收入、证券投资的利息收入、股利收入等。

2. 现金支出

现金支出主要包括营业现金支出和其他现金支出。

1) 营业现金支出

营业现金支出主要有材料采购支出、工资支出、制造费用支出、期间费用支出等。在确定材料采购支出时,应注意四点:①要确定材料采购付款的金额和时间与销售收入的关系。材料采购的现金支出与销售量之间存在一定的联系,财务人员必须认真分析两者关系的规律性,以合理确定采购资金支出的数量和时间。②要分清现购和赊购,并单独分析赊购的付款时间和金额。③设法预测外界的影响,如价格变动、材料供应紧张程度等。④估计采购商品物资中可能发生的退货、可能享受的折扣等,以合理确定现金的支出数额。

2) 其他现金支出

其他现金支出主要包括固定资产投资支出、偿还债务的本金和利息支出、税款支出、股利支出等。

3. 现金净流量

现金净流量是指现金收入与现金支出的差额。其计算公式如下。

现金净流量=现金收入-现金支出
　　　　　=(营业现金收入+其他现金收入)-(营业现金支出+其他现金支出)

4. 现金余缺

现金余缺是指计划期现金期末余额与最佳现金余额的差额。其计算公式如下。

现金余缺=期末现金余额-最佳现金余额
　　　　=(期初现金余额+现金净流量)-最佳现金余额

现金余缺调整的方式有两种。

(1) 利用借款调整现金余缺。当期末现金余额小于最佳现金余额时,说明现金短缺,应进行筹资予以补足。

(2) 利用有价证券调整现金余缺。当期末现金余额大于最佳现金余额时,则说明现金有多余,应设法进行投资或归还债务。

(二)编制现金收支预算

现金收支预算是其他预算有关现金收支部分的综合。销售预算带来现金流入,成本费用预算带来现金流出,而所有现金流入和流出都要反映在现金收支预算中。因此,现金收支预算最重要,是企业实行全面预算和现金流量管理的重要工具。现金收支预算表的格式如表 7-2 所示。

表 7-2 现金收支预算表

编制单位：　　　　　　　　　　年　月　　　　　　　　　　单位：

序　号	现金收支项目	上月实际数	本月预算数
1	一、现金收入		
2	(一)营业现金收入		
3	现销收入		
4	收回应收账款		
5	营业现金收入小计(5=3+4)		
6	(二)其他现金收入		
7	固定资产变价收入		
8	利息收入		
9	租金收入		
10	内部关联单位借入		
11	其他现金收入小计(11=7+8+9+10)		
12	(三)现金收入合计(12=5+11)		

续表

序 号	现金收支项目	上月实际数	本月预算数
13	二、现金支出		
14	（一）营业现金支出		
15	材料现购支出		
16	支付应付账款		
17	工资支出		
18	管理费用支出		
19	销售费用支出		
20	财务费用支出		
21	营业现金支出小计(21=15+16+17+18+19+20)		
22	（二）其他现金支出		
23	厂房、设备投资支出		
24	税款支出		
25	利息支出		
26	归还债务		
27	股利支出		
28	租金支出		
29	内部关联单位借出		
30	其他现金支出小计(30=23+24+25+26+27+28+29)		
31	（三）现金支出合计(31=21+30)		
32	三、现金净流量(32=12-31)		
33	四、现金余缺		
34	期初现金余额		
35	现金净流量		
36	期末现金余额		
37	最佳现金余额		
38	现金富余或短缺(38=36-37)		

单位负责人： 制表人：

【例 7-1】榕辉机械有限责任公司现着手编制 2018 年 6 月份的现金收支预算，有关资料如下。

(1) 5 月末现金余额为 8 000 元。

(2) 月初短期借款余额为 12 000 元，借款年利率为 4%，按月支付利息。

(3) 月初应收账款余额为 4 000 元，预计本月可收回 80%。

(4) 预计本月销售收入为 58 500 元，本月可收回 50% 的货款。

(5) 本月须采购 9 360 元的材料，本月须付款 70%。

(6) 月初 5 000 元的应付账款须在本月全部付清。

(7) 须用现金支付直接工资 8 400 元。

(8) 本月销售费用和管理费用须分别付现 8 820 元、5 034 元。

(9) 购买设备支付现金 20 900 元。

(10) 所得税按季预交,在季末支付,每次支付 3 000 元。

(11) 企业月末最佳现金余额要保持 5 000 元。

根据该企业的相关资料,编制 2018 年 6 月份的现金收支预算,具体如表 7-3 所示。

表 7-3 现金收支预算表

编制单位:榕辉机械有限责任公司　　　　2018 年 6 月　　　　　　　　　　单位:元

序 号	现金收支项目	上月实际数	本月预算数
1	一、现金收入		
2	(一)营业现金收入		
3	现销收入		29 250
4	收回应收账款		3 200
5	营业现金收入小计(5=3+4)		32 450
6	(二)其他现金收入		
7	固定资产变价收入		
8	利息收入		
9	租金收入		
10	内部关联单位借入		
11	其他现金收入小计(11=7+8+9+10)		
12	(三)现金收入合计(12=5+11)		32 450
13	二、现金支出		
14	(一)营业现金支出		
15	材料现购支出		6 552
16	支付应付账款		5 000
17	工资支出		8 400
18	管理费用支出		5 034
19	销售费用支出		8 820
20	财务费用支出		
21	营业现金支出小计(21=15+16+17+18+19+20)		33 806
22	(二)其他现金支出		
23	厂房、设备投资支出		20 900
24	税款支出		9 000
25	利息支出		40
26	归还债务		
27	股利支出		
28	租金支出		

续表

序号	现金收支项目	上月实际数	本月预算数
29	内部关联单位借出		
30	其他现金支出小计(30=23+24+25+26+27+28+29)		29 940
31	(三)现金支出合计(31=21+30)		63 746
32	三、现金净流量(32=12-31)		-31 296
33	四、现金余缺		
34	期初现金余额		8 000
35	现金净流量		-31 296
36	期末现金余额		-23 296
37	最佳现金余额		5 000
38	现金富余或短缺(38=36-37)		-28 296

单位负责人：　　　　　　　　　　　　制表人：

四、最佳现金持有量

(一)基本概念

最佳现金持有量的确定要求在持有过多现金产生的机会成本和管理成本与持有过少现金而带来的交易成本和短缺成本之间进行权衡。这些成本概念如下。

1. 现金的机会成本

现金的机会成本是指企业因持有现金而丧失的再投资收益。企业持有现金会丧失其他方面的投资收益，如不能进行有价证券投资，由此所丧失的投资收益就是现金的机会成本。这种机会成本与现金的持有量成正比，持有量越大，机会成本越高。一般可以用有价证券的利息率来衡量现金的机会成本。

2. 现金的管理成本

现金的管理成本是指企业因持有一定数量的现金而发生的管理费用，如现金保管人员的工资、保管现金发生的必要的安全措施费用等。现金的管理成本具有固定性，在一定的现金余额范围内与现金的持有量关系不大。

3. 现金的交易成本

现金的交易成本也称现金的转换成本，是指企业用现金购买有价证券或者将有价证券转换为现金所发生的交易费用，如买卖证券支付的佣金、委托手续费、证券过户费、证券交易的税金等。

现金的交易成本分为三类。

(1) 变动转换成本：这种成本一般按委托成交金额的一定比例支付，与转换的次数关系不大，而与成交金额成正比，如买卖证券的佣金、证券交易的印花税等。

(2) 固定转换成本：这种成本一般与委托金额无关，只与转换次数有关，如委托手续费、过户费等，这些费用按交易的次数支付，每次交易支付的费用金额是相同的。

(3) 现金短缺成本：是指企业在发生现金短缺的情况下所造成的损失，如在现金短缺时，因不能按时缴纳税金而支付的滞纳金、因不能按时偿还贷款而支付的罚息等。现金的短缺成本与现金的持有量成反比，现金持有量越大，短缺成本就会越小。如果企业不允许现金发生短缺，则企业就不会有现金短缺成本。

(二)确定最佳现金持有量的方法

1. 成本分析模式

从理论上讲，一般认为企业的最佳现金持有量就是使现金总成本最低的数量，如图 7-1 所示。

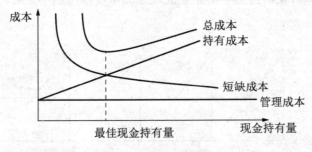

图 7-1　成本分析模式

【例 7-2】　榕辉机械有限责任公司现有 A、B、C、D 四种现金持有量方案，有关成本资料如表 7-4 所示。

表 7-4　现金持有量备选方案

单位：元

项　目	A	B	C	D
现金持有量	20 000	30 000	40 000	50 000
机会成本率	8%	8%	8%	8%
管理成本	2 500	2 500	2 500	2 500
短缺成本	4 000	3 600	1 100	0

要求：采用成本分析模式确定最佳现金持有量。

解：根据表 7-4，编制最佳现金持有量测算表，如表 7-5 所示。

表 7-5　最佳现金持有量测算表

单位：元

方案	现金持有量	机会成本	管理成本	短缺成本	相关总成本
A	20 000	20 000×8%=1 600	2 500	4 000	8 100
B	30 000	30 000×8%=2 400	2 500	3 600	8 500
C	40 000	40 000×8%=3 200	2 500	1 100	6 800
D	50 000	50 000×8%=4 000	2 500	0	6 500

2. 存货模式

存货模式是将存货经济订货批量模型原理用于确定目标现金持有量，其着眼点也是现金相关成本之和最低。

存货模型的思路：现金的库存成本主要包括两种：兑现时的交易成本和持有现金时的机会成本。按照现金管理目标，在保证足够流动性下尽可能降低现金库存成本，于是就可以寻找一个最佳的现金库存量，使得该库存下现金的库存成本最低。

存货模型的假设：①企业的现金流入量是稳定且可预测的；②企业的现金流出量是稳定且可预测的；③现金的净流量或对现金的需要量是稳定且可预测的；④在预测期内，企业不能发生现金短缺，可以通过出售有价证券来补充现金。

在符合以上基本假设的前提下，企业的现金流量可以用图 7-2 来表示。

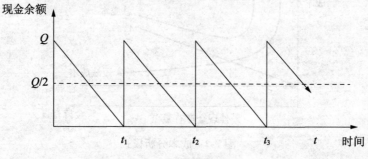

图 7-2 现金流量

在图 7-2 中，企业一定时期内的现金需求总量是一定的，并且现金的耗用是均匀发生的。假设企业的目标现金持有量是 Q 元，当这笔现金在 t 时用掉后，出售数量为 Q 元的有价证券来补充现金，以后各个周期不断重复。

在此模式下平均现金余额为 $Q/2$，假设持有现金的机会成本率为 K（一般为有价证券的收益率），一定时期内现金需求总量为 T，交易成本为 F。那么：

$$\text{机会成本} = (Q/2) \times K \tag{1}$$

$$\text{交易成本} = (T/Q) \times F \tag{2}$$

$$\text{总成本} = (Q/2) \times K + (T/Q) \times F \tag{3}$$

通过对式(3)的 Q 求导，并令其结果等于 0，可求出最理想的 Q 值，即：

$$Q^* = \sqrt{(2T \times F)/K}$$

$$TQ = \sqrt{2TFK}$$

【例 7-3】 榕辉机械有限责任公司现金收支状况比较稳定，预计全年(按 360 天算)需要现金 40 万元，现与有价证券每次的固定转换成本为 200 元，有价证券的年利率为 10%。

要求：采用存货模式确定最佳现金持有量。

解：最佳现金持有量 $Q = \sqrt{\dfrac{2TF}{K}} = \sqrt{\dfrac{2 \times 400\,000 \times 200}{10\%}} = 40\,000(元)$

最低现金相关总成本 $TQ = \sqrt{2TFK} = \sqrt{2 \times 400\,000 \times 200 \times 10\%} = 4\,000(元)$

其中：机会成本 $= \dfrac{Q}{2} \times K = \dfrac{40\,000}{2} \times 10\% = 2\,000(元)$

$$\text{转换成本} = \frac{T}{Q} \times F = \frac{400\,000}{40\,000} \times 200 = 2\,000(元)$$

$$\text{有价证券的转换次数} = \frac{400\,000}{40\,000} = 10(次)$$

$$\text{有价证券交易间隔期} = \frac{360}{10} = 36(天)$$

五、现金收支的日常管理

(一)力争现金流量同步

如果企业能尽量使它的现金流入与现金流出发生的时间趋于一致，就可以使其所持有的交易性现金余额降到最低水平。这就是所谓的现金流量同步。

(二)使用现金浮游量

从企业开出支票，收票人收到支票并存入银行，至银行将款项划出企业账户，中间需要一段时间。现金在这段时间的占用称为现金浮游量。在这段时间里，尽管企业已开出了支票，却仍可动用在活期存款账户上的这笔资金。不过，在使用资金浮游量时，一定要控制好使用时间，否则会发生银行存款的透支。

(三)加速收款

这主要是指缩短应收账款的时间。发生应收账款会增加企业资金的占用；但它又是必要的，因为它可以扩大销售规模，增加销售收入。问题在于如何既利用应收账款吸引顾客，又缩短收款时间。这要在两者之间找到适当的平衡点，并需要实施妥善的收账政策。

(四)推迟应付款的支付

这是指企业在不影响自己信誉的前提下，尽可能地推迟应付款的支付期，充分运用供货方所提供的信用优惠。如遇企业急需现金，甚至可以放弃供货方的折扣优惠，在信用期的最后一天支付款项。当然，这要权衡折扣优惠与急需现金之间的利弊得失而定。

任务三　应收账款管理

应收账款是指企业对外销售产品、提供劳务等所形成的应收未收销售款，是企业流动资产中的一个重要组成部分。从广义上讲，应收账款包括应收销货款、应收票据、预付账款及其他应收款等。狭义的应收账款仅仅指应收销货款，此处的学习采用狭义观点。

一、应收账款管理的目标

应收账款管理的目标是求得利润。应收账款是企业的一项资金投放，是为了扩大销售和盈利而进行的投资。而投资肯定要发生成本，这就需要在应收账款信用政策所增加的盈利和这种政策的成本之间作出权衡。只有当应收账款所增加的盈利超过所增加的成本时，才应当实施应收账款赊销；如果应收账款赊销有良好的盈利前景，就应当放宽信用条件增加赊销量。

二、应收账款的功能

(一)增加销售

在市场竞争比较激烈的情况下，赊销是促进销售的一种重要方式。进行赊销的企业，实际上是向顾客提供了两项交易：向顾客销售产品；在一个有限的时期内向顾客提供资金。虽然赊销仅仅是影响销售量的因素之一，但在银根紧缩、市场疲软、资金匮乏的情况下，赊销的促销作用是十分明显的，特别是在企业销售新产品、开拓新市场时，赊销更具有重要的意义。

(二)减少存货

企业持有产成品存货，要追加管理费、仓储费和保险费等支出；相反，企业持有应收账款，则无须上述支出。因此，无论是季节性生产企业还是非季节性生产企业，当产成品存货较多时，一般都可采用较为优惠的信用条件进行赊销，把存货转化为应收账款，减少产成品存货，节约各种支出。

三、应收账款的成本

企业在采取赊销方式促进销售的同时，会因持有应收账款而付出一定的代价，这种代价即为应收账款的成本。其内容包括机会成本、管理成本和坏账成本。

(一)机会成本

应收账款的机会成本是指因资金投放在应收账款上而丧失的其他收入，如投资于有价证券便会有利息收入。这一成本的大小通常与企业维持赊销业务所需要的资金数量(即应收账款投资额)、资金成本率有关。其计算公式如下。

$$应收账款机会成本 = 维持赊销业务所需要的资金 \times 资金成本率$$

式中，资金成本率一般可按有价证券利息率计算；维持赊销业务所需要的资金数量可按下列步骤计算。

1. 计算应收账款平均余额

其计算公式如下。

$$应收账款平均余额 = \frac{年赊销额}{360} \times 应收账款平均收账天数$$

2. 计算维持赊销业务所需要的资金

其计算公式如下。

$$维持赊销业务所需要的资金 = 应收账款平均余额 \times 变动成本率$$

为简化计算步骤，应收账款机会成本可直接按下面的公式进行计算。

$$应收账款机会成本 = \frac{年赊销额}{360} \times 应收账款平均收账天数 \times 变动成本率 \times 资金成本率$$

【例 7-4】 假设榕辉机械有限责任公司预测的年度赊销额为 300 000 元，应收账款平均收账天数为 60 天，变动成本率为 60%，资金成本率为 8%。

要求：计算应收账款的机会成本。

解：

$$应收账款平均余额 = \frac{300\,000}{360} \times 60 = 50\,000(元)$$

维持赊销业务所需要的资金 = 50 000 × 60% = 30 000 (元)

应收账款的机会成本 = 30 000 × 8% = 2 400 (元)

或：应收账款的机会成本 = $\frac{300\,000}{360} \times 60 \times 60\% \times 8\% = 2\,400(元)$

上述计算表明，企业投放 30 000 元的资金就可以维持 300 000 元的赊销业务，相当于垫支资金的 10 倍。这一倍数的高低在很大程度上取决于应收账款的收账速度。在正常情况下，应收账款收账天数越少，一定数量资金所维持的赊销额就越大；应收账款收账天数越多，维持相同赊销额所需要的资金数量就越大。而应收账款机会成本在很大程度上取决于企业维持赊销业务所需要资金的多少。

(二)管理成本

应收账款的管理成本是指企业对应收账款进行管理而耗费的开支，主要包括调查顾客信用情况的费用、收集各种信息的费用、账簿的记录费用、收账费用、其他费用。

(三)坏账成本

应收账款基于商业信用而产生，存在无法收回的可能性，由此给应收账款持有企业带来的损失，即为坏账成本。这一成本一般与应收账款数量同方向变动，即应收账款越多，坏账成本也越多。基于此，为避免发生坏账成本给企业生产经营活动的稳定性带来不利影响，企业应合理提取坏账准备。

四、制定应收账款的信用政策

制定合理的信用政策是加强应收账款管理、提高应收账款投资效益的重要前提。应收账款的信用政策又称应收账款的管理政策，是指企业对应收账款进行规划与控制而确立的基本原则与行为规范，是企业财务政策的一个重要组成部分，包括信用标准、信用条件和收账政策三部分。

(一)确定信用标准

信用标准是指客户获得企业商业信用应达到的最低要求，通常以预期的坏账损失率作为判别标准。

企业在信用标准的确定上，即给什么样的客户提供欠账销售，面临着两难的选择。如果企业将信用标准定得过高，将使许多客户因信用品质达不到所设定的标准而被企业拒之门外，其结果尽管有利于降低应收账款机会成本、管理成本及坏账成本，但也会影响企业市场竞争能力的提高和销售收入的扩大；相反，如果企业采取较低的信用标准，虽然有利于企业扩大销售，提高市场竞争力和占有率，但同时也会导致应收账款机会成本、管理成本及坏账成本的增加。到底应向客户提供什么样的信用标准，企业应综合分析影响信用标准的因素，制定合理的信用标准。

1. 影响信用标准的因素

企业在制定或选择信用标准时，主要考虑以下三个基本因素。

(1) 同行业竞争对手的情况。如果竞争对手实力很强，企业须采取较低(相对于竞争对手)的信用标准，以增强对客户的吸引力；反之，则应制定严格的信用标准。

(2) 企业承受违约风险的能力。当企业具有较强的违约风险承担能力，可以以较低的信用标准提高企业的竞争力，争取客户，扩大销售；反之，如果企业承担违约风险的能力较弱，则应制定严格的信用标准以尽可能地降低违约风险的程度，谨防坏账的发生。

(3) 客户的资信程度。企业在制定信用标准时，必须对客户的资信状况进行调查、分析，然后在此基础上，判断客户的信用等级并决定是否向客户提供商业信用。

2. 客户资信评估方法——"5C"评估法

"5C"评估法是评估客户资信的五个方面：信用品质(Character)、偿付能力(Capacity)、资本(Capital)、抵押品(Collateral)和经济状况(Conditions)。

(1) 信用品质，是指客户履约付款或违约赖账的可能性。这是决定是否给予客户信用的首要指标。品质直接决定了应收账款的回收速度和回收数额。该指标主要是通过过往的付款履约记录进行评价。

(2) 偿付能力，是指客户的偿债能力。客户偿付能力的高低取决于流动资产的数量、质量(变现能力)及其与流动负债的比率关系。一般而言，客户流动资产的数量越多，变现能力越强，流动比率越大，表明其偿付债务的物资保证越雄厚；反之，则偿债能力越差。

(3) 资本，反映了客户的经济实力和财务状况的好坏，是客户偿付债务的最终保证。

(4) 抵押品，是指客户提供的可作为资信安全保证的资产。能够作为信用担保的抵押财产，必须为客户实际所有，并且应具有较高的市场流动性，即变现能力。

(5) 经济状况，是指可能影响客户偿付能力的外部经济环境，如客户在困难时期的付款历史、客户在经济不景气情况下的付款可能。

企业在掌握客户以上五个方面的资信状况后，基本上可以对客户的资信程度进行综合评估了。对综合评价高的客户可以适当放宽信用标准，而对综合评价低的客户就要严格信用标准，甚至拒绝提供信用以确保企业的经营安全。

(二)评价信用条件

信用标准是企业评价客户等级、决定给予或拒绝客户信用的依据。一旦企业决定给予客户信用优惠时，就需要考虑具体的信用条件。

信用条件是指企业对客户提出的付款要求，主要包括信用期限、折扣期限和现金折扣三个方面。信用期限是指企业要求客户付款的最长期限；折扣期限是指为客户规定的可享受现金折扣的付款时间；现金折扣是指企业为敦促客户尽早付清货款而给予的价格优惠。信用条件的基本表现方式为"2/15,n/30"，其意思是：若客户能够在发票开出后的 15 天内付款，可以享受 2%的现金折扣；如果放弃折扣优惠，则全部款项必须在 30 天内付清。在此，30 天为信用期限，15 天为折扣期限，2%为现金折扣率。

1. 信用期限

产品销售量与信用期限之间存在着一定的依存关系。通常，延长信用期限，可以在一定程度上扩大销售量，从而增加毛利。但不适当地延长信用期限，会给企业带来不良后果：一是使平均收账期延长，占用在应收账款上的资金相应增加，导致机会成本的增加；二是导致收账费用和坏账成本的增加。因此，企业是否对客户延长信用期限，应视延长信用期限增加的边际收入是否大于增加的边际成本而定。

2. 现金折扣和折扣期限

现金折扣是指企业为敦促客户尽早付清货款而给予的价格优惠。例如，A 公司向 B 公司出售商品 30 000 元，付款条件为"2/10,n/60"，如果 B 公司在 10 天内付款，只需付 29 400 元；如果在 60 天内付款，则须付全额 30 000 元。现金折扣实际上是产品售价的扣减，企业决定是否提供及提供多大程度的现金折扣，应着重考虑提供折扣后所得的收益是否大于现金折扣的成本。

企业究竟应当核定多长的现金折扣期限以及给予客户多大程度的现金折扣优惠，必须将信用期限及加速收款所得到的收益与付出的现金折扣成本结合起来考察。同延长信用期限一样，采取现金折扣方式在有利于刺激销售的同时，也需要付出一定的成本代价，即给予现金折扣造成的损失。如果加速收款带来的机会收益大于应收账款机会成本、管理成本及坏账成本的增加数与现金折扣成本之和，企业就可以采取现金折扣或进一步改进当前的折扣方针；如果加速收款的机会收益不能大于应收账款机会成本、管理成本及坏账成本的增加数与现金折扣成本之和的话，有关优惠条件便被认为是不恰当的。

3. 评价信用条件

评价信用条件的基本步骤如下。
1) 计算各方案信用成本前的收益
其计算公式如下。

$$信用成本前的收益 = 赊销额 - 变动成本 - 现金折扣$$
$$= 赊销额 \times (1 - 变动成本率) - 现金折扣$$

式中，
$$现金折扣 = 年赊销额 \times 现金折扣率 \times 享受折扣的客户比率$$

2) 计算各方案的信用成本
其计算公式如下。

$$信用成本 = 机会成本 + 收账费用 + 坏账成本$$

式中，
$$机会成本 = \frac{年赊销额}{360} \times 应收账款平均收账天数 \times 变动成本率 \times 资金成本率$$

坏账成本=年赊销额×坏账损失率

3) 计算各方案信用成本后的收益

其计算公式如下：

信用成本后的收益=信用成本前的收益-信用成本

4) 评价与决策

选择信用成本后收益最高的方案

【例 7-5】榕辉机械有限责任公司预测的年度赊销额为 1 800 万元，目前的信用条件为"n/30"，变动成本率为 60%，资金成本率为 10%。假设企业收账政策不变，固定成本总额不变。该企业拟调整现行的信用条件，将信用条件放宽到"n/45"。信用条件备选方案的相关资料如表 7-6 所示。

要求：针对两种信用条件进行评价与决策。

表 7-6　信用条件备选方案相关资料

信用条件 项目	n/30	n/45
年赊销额	1 800	2 100
坏账损失率	2%	3%
收账费用	18	30

解：根据以上资料，编制信用条件分析评价表，如表 7-7 所示。

表 7-7　信用条件分析评价表

单位：万元

信用条件 项目	n/30	n/45
年赊销额	1 800	2 100
减：变动成本	1 800×60%=1 080	2 100×60%=1 260
信用成本前收益	1 800-1 080=720	2 100-1 260=840
减：信用成本		
机会成本	1 800÷360×30×60%×10%=9	2 100÷360×45×60%×10%=15.75
坏账成本	1 800×2%=36	2 100×3%=63
收账费用	18	30
信用成本小计	63	108.75
信用成本后收益	720-63=657	840-108.75=731.25

表 7-6 的计算结果表明，信用条件"n/45"比"n/30"的信用成本后收益可增加 74.25（731.25-657）万元，因此，企业可以将信用条件由原来的"n/30"放宽到"n/45"。

【例 7-6】承接例 7-5，如果榕辉机械有限责任公司选择信用条件"n/45"，但为了加快应收账款的回收，决定将信用条件改为"2/15,1/30,n/45"，那么，约有 60%的客户会利用 2%的现金折扣，20%的客户会利用 1%的折扣。改变信用条件后，坏账损失率降为 1%，收款费用降为12万元。

要求：针对这两种信用条件进行评价与决策。

解：根据以上资料，拟改变的信用条件的有关指标计算如下。

应收账款平均收账天数=60%×15+20%×30+(1-60%-20%)×45=24(天)

应收账款机会成本=2 100÷360×24×60×10=8.4(万元)

加权平均现金折扣率=60%×2%+20%×1%=1.4%

现金折扣=2 100×1.4%=29.4(万元)

坏账成本=2 100×1%=21(万元)

根据计算结果，编制信用条件分析评价表，如表7-8所示。

表7-8 信用条件分析评价表

单位：万元

项目\信用条件	n/45	2/15,1/30,n/45
年赊销额	2 100	2 100
减：现金折扣		29.4
减：变动成本	2 100×60%=1 260	1 260
信用成本前收益	2 100-1 260=840	810.6
减：信用成本		
机会成本	2 100÷360×45×60%10%=15.75	8.4
坏账成本	2 100×3%=63	21
收账费用	30	12
信用成本小计	108.75	41.4
信用成本后收益	840-108.75=731.25	769.2

表7-7的计算结果表明，实行现金折扣后，榕辉机械有限责任公司的信用成本后收益增加了37.95 (769.2-731.25)万元，因此企业应选择信用条件"2/15,1/30,n/45"。

(三)确定收账政策

收账政策是指当客户违反信用条件，拖欠甚至拒付账款时，企业所采取的收账策略与措施。

一般来说，企业采用积极的收账政策，可能会减少应收账款的机会成本和坏账成本，但会增加收账成本；采用消极的收账政策，则可能会减少收账费用，但会增加应收账款的机会成本和坏账成本。因此，企业在制定收账政策时，要在增加收账费用与减少坏账成本及机会成本之间进行权衡，若前者小于后者，则说明制定的收账政策是可行的。

收账政策下收账总成本的计算公式如下。

收账总成本=机会成本+坏账成本+收账费用

式中，

$$机会成本=\frac{年赊销额}{360}\times 应收账款平均收账天数 \times 变动成本率 \times 资金成本率$$

坏账成本=年赊销额×坏账损失率

【例 7-7】 榕辉机械有限责任公司应收账款原有的收账政策和拟改变的收账政策的相关资料如表 7-9 所示。

要求：评价选择可行的收账政策。

表 7-9 收账政策备选方案资料

项 目	现行收账政策	拟改变的收账政策
年收账费用/万元	14	21
平均收账天数/天	60	45
年赊销额/万元	800	800
坏账损失率/%	3	2
变动成本率/%	60	60
资金成本率/%	10	10

解：现行收账政策：

机会成本 $=\dfrac{800}{360}\times 60\times 60\%\times 10\%=8(万元)$

坏账成本=800×3%=24(万元)

收账总成本=机会成本+坏账成本+收账费用=8+24+14=46(万元)

拟改变的收账政策：

机会成本 $=\dfrac{800}{360}\times 45\times 60\%\times 10\%=6(万元)$

坏账成本=800×2%=16(万元)

收账总成本=6+16+21=43(万元)

计算结果表明：拟改变的收账政策的收账总成本(43 万元)低于现行收账政策的收账总成本(46 万元)，因此改变收账政策的方案是可行的。

五、应收账款的日常控制

(一)企业信用调查

对企业的信用进行评价是应收账款日常管理的重要内容。只有正确地评价顾客的信用状况，才能合理地执行企业的信用政策。要想合理地评价顾客的信用状况，必须对顾客信用进行调查，搜集有关的信息资料。信用调查有两类：直接调查和间接调查。

(二)企业信用评估

搜集好信用资料后，要对这些资料进行分析，并对顾客信用状况进行评估。常见的两种信用评估的方法是 5C 评估法和信用评分法。

1. 5C 评估法

5C 评估法是指对客户信用的五个方面进行评估。其中，品质因素(客户的信誉和口碑)

是关键因素。

2. 信用评分法

信用评分法就是对客户的一系列财务比率和信用情况指标进行评分,然后进行加权平均,计算出客户的综合信用分数,并据此进行信用评分法的方法。信用评估的计算公式如下。

$$Y = a_1x_1 + a_2x_2 + \cdots + a_nx_n$$

式中,Y 为客户的信用评分;a_i 为第 i 种财务比率或信用指标的权数;x_i 为第 i 种财务比率或信用指标的评分。

(三)催收应收账款

1. 确定合理的收账程序

根据对客户信用情况的评估和对应收账款监控和分析的资料,分析出客户拖欠的原因以及拖欠的背景,确定出催账目标,同时还要考虑收账成本和与客户的关系,拟定不同的催讨方法。催收账款的程序一般为:信函催收、电话催付、传真催收、面访催收、法律诉讼。采取法律诉讼应考虑成本效益原则,遇以下几种情况则不必起诉:诉讼费用超过账款求偿额;客户抵押品折现可冲销应收账款;客户的欠账金额不大,起诉可能使企业运行受到损害;起诉后收回账款的可能性有限。

2. 采取灵活的催账策略

客户拖欠账款的原因比较多,但主要有两类:无力偿付和故意拖欠。

无力偿付是指客户因经营管理不善,财务出现困难,没有资金偿付到期债务。对于这种情况,企业要进行具体分析,如果客户确实是遇到暂时的困难,经过努力可以东山再起,企业就应通过延期付款或豁免部分债务等办法帮助客户渡过难关,以便收归较多的账款。如果客户遇到严重的困难,已达到破产界限,无法再恢复正常的生产,则应及时向法院起诉,以期在破产清算时得到债权的部分清偿。

故意拖欠是指客户虽有能力付款,但为了本身利益,想方设法不付款。遇到这种情况,则要求企业确定合理的收账策略,以达到收回账款的目的。

任务四 存货管理

一、存货管理的目的

存货是企业经营赖以生存和发展的基本元素,是企业重要的流动资产。企业持有充足的存货,不仅有利于生产过程的顺利进行,节约采购费用与生产时间,而且能够迅速满足客户各种订货的需要,从而为企业的生产和销售提供较大的机动性,避免因存货不足带来的机会损失。但是,存货的增加必然占用更多的资金,使企业付出更多的机会成本,增加储存和管理费用,影响企业的获利能力。因此,做好存货管理不仅有利于提高企业的竞争力,也是企业生存、发展和获利的关键。

存货管理的目标是：在保证生产或销售经营需要的前提下，尽力在存货的成本与收益之间进行利弊权衡，在充分发挥存货功能的同时降低成本，增加收益，实现两者的最佳组合。

二、存货的功能

存货的功能是指存货在企业生产经营过程中所起的作用，主要包括以下五个方面。

(一)保证生产正常进行

生产过程中需要的原材料和在产品是生产的物质保证，为保障生产的正常进行，必须储备定量的原材料，否则可能会造成生产中断、停工待料的现象。

(二)有利于销售

一定数量的存货储备能够增加企业在生产和销售方面的机动性和适应市场变化的能力。当市场需求量增加时，若企业的产品储备不足，就有可能失去销售良机，所以保持一定量的存货有利于销售。

(三)便于维持均衡生产，降低产品成本

有些企业的产品属于季节性或者需求波动较大的产品，此时若根据需求状况组织生产，则可能有时生产能力得不到充分利用，有时又超负荷生产，这样会造成产品成本的上升。

(四)降低进货成本

很多企业为扩大销售规模，对购货方提供较优厚的商业折扣待遇，即购货达到一定数量时便在价格上给予相应的折扣优惠。企业采取批量集中进货，可获得较多的商业折扣。此外，通过增加每次购货数量，减少购货次数，可以降低采购费用。即便在推崇以零存货为管理目标的今天，仍有不少企业采取大批量购货方式，因为这样可以降低进货成本。只要进货成本的降低额大于因存货增加而导致的储存等各项费用的增加额，大批量购货便是可行的。

(五)防止意外事件的发生

企业在采购、运输、生产和销售过程中，都可能发生意料之外的事故，保持必要的存货保险储备，可以避免和减少意外事件所造成的损失。

三、存货成本

(一)订货成本

订货成本是指企业为组织订购存货而发生各种费用支出，如为订货而发生的差旅费、邮资、通信费、专设采购机构的经费等。订货成本与存货数量一般无关，而与订货次数成正比。如果存货的年需要量为 A，每次进货批量为 Q，每次订货成本为 B，则：

$$订货成本 = \frac{A}{Q} B$$

(二)购置成本

购置成本是指存货本身的买价和运杂费等。如果存货采购单价为 P，运杂费为 F，则：

$$购置成本 = AP + F$$

(三)储存成本

储存成本是指企业为储存存货而发生的各种费用支出，包括仓储费、保管费、搬运费、保险费、存货占用资金支付的利息费、存货残损和变质损失等。存货的储存成本与储存存货的数量成正比，如果单位存货的年储存成本为 C，由于年平均存货的数量为 $Q/2$，则：

$$储存成本 = \frac{Q}{2}C$$

(四)缺货成本

缺货成本是指由于存货储备不足而给公司造成的损失，如由于原材料储备不足造成的停工损失、由于商品储备不足造成销售中断的损失等。存货的短缺成本与存货的储备数量呈反向变化。缺货成本一般凭管理人员的经验加以估计。假设缺货成本为 S。如果以 T 代表持有存货的总成本，则：

$$T = \left(\frac{A}{Q}B\right) + (AP + F) + \left(\frac{Q}{2}C\right) + S$$

存货管理的目标，就是在保证正常生产经营需要的同时，使存货成本最小。

四、经济订货批量控制

经济订货批量是指能够使一定时期存货的相关总成本达到最低点的进货数量。

经济订货批量基本模型的假设：①公司能够随时补充存货；②每批存货均能集中到达；③没有缺货现象；④全年需求量稳定且能预测；⑤存货单价不变且无折扣；⑥公司现金充足，不会因为现金短缺而影响进货；⑦市场货源充足。

存货总成本为

$$T = \left(\frac{A}{Q}B\right) + (AP + F) + \left(\frac{Q}{2}C\right) + S$$

由于假设购置成本为已知常量，并且不考虑缺货成本，则总成本为

$$T = \frac{A}{Q}B + \frac{Q}{2}C$$

T 的大小取决于 Q，为求 T 的最小值，对上式进行求导，可得出下列结果(最优订货批量)：

$$Q^* = \sqrt{\frac{2AB}{C}}$$

每年最佳订购批次为

$$\frac{A}{Q} = \frac{A}{\sqrt{2AB/C}} = \sqrt{\frac{AC}{2B}}$$

经济订货批量下存货总成本为

$$T = \frac{A}{Q}B + \frac{Q}{2}C = \sqrt{\frac{AC}{2B}} \cdot B + \sqrt{\frac{2AB}{C}} \cdot C/2 = \sqrt{2ABC}$$

【例 7-8】 榕辉机械有限责任公司每年需耗用 A 材料 45 000 件，单位材料年存储成本为 20 元，平均每次订货成本为 180 元，A 材料全年平均单价为 240 元。假定不存在数量折扣，不会出现陆续到货和缺货的现象。

要求：
(1) 确定 A 材料的经济订货批量。
(2) 确定经济订货批量的存货相关总成本。
(3) 确定 A 材料的变动性订货成本。
(4) 确定 A 材料的变动性储存成本。
(5) 确定 A 材料经济订货批量平均占用资金。
(6) 确定 A 材料年度最佳订货次数。
(7) 确定 A 材料最佳订货间隔期。

解：A 材料的经济订货批量 $=\sqrt{\dfrac{2\times 45\,000\times 180}{20}}=900(件)$

经济订货批量的存货相关总成本 $=\sqrt{2\times 45\,000\times 180\times 20}=18\,000(元)$

A 材料的变动性订货成本 $=\dfrac{45\,000}{900}\times 180=9\,000(元)$

A 材料的变动性储存成本 $=\dfrac{900}{2}\times 20=9\,000(元)$

经济订货批量平均占用资金 $=\dfrac{900}{2}\times 240=108\,000(元)$

A 材料年度最佳订货次数 $=\dfrac{45\,000}{900}=50(次)$

A 材料最佳订货间隔期 $=\dfrac{360}{50}=7.2(天)$

五、存货 ABC 管理法

企业存货品种繁多，特别是一些大中型企业的存货往往多达上万种甚至数十万种。如果对所有存货不分巨细，都计算经济订货批量，进行周密计划、严格控制，则工作量太大，企业会感到不经济和乏力。实际上，不同的存货对企业财务目标的实现具有不同的作用。有的存货尽管品种数量很少，但金额巨大，如果管理不善，将给企业造成极大的损失；相反，有的存货虽然品种数量繁多，但金额微小，即使管理中出现一些问题，也不至于对企业产生较大的影响。因此，无论是从能力还是从经济角度，企业均不可能，也没有必要对所有存货不分巨细地严加管理。ABC 分类控制法正是针对这一问题，基于成本—效益原则和重要性原则而提出来的。当企业存货品种繁多、单价高低悬殊、存量多寡不一时，使用 ABC 分类控制法可以分清主次、抓住重点、区别对待，使存货控制更方便、有效。

(一)ABC 分类的依据

ABC 分类控制法又称重点管理法，是由意大利经济学家维尔弗雷多·帕累托首创的。

这种方法的核心思想是在决定一个事物的众多因素中分清主次，识别出少数的但对事物起决定性作用的关键因素和多数的但对事物影响较小的次要因素。因此，企业应根据存货的重要程度、消耗数量、价值大小、资金占用等情况划分存货的类别，对不同类别的存货进行不同程度的管理与控制。在划分存货类别时，主要以金额和品种数量作为分类标准，将企业的存货划分为 A、B、C 三类。其中，金额是基本标准，品种数量是参考标准，金额可以是存货的年耗用金额价值总额或成本。

三类存货的金额比重大致为 A∶B∶C=0.7∶0.2∶0.1；品种数量比重大致为 A∶B∶C=0.1∶0.2∶0.7，即：①A 类存货是指品种少、实物量少而价值高的存货，其金额约占存货总金额的 70%；品种数量约占存货总品种数的 10%。②C 类存货是指品种多、实物量多而价值低的存货，其金额约占存货总金额的 10%；品种数量约占存货总品种数的 70%。③B 类存货介于 A 类与 C 类存货之间，其金额约占存货总金额的 20%；品种数量约占存货总品种数的 20%。

(二)ABC 分类的步骤

对存货进行 ABC 分类，其步骤如下。

(1) 列示企业全部存货的明细表，将存货按照金额标志(年耗用金额、价值总额或总成本)由高到低进行排序；当总金额相等时，再由存货单价从高到低排序。

(2) 计算每种存货的金额(年耗用金额、价值总额或总成本)占全部存货金额的百分比，并累计金额百分比(或累计品种百分比)。

(3) 进行 ABC 分类，编制 ABC 分析表。当金额百分比累计到 70%左右时，以上物资即为 A 类存货；累计百分比介于 70%~90%的物资作为 B 类存货；其余则为 C 类存货。

【例 7-9】榕辉机械有限责任公司生产产品须耗用 10 种主要的原材料，10 种原材料的库存数量和单价的数据资料如表 7-10 所示。

表 7-10　原材料数据资料

材料编号	库存数量/件	单价/(元/件)
1	20	20
2	20	10
3	20	10
4	10	680
5	12	100
6	10	20
7	25	20
8	15	10
9	30	5
10	20	10

要求：对 10 种原材料进行 ABC 分类。

解：按照 10 种原材料的占用金额从高到低，对其重新排序，编制 ABC 分析表，分类结果如表 7-11 所示。

表 7-11 原材料 ABC 分析表

材料编号	库存数量/件	单价/元	占用金额/元	金额百分比/%	金额累计百分比/%	类别
4	10	680	6 800	68	68	A
5	12	100	1 200	12	80	A
7	25	20	500	5	85	B
1	20	20	400	4	89	B
6	10	20	200	2	91	C
2	20	10	200	2	93	C
3	20	10	200	2	95	C
10	20	10	200	2	97	C
8	15	10	150	1.5	98.5	C
9	30	5	150	1.5	100	C
合 计	182	—	10 000	100	100	—

(三)存货 ABC 分类控制措施

ABC 分类控制法遵循"二八原则",即关键少数决定次要多数。因此,它强调对存货要分清主次、轻重,区别关键的少数和次要的多数,对 ABC 三类存货实行分品种重点管理、分类别一般控制和按总额灵活掌握的管理方法。其具体的分类控制措施如下。

1. A 类存货

对 A 类存货实行分品种重点管理和严密控制,主要可采取下列措施。

(1) 确定其经济订货批量、最佳保险储备和再订货点,严格控制存货数量。

(2) 采用永续盘存制,对存货的收发结存进行严密监视,当存货数量达到再订货点时,应及时通知采购部门组织进货。

(3) 实施紧密的跟踪措施,使库存时间达到最短。

企业只要能控制好 A 类存货,一般不会出现大问题。

2. B 类存货

对 B 类存货实行分类别一般控制,包括做记录和固定时间的检查,只有在紧急情况下,才赋予较高的优先权,可按经济批量订货。

3. C 类存货

对 C 类存货可采用总金额控制法,对其进行简单、灵活的控制,如设立简单的记录或不设立记录,可通过半年或一年一次的盘存来补充大量的库存,给予最低的优先作业次序等。

> 案例解析

(1) 发货前，企业应该对客户、业务员、部门进行分等级、额度、期间的控制，应收账款可以提前预警。

(2) 发货时，控制给超信用的客户急需发货，要求进入更高级别的审批流程，才能发货。

(3) 应收账款形成后，按照应收账款信用控制标准及流程进行催款，加快应收账款的周转。

项 目 小 结

营运资金的管理对企业至关重要。企业的大量资源都涉及营运资金，对营运资金管理不善会给企业带来很严重的后果。资产的流动性匮乏，一般被认为是企业财务困难的信号，所以营运资金管理不当将会给企业的各个方面带来压力。

企业为营运资金的各个项目建立日常的管理政策且遵照执行尤其很重要。这些政策不应被认为是一成不变的，但在对政策的基础进行审核和修正以前必须严格遵守。总之，企业要制定政策，要在持有某种营运资金的成本和缺少这种营运资金的成本中寻求平衡。维持平衡的最终目的就是使所有者权益最大化。

项目强化训练

一、单项选择题

1. 所谓营运资金指的是(　　)。
   A. 流动资产减去流动负债后的余额
   B. 增加的流动资产减去增加的流动负债后的余额
   C. 减少的流动资产减去减少的流动负债后的余额
   D. 增加的流动负债减去增加的流动资产后的余额

2. 在企业每年的销货成本中，不需要支付现金的是(　　)。
   A. 修理费　　　　B. 折旧费　　　　C. 期间费用　　　　D. 间接费用

3. 现金的短缺成本与现金持有量的关系是(　　)。
   A. 两者成正比关系　　　　B. 两者成反比关系
   C. 两者无明显的比例关系　　　　D. 两者无任何关系

4. 当现金持有量超过最佳现金持有量时，(　　)。
   A. 资金成本大于短缺成本　　　　B. 资金成本等于短缺成本
   C. 资金成本大于管理成本　　　　D. 资金成本小于短期成本

5. 某企业按"2/10,n/30"的条件购买一批商品，价值8万元，若放弃这笔折扣在30天内付款，该企业将承受的成本率为(　　)。
   A. 35%　　　　B. 30%　　　　C. 35.73%　　　　D. 36.73%

6. 假设某企业投资国债的年利率为10%，每次转换成本80元，基于经营需要企业的现金存量不应低于2 000元，又据以往经验测算出现金余额波动的标准差为1 000元，则当该企业的现金超过(　　)元时，应将多余的部分现金投资于国债。
    A. 8 000　　　　　　B. 14 000　　　　　　C. 20 000　　　　　　D. 24 000

7. 假设企业年耗用某种材料3 600件，材料单价为4元，一次订货的订货成本为10元，单位存货的年储存成本为0.80元。从企业发出订货单到收到材料需要10天，在经济订货量模型下，当企业的库存达到(　　)件时，应发出订货单。
    A. 100　　　　　　B. 200　　　　　　C. 300　　　　　　D. 400

8. 在确定最佳现金持有量的存货模式中，属于决策无关成本的是短缺成本和(　　)。
    A. 转换成本　　B. 机会成本　　C. 管理成本　　D. 坏账损失

9. 某企业预计全年总的现金需求量是720万元，企业以有价证券作为外部筹资间断的缓冲形式。假设每次交易成本是25元，适用利率10%。最佳现金库存水平下，企业的平均现金余额是(　　)元。
    A. 10 000元　　　　B. 30 000　　　　C. 40 000　　　　D. 60 000

10. 下列措施中不利于提高现金使用效率的是(　　)。
    A. 缩短销售的信用期　　　　　　B. 充分利用现金浮游
    C. 加快偿付应付账款　　　　　　D. 力争做到现金流入与流出同步

11. 假设企业年耗用某种材料3 600件，材料单价为4元，一次订货的订货成本为10元，单位存货的年储存成本为0.80元，那么该企业一年订货(　　)次最经济。
    A. 6　　　　　　B. 12　　　　　　C. 24　　　　　　D. 36

12. 某企业采用30天信用期的产品销售量为10 000件，若将信用期放宽至45天，产品销售量增加到12 000件，产品的单价为5元，单位变动成本为4元，该企业由于放宽信用增加的收益为(　　)元。
    A. 12 000　　　　　B. 2 000　　　　　C. 1 000　　　　　D. 20 000

13. 某企业以"1/20, n/30"的条件购入货物10 000元，假定企业在20天以后(不超过30天)付款，那么企业因放弃折扣所负担的成本是(　　)。
    A. 10%　　　　　　B. 20%　　　　　　C. 30%　　　　　　D. 36.4%

14. 假设某企业预测的年赊销额为2 000万元，应收账款平均收账天数为45天，变动成本率为60%，资金成本率为8%，一年按360天计，则应收账款的机会成本为(　　)万元。
    A. 250　　　　　　B. 200　　　　　　C. 15　　　　　　D. 12

15. 下列与存货有关的成本费用中，不影响经济进货批量的是(　　)。
    A. 专设采购机构的基本开支　　　　B. 采购员的差旅费
    C. 存货资金占用费　　　　　　　　D. 存货的保险费

16. 企业为满足交易动机而持有现金，所需考虑的主要因素是(　　)。
    A. 企业销售水平的高低　　　　　　B. 企业临时举债能力的大小
    C. 企业对待风险的态度　　　　　　D. 金融市场投机机会的多少

17. 企业在进行现金管理时，可利用的现金浮游量是指(　　)。
    A. 企业账户所记存款余额
    B. 银行账户所记企业存款余额

  C. 企业账户与银行账户所记存款余额之差
  D. 企业实际现金余额超过最佳现金持有量之差

18. 在对存货实行ABC分类管理的情况下，ABC三类存货的品种数量比重大致为（　　）。
  A. 0.7∶0.2∶0.1   B. 0.1∶0.2∶0.7
  C. 0.5∶0.3∶0.2   D. 0.2∶0.3∶0.5

19. 在确定最佳现金持有量时，成本分析模式和存货模式均须考虑的因素是（　　）。
  A. 持有现金的机会成本   B. 固定性转换成本
  C. 现金短缺成本   D. 现金保管费用

20. 下列各项中，不属于商业信用融资内容的是（　　）。
  A. 赊购商品   B. 预收货款   C. 办理应收票据贴现   D. 用商业汇票购货

二、多项选择题

1. 企业信用政策的内容包括（　　）。
  A. 信用标准   B. 信用额度   C. 信用期间   D. 现金折扣政策

2. 以下有关企业信用政策的表述中正确的有（　　）。
  A. 信用标准太严可能会损失销售
  B. 信用标准太松会导致扩大坏账损失
  C. 信用标准越严，发生坏账的可能性越小，企业利润越高
  D. 信用标准越松，企业利润越高

3. 企业的最佳现金持有量是（　　）之和最小的现金持有规模。
  A. 短缺成本   B. 管理成本   C. 机会成本   D. 沉落成本

4. 企业持有现金的动机在于（　　）。
  A. 交易性需要   B. 预防性需要   C. 管理性需要   D. 投机性需要

5. 在保险储备的情况下，确定再订货点需要考虑（　　）。
  A. 保险储备量   B. 平均库存量   C. 平均日需要量
  D. 订货批量   E. 交货时间

6. 信用标准有（　　）。
  A. 品质   B. 能力   C. 资本   D. 抵押   E. 条件

7. 短缺成本是企业缺乏必要现金，不能应付业务开支而蒙受的损失，这种损失主要包括（　　）。
  A. 丧失购买机会   B. 造成信用损失
  C. 丧失投资机会   D. 造成投资损失

8. 为实现现金收支管理的目的，企业可以采取的措施有（　　）。
  A. 力争现金流量同步   B. 使用现金浮游量
  C. 加速收款   D. 推迟应付款的支付

9. 下列表述中不正确的有（　　）。
  A. 现金持有量越大，资金成本越高   B. 现金持有量越大，短缺成本越高
  C. 现金持有量越大，资金成本越低   D. 现金持有量越大，短缺成本越低

10. 下列表述中正确的有( )。
    A. 信用标准越高,坏账损失越小
    B. 信用标准越高,坏账损失越大
    C. 信用标准越高,销售量越大
    D. 信用标准越高,销售量越小
11. 存货决策的内容包括( )。
    A. 决定进货项目
    B. 选择供货单位
    C. 决定进货时间
    D. 决定进货批量
12. 存货经济进货批量的基本模型考虑的成本有( )。
    A. 缺货成本
    B. 订货成本
    C. 储存成本
    D. 进价成本
13. 企业发生应收账款的原因有( )。
    A. 商业竞争
    B. 客户未付款
    C. 客户延期付款
    D. 销售和收款的时间差距
14. 下列有关信用期限的表述中,正确的有( )。
    A. 缩短信用期限可能增加当期现金流量
    B. 延长信用期限会扩大销售
    C. 降低信用标准意味着将延长信用期限
    D. 延长信用期限将增加应收账款的机会成本
15. 下列属于流动资产的有( )。
    A. 现金
    B. 短期投资
    C. 应付账款
    D. 预付账款
16. 确定最佳现金持有量的存货模式考虑的成本主要有( )。
    A. 机会成本
    B. 管理成本
    C. 短缺成本
    D. 转换成本
17. 确定企业最佳现金持有量的方法有( )。
    A. 成本分析模式
    B. 随机模式
    C. 存货模式
    D. 现金周转期模式
18. 应收账款的成本主要有( )。
    A. 机会成本
    B. 管理成本
    C. 短缺成本
    D. 坏账损失
19. 在享受数量折扣条件下经济进货批量模型中,属于决策相关成本的有( )。
    A. 进价成本
    B. 订货成本
    C. 储存成本
    D. 缺货成本
20. 制定收账政策,要在( )之间作出权衡。
    A. 增加坏账损失
    B. 减少机会成本
    C. 增加收账费用
    D. 减少坏账损失

三、判断题

1. 企业如果发生现金短缺,就有可能造成信用损失,有可能出现因缺货而停工,因此企业保有的现金越多越好,现金短缺也就可能降到最低水平。( )
2. 存货的储存成本是指为持有存货而发生的成本,其中也包括存货占用的资金的资本成本,储存成本中既有一部分变动性成本,又存在一部分固定性成本,如仓库折旧、人员工资等。( )
3. 存货的缺货成本不包括紧急采购时的紧急额外购入成本。( )
4. 若企业拥有充足的现金,则应享受现金折扣。( )

5. 订货成本的高低直接取决于订货的数量。（ ）
6. 营运资金的数额多少，能够反映企业的短期偿债能力。（ ）
7. 现金折扣是企业为了鼓励购买者多买而在价格上给予购买者的折扣优惠。（ ）
8. 企业现金持有量过多会降低企业的收益水平。（ ）
9. 在存货的管理中，与建立保险储备量无关的因素是交货期。（ ）
10. 企业的信用标准严格，给予客户的信用期很短，使得应收账款周转率很高，将有利于增加企业的利润。（ ）
11. 在现金持有量的随机模式控制中，现金余额波动越大的企业，越需要关注有价证券投资的流动性。（ ）
12. 在存货进货经济批量的扩展模型中，不需要考虑存货的交货时间。（ ）
13. 因为现金的管理成本是相对固定的，所以在确定现金最佳持有量时，可以不考虑它的影响。（ ）
14. 再订货点是在提前订货的前提下，企业再次发出订单时，尚有存货的库存量。（ ）
15. 研究保险储备的目的，就是寻找使订货成本和储备成本之和最小的保险储备量。（ ）
16. 企业给予客户现金折扣时，当折扣带来的收益超过其成本时，才可实行。（ ）
17. 只有应收账款所增加的利润超过所增加的成本时，才能实施赊销。（ ）
18. 存货的取得成本包括订货成本和购置成本。（ ）
19. 存货总成本包括存货取得成本和存货储存成本。（ ）
20. 在存货经济进货批量的基本模型中，存货的进价成本、订货固定成本和储存固定成本均为常量，但短缺成本是决策相关成本。（ ）

四、名词解释

营运资金　现金的交易动机　现金的预防动机　最佳现金持有量　应收账款的机会成本

五、思考题

1. 客户资信评估的"5C"评估法是什么？
2. 存货 ABC 分类控制措施是什么？

六、计算分析题

1. 某企业每年须耗用 A 材料 45 000 件，单位材料年存储成本为 20 元，平均每次进货费用为 180 元，A 材料全年平均单价为 240 元。假定不存在数量折扣，不会出现陆续到货和缺货的现象。

要求：
(1) 计算 A 材料的经济进货批量。
(2) 计算 A 材料年度最佳进货批数。
(3) 计算 A 材料的经济进货批量的总成本。
(4) 计算 A 材料的经济进货批量占用资金。

2. 某企业预测 2015 年度销售收入净额为 4 500 万元，现销与赊销比例为 1∶4，应收账款平均收账天数为 60 天，变动成本率为 50%，企业的资金成本率为 10%，一年按 360 天计算。

要求：

(1) 计算 2015 年度赊销额。

(2) 计算 2015 年度应收账款的平均余额。

(3) 计算 2015 年度维持赊销业务所需要的资金额。

(4) 计算 2015 年度应收账款的机会成本额。

(5) 若 2015 年应收账款需要控制在 400 万元，在其他因素不变的条件下，应收账款平均收账天数应调整为多少天？

3. 某公司为扩大其产品销量，拟放宽信用期，有关资料如表 7-12 所示。

表 7-12 相关资料

项 目	现在信用期 45 天	建议信用期 90 天
销售量/件	50 000	80 000
单价/元	10	10
单位变动成本/元	5	5
固定成本/元	4 000	4 000
销售额坏账损失率	10%	12%

要求：假定公司要求的最低报酬率为 15%，试判断该公司是否应放宽信用期？

项目八 利润分配管理

【知识目标】

- 了解利润分配的顺序、原则及相关理论。
- 掌握利润分配的相关政策。

【技能目标】

- 掌握剩余股利政策的计算。
- 掌握固定或稳定增长的股东政策。
- 掌握固定股利支付率政策。
- 掌握低正常股利加额外股利政策。

案例引导

苹果公司在1987年首次发放股利,原因在于面对强大的竞争对手IBM公司,为了增强投资者的信心,以派发股利的形式向公众传递一种信息——苹果公司的业绩具有稳定、持续的增长能力。同时,进行股票分割是为了降低股票的价格,使股票更容易流通,以吸引更多的投资者。

苹果公司从1987—1995年一直采用固定股利政策,直到1996年由于经营困难才不得不停止发放股利。这种股利政策要求企业在较长时期内支付固定的股利,即使企业收益发生变化,也并不影响股利的支付。这种稳定的股利政策能够向投资者传递公司经营业绩稳定的信息,有利于投资者有规律地安排股利收入和支出,能够增强投资者信心,有利于股票价格的上升。即使由于股利的发放使公司暂时偏离最佳资本结构,但也比减少股利使投资者认为公司业绩下降带来的损失要小。虽然固定股利政策有一定的优点,但在公司净利润下降或现金紧张时,固定股利的支付会给公司带来巨大的财务压力,容易导致资金短缺,财务状况恶化。在非常时期,公司可能会不得已减少股利的发放,但这会给公司带来较大损失,导致股票价格大幅下跌。

要求:分析影响利润分配政策的因素有哪些?

理论认知

任务一 利润分配概述

一、利润构成

利润的确认和计量,简单地说就是利润的确定。根据我国现行《企业财务通则》规定,企业的利润总额主要由营业利润、投资净收益和营业外收支净额构成,其关系为:

$$企业的利润总额=营业利润+投资净收益+营业外收支净额$$

此公式只是一个基本的规范。行业财务会计制度对企业利润总额的构成有着具体的规定:工业企业的利润总额等于营业利润加上投资收益和营业外收入,减去营业外支出。

$$营业利润=主营业务利润+其他业务利润-(管理费用+营业费用+财务费用)$$

$$主营业务利润=主营业务收入-(主营业务成本+营业务税金及附加)$$

$$商业企业利润总额=营业利润+投资收益+营业外收入-营业外支出$$

$$营业利润=主营业务利润+其他业务利润-管理费用-经营费用-财务费用$$

$$主营业务利润=商品销售加代购代销收入$$

$$商品销售利润=商品销售收入-销售折扣与折让的商品销售收入净额-商品销售成本-商品销售税金及附加$$

$$施工企业的利润总额=营业利润+投资收益+营业外收入-营业外支出$$

$$营业利润=工程结算利润+其他业务利润-管理费用-财务费用$$

$$工程结算利润=工程结算收入-工程结算税金及附加$$

由此可见，企业的利润构成分为三个层次：先是主营业务收入；其次是营业利润；最后是利润总额。其关系是：

主营业务利润=主营业务收入-营业成本-期间费用-进货费用(商业)-营业税金

营业利润=主营业务利润+其他业务利润

利润总额=营业利润+投资净收益+营业外收入-营业外支出

企业年度决算后实现的利润总额，要在国家、企业的所有者和企业之间进行分配。利润分配关系着国家、企业、职工及所有者各方面的利益，是一项政策性较强的工作，必须严格按照国家的法规和制度执行。利润分配的结果，形成了国家的所得税收入、投资者的投资报酬和企业的留用利润等不同的项目，其中企业的留用利润是指盈余公积金、公益金和未分配利润。由于税法具有强制性和严肃性，缴纳税款是企业必须履行的义务，从这个意义上看，财务管理中的利润分配主要是指企业的净利润分配，利润分配的实质就是确定给投资者分红与企业留用利润的比例。

二、利润分配的程序

利润分配的一般程序是指企业实现企业经营所得后，应先用于哪些方面，后用于哪些方面的先后顺序问题。

我国利润分配的程序为：企业的利润总额按照国家规定作相应调整后，首先要缴纳所得税；税后剩余部分的利润为可供分配的利润。可供分配利润再按如下顺序进行分配。

(1) 支付被没收的财物损失、违反税收规定支付的滞纳金和罚款。

(2) 弥补以前年度亏损。弥补亏损可以划分为两种情况：企业发生年度亏损，可以用下一年度的利润弥补；下一年度不足弥补的，可以在五年内用所得税前利润延续弥补，延续五年未弥补完的亏损，用缴纳所得税后的利润弥补。税前弥补和税后弥补以五年为界限。亏损延续未超过五年的，用税前利润弥补，弥补亏损后有剩余的，才缴纳所得税；延续期限超过五年的，只能用税后利润弥补。

(3) 提取盈余公积金。根据《中华人民共和国公司法》(以下简称《公司法》)规定，盈余公积金分为法定盈余公积金和任意盈余公积金。法定盈余公积金是国家统一规定必须提取的公积金，它的提取顺序在弥补亏损之后，按当年税后利润的10%提取。盈余公积金已达到注册资本50%时不再提取。任意盈余公积金由企业自行决定是否提取以及提取比例。任意盈余公积金的提取顺序在支付优先股股利之后。法定盈余公积金和任意盈余公积金可以统筹使用。其主要用途有两个方面：弥补亏损和按国家规定转增资本金。转增资本金就是将盈余公积金转为实收资本，它实际上是向股东发放股票股利的过程。

(4) 提取公益金。公益金主要用于企业职工的集体福利设施支出。《公司法》规定，法定公益金的提取比例为5%~10%。

(5) 向投资者分配利润。企业以前年度未分配的利润，可以并入本年度向投资者分配，本年度的利润也可以留一部分用于次年分配。股份制企业提取公益金后，按照下列顺序分配：①支付优先股股利。②提取任意公积金，任意公积金按公司章程或股东大会决议提取和使用。③支付普通股股利。企业当年无利润时，不得分配股利，当在用盈余公积金弥补亏损后，经股东会特别决议，可以按照股票面值6%的比率用盈余公积金分配股利。在分配股利后，企业法定盈余公积金不得低于注册资金的25%。

三、利润分配的基本原则

(一)依法分配原则

为规范企业的利润分配行为，国家制定和颁布了若干法规，这些法规规定了企业利润分配的基本要求、一般程序和重大比例。企业的利润分配必须依法进行，这是正确处理企业各项财务关系的关键。

(二)分配与积累并重原则

企业的利润分配，要正确处理长期利益和近期利益这两者的关系，坚持分配与积累并重。企业除按规定提取法定盈余公积金以外，可适当留存一部分利润作为积累，这部分未分配利润仍归企业所有者所有。这部分积累的净利润不仅可以为企业扩大生产筹措资金，增强企业发展的能力和抵抗风险的能力，同时，还可以供未来年度进行分配，起到以丰补歉、平抑利润分配数额波动、稳定投资报酬率的作用。

四、股利分配中的相关理论

(一)股利无关论

股利无关论是由美国财务专家米勒(Miller)和莫迪格利尼(Modigliani)于1961年提出的，因此又被称为MM理论。股利无关论认为股利政策对公司的市场价值(或股票价格)不会产生任何影响，公司市场价值的高低是由公司投资决策的获利能力决定的，与公司的收益分配政策无关。

需要说明的是，这一理论建立在这样的一些假定之上：①不存在个人或公司所得税；②不存在任何筹资费用(包括发行费用和各种交易费用)；③公司的投资决策与股利政策彼此独立(即投资决策不受股利政策的影响)；④完善的市场竞争，即任何一位证券交易者都没有足够的力量通过其交易活动对股票的现行价格产生明显的影响。上述假定描述的是一种完美无缺的市场，因而这一理论又称为完全市场理论。

(二)股利相关论

股利相关论认为，企业的股利政策会影响股票价格，主要观点包括以下两点。

1."在手之鸟"理论

"在手之鸟"理论认为，用留存收益再投资带给投资者的收益具有很大的不确定性，并且投资风险随着时间的推移将进一步增大，因此，投资者更喜欢现金股利，而不太喜欢将利润留给公司。这是因为：对投资者来说，现金股利是"抓在手中的鸟"，是实在的，而公司留利则是"躲在林中的鸟"，随时都可能飞走。在投资者的眼里，股利收入要比由留存收益带来的资本利得更可靠，所以投资者宁愿现在收到较少的股利，也不愿意待未来再收回风险较大的较多的股利。根据这一理论，公司需要定期向股东支付较高的股利，公司分配的股利越多，公司的市场价值也就越大。

2. 信号传递理论

信号传递理论认为，在信息不对称的情况下，公司可以通过股利政策向市场传递有关公司未来盈利能力的信息。一般说来，预期未来盈利能力强的公司往往愿意通过相对较高的股利支付率，把自己同预期盈利能力差的公司区别开来，以吸引更多的投资者。对市场上的投资者来说，股利政策的差异或许是反映公司预期盈利能力差异的极有价值的信号。如果公司连续保持较为稳定的股利支付率，那么，投资者就可能对公司未来的盈利能力与现金流量抱有较为乐观的预期。

虽然股利分配的信号传递理论已被人们广泛接受，但也有一些学者对此持不同看法。他们的主要观点是：第一，公司目前的股利分配并不能帮助投资者预测公司未来的盈利能力；第二，高派现的公司向市场传递的并不是公司具有较好前景的利好消息，相反则是公司当前没有正现值的投资项目，或公司缺乏较好投资机会的利空消息。不过，由于上述反对意见缺乏实证考察的支持，因此未能引起人们过多的关注。

(三) 代理理论

代理理论认为，股利政策有利于减缓管理者和股东之间的代理冲突，也就是说股利政策相当于协调股东与管理者之间代理关系的一种约束机制。股利政策对管理者的这种约束体现在两个方面：一方面，从投资角度看，当企业存在大量自由现金时，管理者通过股利发放不仅减少了因过度投资而浪费资源，而且有助于减少管理者潜在的代理成本，从而增加企业价值(这样可解释股利增加宣告与股价变动正相关的现象)；另一方面，从融资角度看，企业财务管理发放股利减少了内部融资，导致进入资本市场寻求外部融资，从而可以经常接受资本市场的有效监督，这样通过加强资本市场的监督而减少代理成本。因此，高水平股利支付政策有助于降低企业的代理成本，但同时也增加了企业的外部融资成本。因此，最优的股利政策应使两种成本之和最小。

(四) 差别税收理论

差别税收理论认为，由于普遍存在的税率的差异及纳税时间的差异，资本利得收入比股利收入更有助于实现收益最大化目标，企业应当采用低股利政策。由于认为股利收入和资本利得收入是不同类型的收入，所以在很多国家，对它们征收所得税的税率不同，通常，对资本利得收入征收的税率低于对股利收入征收的税率。另外，股利收入纳税和资本利得收入纳税在时间上也存在差异，投资者对资本利得收入的纳税时间选择更具有弹性，可以自由后推资本利得收入的纳税时间，获得延迟纳税带来的收益。因此，在其他条件不变的情况下，投资者更偏好资本利得收入而不是股利收入。

五、股利支付形式

公司在决定发放股利后，便要作出以何种形式发放股利的决策。股份有限公司分配股利一般有以下四种形式。

(一)现金股利

现金股利是以现金的形式发放给股东的股利。由于投资者一般都希望得到现金股利,而且企业发放股利的多少直接影响企业股票的市场价格,因此现金股利是企业最常用的,也是最主要的股利发放形式。但这种形式加大了企业资金流出量,增加了企业支付压力。公司采用现金股利形式时,必须具备两个基本条件:①公司要有足够的未指明用途的留存收益(未分配利润);②公司要有足够的现金。

(二)股票股利

股票股利是公司以增发股票的方式支付的股利,我国实务中通常也称其为"红股"。股票股利不会引起公司资产的流出,而只是将公司的留存收益转化为股本,它不会改变公司股东权益总额,但会改变股东权益的构成。发放股票股利会增加流通在外的股票数量,同时降低股票的每股价值,但发放股票股利后股东所持股份比例并未改变,因此每位股东所持股票的价值总额仍能保持不变。

相对现金股利而言,股票股利的作用在于以下五点。

(1) 在企业现金短缺又难以从外部筹措现金时,股票股利可以达到既减少现金支出,又使股东分享利润,从而对企业感到满意的目的。

(2) 股票股利有助于企业把股票市价控制在希望的范围内,避免股价过高,而使一些投资者失去购买股票的能力,促进其股票在市场上的交易更为活跃。

(3) 发放股利可以降低股价水平,如果日后将要以发行股票方式筹资,则可以降低发行价格,有利于吸引投资者。

(4) 股票股利降低每股市价,会吸引更多的投资者成为公司的股东,从而可以使股权更为分散,有效地防止公司被恶意控制。

(5) 发放股票股利可以传递公司未来前景良好的信息,以增强投资者的信心。

(三)财产股利

财产股利是指公司以现金以外的资产(如公司实物资产、公司所拥有的其他企业的有价证券等)给股东支付股利。由于这种形式不会增加公司的现金流出,所以当公司资产变现能力较弱时,还是可取的一种支付股利的方式,但是这种支付方式有明显的缺点:一是不为广大股东所乐意接受,因为股东持有股票的目的是获取现金收入,而不是分得财产;二是以财产支付股利会严重影响公司形象,社会普遍会对财务状况不好、变现能力下降、资金流转不畅的公司失去信心,由此导致股票市价的大跌。因此,这种支付方式非到不得已的情况下不宜采用。

(四)负债股利

负债股利是指企业以负债形式发放股利,这种发放形式通常是公司以应付票据或公司债券抵付股利。由于票据和债券都是带息的,所以会使企业支付利息的压力增大,但可以缓解企业资金不足的矛盾。这种股利发放方式只是公司的一种权宜之策,股东往往也不欢迎这种股利支付方式。

财产股利和负债股利实际上都是现金股利的替代方式，目前这两种股利形式在我国公司实务中很少使用，但并非法律所禁止。

六、股利支付日程

公司选择了股利政策，确定了股利支付水平和方式后，应当进行股利的支付。一般情况下，股利的支付需要按照下列日程来进行。

(一)预案公布日

上市公司分派股利时，首先要由公司董事会制定分红预案，包括本次分红的数量、分红的方式，股东大会召开的时间、地点及表决方式等，以上内容由公司董事会向社会公开发布。

(二)宣布日

董事会制定的分红预案必须经过股东大会讨论。只有讨论通过后，才能公布正式的分红预案及实施时间。

(三)股权登记日

股权登记日是由公司在宣布分红方案时确定的一个具体日期。凡是在此指定日期收盘之前取得了公司股票，成为公司在册股东的投资者，都可以作为股东，享受公司分派的股利。在此之后取得股票的股东则无权享受已宣布的股利。证券交易所的中央清算登记系统为股权登记提供了很大的方便，一般在营业结束的当天即可打印出股东名册。

(四)除息日

除息日是指领取股利的权利与股票相互分离的日期。在除息日前，股利权从属于股票，持有股票者即享有领取股利的权利；从除息日开始，股利权与股票相分离，除息日以后购入股票的投资者不能分享股利。通常在除息日之前进行交易的股票，其价格高于在除息日之后进行交易的股票价格，其原因主要在于前种股票的价格包含应得的股利收入在内。

(五)股利支付日

股利支付日是公司按公布的分红方案向股权登记日在册的股东实际支付股利的日期。

任务二　股利分配政策

一、利润分配的影响因素

利润分配政策是指企业对利润分配的有关事项所采取的方针政策。由于税收政策是国家制定的，所以对企业来说利润分配政策从根本上是税后利润分配政策，就股份有限公司而言就是股利政策。那么，企业在制定利润分配政策时，有哪些因素会制约企业？

(一)法律因素

为了保护债权人和股东的利益，国家法律对公司的股利分配顺序、分配比例、资本保全、留存收益限额都作出了明确规定，公司必须在法律许可的范围内进行股利分配。

(二)公司因素

公司在平衡短期经营和长远发展时，必须制定出切实可行的分配方案。此时就需要考虑以下因素：盈利的稳定性、资产的流动性、举债能力、投资机会、筹资成本和偿债需要等。

(三)股东因素

公司在制定股利政策时，必须要考虑股东的要求，股东从自身需要出发，对公司的股利分配会产生一定的影响。

二、剩余股利政策

剩余股利政策是指公司生产经营所获得的净收益首先应满足公司的资金需求，如果还有剩余，再派发股利；如果没有剩余，则不派发股利。剩余股利政策的理论依据是股利无关论。

(1) 剩余股利政策的具体应用程序如下。

① 根据公司的投资计划确定公司的最佳资本预算。

② 根据公司的目标资本结构及最佳资本预算预计公司资金需求中所需要的权益资本数额。

③ 尽可能地使用留存收益来满足资金需求中所需增加的股东权益数额。

④ 留存收益在满足公司股东权益增加需求后，如果有剩余，再用来派发股利。

(2) 剩余股利政策的优点是：留存收益优先保证再投资的需要，从而有助于降低再投资的资金成本，保持最佳的资本结构，实现企业价值的长期最大化。

(3) 剩余股利政策的缺点是：完全遵照、执行剩余股利政策，将使股利发放额每年随投资机会和盈利水平的波动而波动，不利于投资者安排收入与支出，也不利于公司树立良好的形象，剩余股利政策一般适用于公司初创阶段。

【例 8-1】 榕辉机械有限责任公司 2018 年度净利润为 4 000 万元，2019 年度投资计划所需资金 3 500 万元，公司的目标资本结构为：自有资金占 60%，借入资金占 40%。按照目标资本结构的要求，公司投资方案所需的自有资金数额为：

3 500×60%=2 100(万元)

按照剩余股利政策的要求，该公司 2018 年度可向投资者分红(发放股利)的数额为：

4 000−2 100=1 900(万元)

三、固定或稳定增长的股利政策

固定或稳定增长的股利政策是公司将每年派发的股利额固定在某一特定水平或是在此

基础上维持某一固定比率逐年稳定增长。只有当企业对未来利润增长确有把握时，才会宣布实施固定或稳定增长的股利政策。

近年来，为了避免通货膨胀对股东收益的影响，最终达到吸引投资的目的，很多公司开始实行稳定增长的股利政策。

(1) 这种股利政策主要有以下优点。

① 固定或稳定增长的股利政策能将公司未来获利能力强、财务状况稳定以及管理层对未来充满信心等信息传递出去。这有利于公司树立良好的形象，增强投资者对公司的信心，进而有利于稳定公司的股票价格。

② 固定或稳定增长的股利政策有利于吸引那些打算做长期投资的股东。这部分股东希望其投资的获利能够成为其稳定的收入来源，以便安排各种经常性的支出。

(2) 这种股利政策主要有以下缺点。

① 公司股利支付与公司盈利相脱离，造成投资的风险与投资的收益不对称。

② 由于公司盈利较低时仍要支付较高的股利，容易引起公司资金短缺，导致财务状况恶化，甚至侵蚀公司留存收益和公司资本。

因此，采用固定或稳定增长的股利政策，要求公司对未来的盈利能力和支付能力能作出较准确的判断。这种股利政策一般适用于经营比较稳定或正处于成长期的公司，但很难被长期采用。

四、固定股利支付率政策

固定股利支付率政策是公司确定固定的股利支付率，并长期按此比率从净利润中支付股利的政策。各年股利随公司经营的好坏而上下波动，获得较多盈余的年份股利额高，获得盈余少的年份股利额低。采用此政策，由于企业的盈利能力在年度间是经常变动的，因此，各年的股利也随着企业收益的变动而变动。

(1) 固定股利支付率政策的优点如下。

① 使股利与企业盈余紧密结合，以体现多盈多分、少盈少分、不盈不分的原则。

② 由于公司的盈利能力在年度间是经常变动的，因此每年的股利也应随着公司收益的变动而变动，保持股利与利润间的一定比例关系，体现投资风险与收益的对等。

(2) 固定股利支付率政策的缺点如下。

① 由于股利波动容易使外界产生公司经营不稳定的印象，不利于股票价格的稳定与上涨。

② 容易使公司面临较大的财务压力。公司实现的盈利越多，支付的股利越多，如果公司的现金流量状况并不好，就很容易给公司造成较大的财务压力。

③ 公司每年按固定比例从净利润中支付股利，缺乏财务弹性。

④ 确定合理的固定股利支付率的难度很大。固定股利支付率政策只能适用于稳定发展的公司和公司财务状况较稳定的阶段。

五、低正常股利加额外股利政策

低正常股利加额外股利政策是指公司事先设定一个较低的经常性股利额,一般情况下,公司每期都按此金额支付股利,只有企业盈利较多时,再根据实际情况发放额外股利。

(1) 低正常股利加额外股利政策的优点如下。

① 低正常股利加额外股利政策具有较大的灵活性。由于平常股利发放水平较低,因此在企业净利润很少或需要将相当多的净利润留存下来用于再投资时,企业仍旧可以维持既定的股利发放水平,避免股价下跌的风险,股东不会有股价跌落感;而企业一旦拥有充裕的现金,就可以通过发放额外股利的方式,将其转移到股东的手中,这样有利于股价的提高,使股东增强对公司的信心。

② 它既可以在一定程度上维持股利的稳定性,又可以根据公司的具体情况,选择不同的股利水平,以完善公司的资本结构,进而实现公司的财务目标。

(2) 低正常股利加额外股利政策的缺点如下。

① 股利派发仍然缺乏稳定性,额外股利随盈利的变化而变化,时有时无,给人漂浮不定的印象。

② 如果公司较长时期一直发放额外股利,股东就会误认为这是正常股利,一旦取消,则极易造成公司"财务状况逆转"的负面影响,股价下跌在所难免。

上面介绍的几种股利政策中,固定或稳定增长的股利政策和低正常股利加额外股利政策是被企业普遍采用且为广大的投资者所认可的两种基本政策。企业在进行收益分配时应充分考虑各种政策的优缺点和企业的实际情况,选择适宜的收益分配政策。

需要指出的是,实务中并没有一个严格意义上的最为科学的股利政策,往往是多种股利政策的结合。

案例解析

影响利润分配政策的因素很多:盈利状况、变现能力、筹资能力为内部因素;法律上的限制、合同上的限制、投资机会的出现、股东的意见为外部因素;股利理论及股利政策等因素。

项 目 小 结

具有代表性的股利政策理论有:股利无关论、股利相关论("在手之鸟"理论、信号传递理论)、代理理论和差别税收理论。常用的股利政策有:剩余股利政策、固定或稳定增长的股利政策、固定股利支付率政策、低正常股利加额外股利政策。

根据《公司法》的规定,公司弥补亏损和提取公积金后所余税后利润,可以向股东(投资者)分配股利(利润)。确定股利分配方案应当充分考虑法律、股东、公司本身、债务、通货膨胀等相关因素的影响,另外,需要考虑选择股利政策,确定股利支付水平和方式,然后进行股利的支付。

项目强化训练

一、单项选择题

1. 法律对利润分配进行超额累积利润限制的主要原因是(　　)。
   A. 避免损害少数股东权益　　　　B. 避免资本结构失调
   C. 避免股东避税　　　　　　　　D. 避免经营者出现短期行为

2. 相对于其他股利政策而言，既可以维持股利的稳定性，又有利于优化结构的股利政策是(　　)。
   A. 剩余股利政策　　　　　　　　B. 固定股利政策
   C. 固定股利支付率政策　　　　　D. 低正常股利加额外股利政策

3. 在下列股利政策中，股利与利润之间保持固定比例关系，体现风险投资与风险收益对等关系的是(　　)。
   A. 剩余股利政策　　　　　　　　B. 固定股利政策
   C. 固定股利支付率政策　　　　　D. 低正常股利加额外股利政策

4. 某公司 2015 年年初的未分配利润为 100 万元，当年的税后利润为 400 万元，2016 年年初公司讨论决定股利分配的数额。预计 2016 年追加投资资本 500 万元。公司的目标资本结构为：权益资本占 60%，债务资本占 40%，2016 年继续保持目前的资本结构不变。按有关法规规定，该公司应该至少提取 10% 的法定公积金。该公司采用剩余股利分配政策，则该公司最多用于派发的现金股利为(　　)万元。
   A. 100　　　　B. 60　　　　C. 200　　　　D. 160

5. 造成股利波动较大，给投资者公司不稳定的感觉，对于稳定股票价格不利的股利分配政策是(　　)。
   A. 剩余股利政策　　　　　　　　B. 固定或持续增长的股利政策
   C. 固定股利支付率政策　　　　　D. 低正常股利加额外股利政策

6. 在以下股利政策中，有利于稳定股票价格，从而树立公司良好形象，但股利的支付与公司盈余相脱节的股利政策是(　　)。
   A. 剩余股利政策　　　　　　　　B. 固定或持续增长的股利政策
   C. 固定股利支付率政策　　　　　D. 低正常股利加额外股利政策

7. 我国上市公司不得用于支付股利的权益资本是(　　)。
   A. 资本公积　　　　　　　　　　B. 任意盈余公积
   C. 法定盈余公积　　　　　　　　D. 上年未分配利润

8. 上市公司按照剩余股利政策发放股利的好处是(　　)。
   A. 有利于公司合理安排资本结构　　B. 有利于投资者安排收入与支出
   C. 有利于公司稳定股票的市场价格　D. 有利于公司树立良好的形象

9. 主要依靠股利维持生活的股东和养老基金管理人最不赞成的公司股利政策是(　　)。
   A. 剩余股利政策　　　　　　　　B. 固定或持续增长的股利政策
   C. 固定股利支付率政策　　　　　D. 低正常股利加额外股利政策

二、多项选择题

1. 企业选择股利政策通常需要考虑的因素有（　　）。
   A. 企业所处的成长与发展阶段　　B. 企业支付能力的稳定情况
   C. 企业获利能力的稳定情况　　　D. 目前的投资机会

2. 下列说法中正确的有（　　）。
   A. 为了应付通货膨胀，公司多采用低股利政策
   B. 为了更好地约束经营者的背离行为，公司多采用高股利政策
   C. 为了更好地为股东合理避税，公司多采用高股利政策
   D. 依据股利相关论，高股利政策有助于增加股东财富

3. 公司实施剩余股利政策，意味着（　　）。
   A. 公司接受了股利无关理论
   B. 公司可以保持理想的资本结构
   C. 公司统筹考虑了资本预算、资本结构和股利政策等财务基本问题
   D. 兼顾了各类股东、债权人的利益

4. 股利政策的制定受多种因素的影响，包括（　　）。
   A. 税法对股利和出售股票收益的不同处理
   B. 未来公司的投资机会
   C. 各种资本的来源及其成本
   D. 股东对当期收入的相对偏好

5. 上市公司发放现金股利的主要原因有（　　）。
   A. 投资者偏好　　　　　　　　B. 减少代理成本
   C. 传递公司的未来信息　　　　D. 降低财务杠杆

6. 股东在决定公司收益分配政策时，通常考虑的主要因素有（　　）。
   A. 规避风险　　　　　　　　　B. 稳定股利收入
   C. 防止公司控制权旁落　　　　D. 避税

7. 若上市公司采用了合理的收益分配政策，则可获得的效果有（　　）。
   A. 能为企业筹资创造良好的条件　B. 能处理好与投资者的关系
   C. 改善企业经营管理　　　　　　D. 能增强投资者的信心

8. 企业在确定股利支付率水平时，应当考虑的因素有（　　）。
   A. 投资机会　B. 筹资成本　C. 资本结构　D. 股东偏好

三、判断题

1. 采用剩余股利分配政策的优点是，有利于保持理想的资本结构，降低企业的加权平均资金成本。（　　）

2. 固定股利政策的一个主要缺点是，当企业盈余较少甚至亏损时，仍须支付固定数额的股利，可能导致企业财务状况恶化。（　　）

3. 根据"无利不分"原则，当企业出现年度亏损时，不得分配利润。（　　）

4. 固定股利支付率政策的主要缺点在于，公司股利支付与其盈利能力相脱节，当盈利较低时仍要支付较高的股利，容易引起公司资金短缺、财务状况恶化。（　　）

5. 采用固定股利支付率政策分配利润时，股利不受经营状况的影响，有利于公司股票价格的稳定。（ ）

四、名词解释

股利无关论　　剩余股利政策　　固定或稳定增长的股利政策　　固定股利支付率政策

五、思考题

1. 企业的利润通常由哪几部分组成？
2. 简要说明企业的利润分配程序。

六、计算分析题

1. 某公司成立于 2013 年 1 月 1 日，2013 年度实现的净利润为 1 000 万元，分配现金股利 550 万元，提取公积金 450 万元（所提公积金均已指定用途）。2014 年实现的净利润为 900 万元（不考虑计提公积金的因素）。2015 年计划增加投资，所需资本为 700 万元。假定公司目标资本结构为：权益资本占 60%，长期借入资本占 40%。

要求：

(1) 在保持目标资本结构的前提下，计算 2015 年投资方案所需的权益资本和需要从外部借入的长期债务资本。

(2) 在保持目标资本结构的前提下，如果公司执行剩余股利政策，计算 2014 年度应分配的现金股利。

(3) 在不考虑目标资本结构的前提下，如果公司执行固定股利政策，计算 2014 年度应分配的现金股利、可用于 2015 年投资的留存收益和需要额外筹集的资本。

(4) 不考虑目标资本结构的前提下，如果公司执行固定股利支付率政策，计算该公司的股利支付率和 2014 年度应分配的现金股利。

(5) 假定公司 2015 年面临着从外部筹资的困难，只能从内部筹资，不考虑目标资本结构，计算在此情况下 2014 年度应分配的现金股利。

2. 某公司 2017 年提取了公积金、公益金后的税后净利为 800 万元，分配现金股利 320 万元。2018 年提取了公积金、公益金后的税后净利为 600 万元。预计 2019 年没有投资项目。

要求：

(1) 计算剩余股利政策下，该公司 2018 年应分配的现金股利。

(2) 计算固定或稳定增长的股利政策下，该公司 2018 年应分配的现金股利。

(3) 计算固定股利支付率政策下（固定股利支付率为现金股利与提取公积金、公益金后的净利的比率），该公司 2018 年应分配的现金股利。

(4) 计算固定股利加额外股利政策下，该公司 2018 年应分配的现金股利。

七、案例分析题

华阳公司是一家大型钢铁公司，公司业绩一直很稳定，由于业绩稳定，企业的股东希望每期获得的股利趋于平稳，而且投资者对于股价稳定的要求较高。该公司 2018 年拟投资 4 000 万元购置一台生产设备以扩大生产能力，该公司目标资本结构下权益乘数为 2。该公司 2017 年度税前利润为 4 000 万元，所得税税率为 25%。

要求：
(1) 计算2017年度的净利润。
(2) 按照剩余股利政策计算企业分配的现金股利。
(3) 如果该企业采用固定股利支付率政策，固定的股利支付率是40%。在目标资本结构下，计算2018年度该公司为购置该设备需要从外部筹集自有资金的数额。
(4) 如果该企业采用的是固定或稳定增长的股利政策，固定股利为1 200万元，稳定的股利增长率为5%，从2014年开始执行稳定增长股利政策。在目标资本结构下，计算2018年度该公司为购置该设备需要从外部筹集自有资金的数额。
(5) 如果该企业采用的是低正常股利加额外股利政策，低正常股利为1 000万元，额外股利为净利润超过2 000万元的部分的10%。在目标资本结构下，计算2018年度该公司为购置该设备需要从外部筹集自有资金的数额。
(6) 如果你是该公司的财务分析人员，请对上述(2)、(3)、(4)问题中不同的股利政策进行分析，并判断该企业最应该选择的股利政策。

项目九 财务预算

【知识目标】

- 掌握财务预算的具体构成内容。
- 掌握财务预算的概念和作用。
- 掌握弹性预算、零基预算和滚动预算等具体方法的特征。
- 掌握固定预算、增量预算和定期预算的含义和内容。

【技能目标】

- 能编制弹性预算、零基预算和滚动预算。
- 能编制现金预算与预计财务报表。
- 能熟练编制各种财务预算。

案例引导

丰华公司是一家以非转基因大豆为主要原料的大豆油、豆粕等产品的专业生产加工企业，拥有完整、科学的生产经营体系，占地面积 80 040 平方米，资产总额 1.5 亿元。该公司生产的食用油已通过 ISO 9001 质量管理体系认证、ISO 22000 食品安全管理体系认证，是农业产业化国家重点龙头企业。

丰华公司的预算编制采用"自上而下"和"自下而上"相结合的方式完成。虽然上下结合的预算编制方式能够很好地体现企业各等级结构的具体状况，方便解决具体问题，确保企业预算管理的实施，但也存在以下问题。

(1) 预算管理人员素质欠缺、观念淡薄。在预算编制之前故意做宽做松预算，使得预算目标容易完成并取得相应的目标奖励，或是故意做高预算，以显示具有某种能力达到某种资质。诸如此类情况都不利于财务预算的有效落实，影响预算执行效果。

(2) 财务预算的编制不符合公司发展战略。采用单一固定的预算编制方法，缺乏弹性和对市场的应变能力。在预算实施过程中，由于原料供应、市场环境、政策法规等发生变化，而导致财务预算执行结果与事前编制的预算计划产生偏差，使公司短期的预算指标与长期的战略目标不能相互适应。

分析：请给出解决丰华公司财务预算管理中存在问题的对策。

理论认知

任务一　财务预算概述

一、财务预算的概念及内容

全面预算就是企业未来一定期间内全部经营活动各项具体目标的计划与相应措施的数量说明，具体包括特种决策预算、日常业务预算和财务预算三大类内容。其中，财务预算是一系列专门反映企业未来一定预算期内预计财务状况和经营成果，以及现金收支等价值指标的各种预算总称，具体包括反映现金收支活动的现金预算、反映企业财务状况的预计资产负债表、反映企业财务成果的预计损益表和预计现金流量表等内容。

二、财务预算的作用

财务预算是企业全面预算体系中的组成部分，它在全面预算体系中具有重要的作用，主要表现在以下三个方面。

1. 财务预算使决策目标具体化、系统化和定量化

在现代企业财务管理中，财务预算必须服从决策目标的要求，尽量做到全面、综合地协调、规划企业内部各部门、各层次的经济关系与职能，使之统一服从于未来经营总体目标的要求。同时，财务预算又能使决策目标具体化、系统化和定量化，能够明确规定企业

有关生产经营人员各自职责及相应的奋斗目标，做到人人事先心中有数。

2. 财务预算是总预算，其余预算是辅助预算

财务预算作为全面预算体系中的最后环节，可以从价值方面总括地反映经营特种决策预算与业务预算的结果，使预算执行情况一目了然。

3. 财务预算有助于财务目标的顺利实现

通过财务预算，可以建立评价企业财务状况的标准，以预算数作为标准的依据，将实际数与预算数对比，及时发现问题和调整偏差，使企业的经济活动按预定的目标进行，从而实现企业的财务目标。编制财务预算，并建立相应的预算管理制度，可以指导与控制企业的财务活动，提高预见性，减少盲目性，使企业的财务活动有条不紊地进行。

任务二　财务预算的编制

企业可以根据不同的预算项目，分别采用固定预算、弹性预算、增量预算、零基预算、定期预算和滚动预算等方法编制预算。

一、固定预算与弹性预算

编制预算的方法按照其业务量基础的数量特征不同，可以分为固定预算方法和弹性预算方法两大类。

(一)固定预算

1. 固定预算的概念

固定预算又称静态预算，是根据预算期内正常的、可实现的某一业务量，如生产量、销售量水平作为唯一基础编制的预算。

2. 固定预算的优缺点

固定预算的优点是编制简单。

固定预算的缺点如下：一是过于呆板。因为编制预算的业务量基础是实现假定的某个业务量。在这种方法下，无论预算期内业务量水平实际可能发生哪些变动，都只按照事先确定的某一个业务量水平作为编制预算的基础。二是可比性差。当实际的业务量与编制预算所依据的业务量发生较大差异时，有关预算指标的实际数与预算数就会因业务量基础不同而失去可比性。例如，某企业预计业务量为销售 300 000 件产品，按照此业务量给销售部门的预算费用为 9 000 元。如果该销售部门实际销售量达到 320 000 件，超出了预算业务量，固定预算下的费用预算仍为 9 000 元。

3. 固定预算的适用范围

固定预算适用于固定费用或者数额比较稳定的预算项目，如固定资产预算、折旧预算、

职员工资预算等。

(二)弹性预算

1. 弹性预算的概念

弹性预算又称变动预算或滑动预算，是指在成本习性分析的基础上，以业务量、成本和利润之间有规律的依存关系为依据，按照预算期可预见的各种业务量水平，编制能够适应多种情况预算的方法，以便分别反映在不同业务量的情况下所应支出的成本费用水平。该方法是为了弥补固定预算的缺陷而产生的。编制弹性预算所依据的业务量可能是生产量、销售量、机器工时、材料消耗量和直接人工工时。

2. 弹性预算的优缺点

弹性预算的优点如下：一是预算范围宽。弹性预算能够反映预算期内与一定相关范围内的可预见的多种业务量水平相对应的不同预算额，从而扩大了预算的适用范围，便于预算指标的调整。因为弹性预算不再是只适应业务量水平的一个预算，而是能够随着业务量水平的变动做机动调整的一组预算。一经编制，只要各项消耗标准和价格等依据不变，便可连续使用，从而大大减少了工作量。二是可比性强。在预算期实际业务量与计划业务量不一致的情况下，可以将实际指标与实际业务量相应的预算额进行对比，从而能够使预算执行情况的评价与考核建立在更加客观和可比的基础上，比较确切并容易被考核人所接受，便于更好地发挥预算的控制作用。

弹性预算的缺点如下：一是可控性差。弹性预算的预算指标留有一定的调整余额，有关当事人可以在一定的范围内灵活执行预算确定的各项目标和要求，但灵活性掌握不好就会失控。二是编制过程较为复杂。

3. 弹性预算的适用范围

弹性预算一般适用于编制全面预算中所有与业务量有关的各种预算，但主要用于编制成本费用和利润预算，尤其是编制费用预算。

4. 弹性预算的编制步骤

弹性预算可用于编制与业务量相关的各种预算，下面以编制弹性成本预算为例进行介绍。

1) 确定业务量的计量单位

业务量的计量单位应根据企业的具体情况进行选择。一般来说，生产单一产品的部门，可以选用产品实物计量；生产多品种产品的部门，可以选用人工工时、机器工时等；修理部门可以选用修理工时等。以手工操作为主的企业应选用人工工时，机械化程度较高的企业选用机器操作。

2) 确定业务量范围

业务量范围是指弹性预算所使用的业务量区间。一般来说，可定在正常生产能力的70%～110%或以历史上最高业务量和最低业务量为其上下限。

3) 确定成本项目的成本习性

按照成本习性，企业的成本可以分为固定成本和变动成本两大类，业务量变动后，只有变动成本随之而变动，固定成本不变。这样，在编制弹性预算时，只要将全部成本中的变动成本部分按照业务量的变动加以调整即可，固定成本可以保持在一个水平上不变。

4) 确定预算期各业务水平的预算额

按照所确定的业务量范围和间隔区间，计算预算额。弹性成本预算的计算公式如下。

$$弹性成本预算=单位变动成本预算×业务量+固定成本预算$$

5. 弹性预算的编制方法

弹性预算的编制，既可以采用公式法，也可以采用列表法。

1) 公式法

公式法是假设成本和业务量之间存在线性关系，成本总额、固定成本总额、业务量和单位变动成本之间的变动关系可以表示为

$$y = a + bx$$

式中，y 为总成本；a 为固定成本；b 为单位变动成本；x 为业务量。

这种方法要求按照上述成本与业务量之间的线性假定，将企业各项目成本总额分解为变动成本和固定成本两部分。

【例 9-1】 某企业的制造费用项目单位变动费用和固定费用资料如表 9-1 所示。

表 9-1 某企业的制造费用项目单位变动费用和固定费用资料

费用明细项目	单位变动费用/元	费用明细项目	固定费用/元
变动费用：		固定费用：	
间接人工	0.5	维护费用	12 000
间接材料	0.6	折旧费用	30 000
维护费用	0.4	管理费用	20 000
水电费用	0.3	保险费用	10 000
机物料	0.2	财产税	5 000
小计	2.0	小计	77 000

假设该企业预算期可能的预算工时变动范围为 49 000~51 000 工时，制造费用弹性预算如表 9-2 所示。

表 9-2 某企业制造费用弹性预算表(公式法)

单位：元

项 目	a	b
固定部分		
维护费用	12 000	—
折旧费用	30 000	—
管理费用	20 000	—
保险费用	10 000	—
财产税	5 000	—
小 计	77 000	—

续表

项 目	a	b
变动部分		
间接人工	—	0.5
间接材料	—	0.6
维护费用	—	0.4
水电费用	—	0.3
机物料	—	0.2
小 计		2.0
总 计	77 000	2.0

根据表 9-2,可利用 $y=77\,000+2x$,计算出工时在 49 000~51 000 工时的范围内,任一业务量基础上的制造费用预算总额。

公式法的优点是在一定范围内预算可以随业务量的变动而变动,可比性和适应性强,编制预算的工作量相对较小;缺点是按照公式进行成本分解比较麻烦,对每个费用子项目甚至细目逐一进行成本分解,工作量很大。

2) 列表法

列表法是指通过列表的方式,将与各种业务量对应的预算数列示出来的一种弹性预算编制方法。

【例 9-2】 有关资料见表 9-1。预算期企业可能的直接人工工时分别为 49 000 工时、49 500 工时、50 000 工时、50 500 工时和 51 000 工时。用列表法编制制造费用弹性预算,如表 9-3 所示。

表 9-3 某企业制造费用弹性预算表(列表法)

单位:元

费用明细项目	单位变动费用	业务量				
		49 000 工时	49 500 工时	50 000 工时	50 500 工时	51 000 工时
变动费用:						
间接人工	0.5	24 500	24 750	25 000	25 250	25 500
间接材料	0.6	29 400	29 700	30 000	30 300	30 600
维护费用	0.4	19 600	19 800	20 000	20 200	20 400
水电费用	0.3	14 700	14 850	15 000	15 150	15 300
机物料	0.2	9 800	9 900	10 000	10 100	10 200
小 计	2.0	98 000	99 000	100 000	101 000	102 000
固定费用:						
维护费用		12 000	12 000	12 000	12 000	12 000
折旧费用		30 000	30 000	30 000	30 000	30 000
管理费用		20 000	20 000	20 000	20 000	20 000

续表

费用明细项目	单位变动费用	业务量				
		49 000 工时	49 500 工时	50 000 工时	50 500 工时	51 000 工时
保险费用		10 000	10 000	10 000	10 000	10 000
财产税		5 000	5 000	5 000	5 000	5 000
小　计		77 000	77 000	77 000	77 000	77 000
制造费用合计		175 000	176 000	177 000	178 000	179 000

列表法的主要优点是可以直接从表中查得各种业务量下的成本费用预算，不用再另行计算，直接、简便；缺点是编制工作量较大，而且由于预算数不能随着业务量的变动而任意变动，弹性仍然不足。

二、增量预算与零基预算

(一)增量预算

1. 增量预算的概念

增量预算又称调整预算，是指以基期成本费用水平为基础，结合预算期业务量水平及有关影响成本因素的未来变动情况，通过调整有关费用项目而编制预算的方法。可参考：预算值=基期值(1+变动率)，进行编制。

2. 增量预算的编制假设

增量预算以过去的费用发生水平为基础，主张不需要在预算内容上做较大的调整，它的编制遵循如下假定。

(1) 企业现有业务活动是合理的，不需要进行调整。

(2) 企业现有各项业务的开支水平是合理的，在预算期予以保持。

(3) 未来预算期的费用变动是在现有费用的基础上调整的结果。

3. 增量预算的优缺点

增量预算的优点是方法简单、工作量小。

增量预算的缺点表现在：一是受原有费用项目限制，可能导致保护落后；二是滋长预算中的"平均主义"和"简单化"；三是不利于企业未来的发展。

4. 增量预算的适用范围

增量预算适用于历史资料较全的项目、部门。

【**例 9-3**】 某企业上年的制造费用为 60 000 元，考虑到本年生产任务增加 10%，按照增量预算编制计划年度的制造费用。

解：

计划年度的制造费用预算=60 000×(1+10%)=66 000(元)

(二)零基预算

1. 零基预算的概念

零基预算的全称为"以零为基础的编制计划和预算方法",它是在编制费用预算时,不考虑以往会计期间所发生的费用项目或费用数额,而是一切以零为出发点,从实际需要逐项审议预算期内各项费用的内容及开支标准是否合理,在综合平衡的基础上,编制费用预算的方法。

2. 零基预算的优缺点

零基预算的优点表现在:一是不受现有费用项目的限制;二是不受现行预算的束缚;三是能够调动各方面节约费用的积极性;四是有利于促使各基层单位精打细算,合理使用资金。

零基预算的缺点表现在:一是业绩差的人员会认为零基预算是对他的一种威胁,因此拒绝接受;二是工作量较大,费用较昂贵;三是评级和资源分配具有主动性,易于引起部门间的矛盾;四是易于引起人们注重短期利益而忽视企业长期利益。

3. 零基预算的适用范围

零基预算适用于历史资料不全的项目或部门、变动较大的部门、新部门、新项目。

4. 零基预算的程序

(1) 企业内部各级部门的员工,根据企业的生产经营目标,详细讨论计划期内应该发生的费用项目,并对每一费用项目编写一套方案,提出费用开支的目的及需要开支的费用数额。

(2) 划分不可避免的费用项目和可避免的费用项目。在编制预算时,对不可避免的费用项目必须保证资金供应;对可避免的费用项目,则需要逐项进行成本与效益分析,尽量控制将不可避免的项目纳入预算中。

(3) 划分不可延缓费用项目和可延缓费用项目。在编制预算时,应根据预算期内可供支配的资金数额在各费用之间进行分配。应优先安排不可延缓费用项目的支出。再根据需要,按照费用项目的轻重缓急确定可延缓项目的开支。

三、定期预算与滚动预算

(一)定期预算

1. 定期预算的概念

定期预算是指在编制预算时,以不变的会计期间(如日历年度)作为预算期的一种编制预算的方法。

2. 定期预算的优缺点

定期预算的优点是能够使预算期间与会计期间相对应,便于将实际数与预算数进行对比,也有利于对预算执行情况进行分析和评价。

定期预算的缺点是固定以 1 年为预算期,在执行一段时期之后,往往使管理人员只考虑剩下的几个月的业务量,缺乏长远打算,导致一些短期行为的出现。

(二)滚动预算

1. 滚动预算的概念

滚动预算又称连续预算,是指在编制预算时,将预算期与会计期间脱离开,随着预算的执行不断地补充预算,逐期向后滚动,使预算期始终保持为一个固定长度(一般为 12 个月)的一种预算方法。滚动预算的基本做法是使预算期始终保持为 12 个月,每过 1 个月或 1 个季度,立即在期末增列 1 个月或 1 个季度的预算,逐期往后滚动,因而在任何一个时期都使预算保持为 12 个月的时间长度,故又称为连续预算或永续预算。

2. 滚动预算的优缺点

滚动预算的优点主要包括：一是能保持预算的完整性、连续性,从动态预算中把握企业的未来；二是能使各级管理人员始终保持对未来一定时期的生产经营活动做周详的考虑和全面规划；三是由于预算能随着时间的推进,不断加以调整和修订,能使预算与实际情况更加相适应。

滚动预算的主要缺点是预算工作量大。

3. 滚动预算的适用范围

滚动预算适用于规模较大、时间较长的工程类或大型设备采购项目。

4. 滚动预算的编制方式

例如,某企业 2017 年 1 月份和 2 月份滚动预算的编制方式如图 9-1 所示。

2017 年预算(一)											
1月	2月	3月	4月	5月	6月	7月	8月	9月	10月	11月	12月
预算调整和修订因素											
预算与实际差异分析				客观条件变化				经营方针调整			
2017 年预算(二)											2018 年
1月	2月	3月	4月	5月	6月	7月	8月	9月	10月	11月	12月	1月

图 9-1 某企业 2017 年 1 月份和 2 月份滚动预算的编制方式

此方法编制预算已不再仅仅是每年末才开展的工作了,而是与日常管理密切结合的一项措施。当然,滚动预算采用按月滚动的方法,预算编制工作比较繁重,所以,也可以采用按季度滚动来编制预算。

任务三 现金预算的编制

一、现金预算的概念

现金预算又称为现金收支预算,是反映预算期企业全部现金收入和全部现金支出的预算。完整的现金预算,一般包括以下四个组成部分:①现金收入;②现金支出;③现金收支差额;④资金的筹集与运用。

现金收入主要指经营业务活动的现金收入,主要来自于现金余额和产品销售。现金支出除了涉及有关直接材料、直接人工、制造费用和销售及管理费用、缴纳税金、股利分配等方面的经营性现金支出外,还包括购买设备等资本性支出。现金收支差额反映了现金收入合计与现金支出合计之间的差额,差额为正,说明现金有多余,可用于偿还过去向银行取得的借款,或用于购买短期证券;差额为负,说明现金不足,要向银行取得新的借款。资金的筹集和运用主要是反映了预算期内向银行借款还款、支付利息以及进行短期投资及投资收回等内容。

现金预算实际上是其他预算有关现金收支部分的汇总,以及收支差额平衡措施的具体计划。它的编制,要以其他各项预算为基础,或者说其他预算在编制时要为现金预算做好数据准备。

二、现金预算的编制

下面分别介绍各项预算的编制,为现金预算的编制提供数据以及编制依据。

(一)销售预算

销售预算是整个预算的编制起点,其他预算的编制都以销售预算作为基础,根据预算期现销收入与回收赊销货款的可能情况反映现金收入,以便为编制现金收支预算提供信息。

【例9-4】榕辉机械有限责任公司生产和销售甲产品,根据2017年各季度的销售量及售价的有关资料编制销售预算表,如表9-4所示。

表9-4 销售预算表

2017年度 单位:元

项 目	第一季度	第二季度	第三季度	第四季度	合计
预计销售量/件	5 000	7 500	10 000	9 000	31 500
预计单位售价/(元/件)	20	20	20	20	20
销售收入/元	100 000	150 000	200 000	180 000	630 000

在实际工作中,产品销售往往不是现购现销的,即产生了很大数额的应收账款,所以,销售预算中通常还包括预计现金收入的计算,其目的是为编制现金预算提供必要的资料。

假设本例中,每季度销售收入在本季收到现金60%,其余赊销在下季度收账。榕辉机械有限责任公司 2017 年度预计现金收入表如表 9-5 所示。

表 9-5 预计现金收入表

2017 年度　　　　　　　　　　　　　　　　　　　　　　　　　　单位：元

项　目	本期发生额	现金收入			
		第一季度	第二季度	第三季度	第四季度
期初数	31 000	31 000			
第一季度	100 000	60 000	40 000		
第二季度	150 000		90 000	60 000	
第三季度	200 000			120 000	80 000
第四季度	180 000				108 000
期末数	(72 000)				
合　计	589 000	91 000	130 000	180 000	188 000

(二)生产预算

生产预算是根据销售预算编制的。通常，企业的生产和销售不能做到"同步量"，生产数量除了满足销售数量外，还需要设置一定的存货，以保证能在发生意外需求时按时供货，并可均衡生产，节省赶工的额外开支。预计生产量可用下列公式计算。

预计生产量=预计销售量+预计期末存货量-预计期初存货量

【例 9-5】 承例 9-4，榕辉机械有限责任公司希望能在每季末保持相当于下季度销售量 10%的期末存货，上年末产品的期末存货为 500 件，单位成本为 8 元，共计 4 000 元。

预计下年第一季度销售量为 10 000 件，榕辉机械有限责任公司 2017 年度生产预算表如表 9-6 所示。

表 9-6 生产预算表

2017 年度　　　　　　　　　　　　　　　　　　　　　　　　　　单位：件

项　目	第一季度	第二季度	第三季度	第四季度	全年合计
预计销售量	5 000	7 500	10 000	9 000	31 500
加：期末存货	750	1 000	900	1 000	1 000
合　计	5 750	8 500	10 900	10 000	32 500
减：期初存货	500	750	1 000	900	500
预计生产量	5 250	7 750	9 900	9 100	32 000

(三)直接材料预算

在生产预算的基础上，可以编制直接材料预算，但同时还要考虑期初、期末原材料存货的水平。直接材料生产上的需要量同预计采购量之间的关系可按下列公式计算：

预计采购量=生产需要量+期末库存量-期初库存量

期末库存量一般是按照下期生产需要量的一定百分比来计算的。其计算公式如下。

生产需要量=预计生产量×单位产品材料耗用量

【例 9-6】 根据例 9-5 的资料,假设甲产品只耗用一种材料,榕辉公司期望每季末材料库存量分别为 2 100 千克、3 100 千克、3 960 千克、3 640 千克。上年末库存材料 1 500 千克。榕辉机械有限责任公司 2017 年直接材料预算表如表 9-7 所示。

表 9-7 直接材料预算表

2017 年度　　　　　　　　　　　　　　　　　　　　　　　单位:元

项　目	第一季度	第二季度	第三季度	第四季度	全年合计
预计生产量/件	5 250	7 750	9 900	9 100	32 000
单位产品材料用量/(千克/件)	2	2	2	2	2
生产需用量/千克	10 500	15 500	19 800	18 200	64 000
加:预计期末存量	2 100	3 100	3 960	3 640	3 640
合　计	12 600	18 600	23 760	21 840	67 640
减:预计期初存量	1 500	2 100	3 100	3 960	1 500
预计采购量	11 100	16 500	20 660	17 880	66 140
单价/(元/千克)	2.5	2.5	2.5	2.5	2.5
预计采购金额/元	27 750	41 250	51 650	44 700	165 350

材料的采购与产品的销售有相似处,即货款也不是马上用现金全部支付的,这样就可能存在一部分应付款项,所以,对于材料采购我们还须编制现金支出预算,目的是便于编制现金预算。假设材料采购的货款有 50%在本季度内付清,另外 50%在下季度付清。榕辉机械有限责任公司 2017 年度预计现金支出表如表 9-8 所示。

表 9-8 预计现金支出表

2017 年度　　　　　　　　　　　　　　　　　　　　　　　单位:元

项　目	本期发生额	现金支出			
		第一季度	第二季度	第三季度	第四季度
期初数	11 000	11 000			
第一季度	27 750	13 875	13 875		
第二季度	41 250		20 625	20 625	
第三季度	51 650			25 825	25 825
第四季度	44 700				22 350
期末数	(22 350)				
合　计	154 000	24 875	34 500	46 450	48 175

(四)直接人工预算

直接人工预算也是以生产预算为基础编制的。其主要内容有预计生产量、单位产品工时、人工总工时、每小时人工成本和人工总成本。直接人工预算也能为编制现金预算提供资料。

【例 9-7】 榕辉机械有限责任公司 2017 年度直接人工预算表如表 9-9 所示。

表 9-9 直接人工预算表

2017 年度　　　　　　　　　　　　　　　　　　　　　　　　　　　　单位：元

项　目	第一季度	第二季度	第三季度	第四季度	全年合计
预计生产量/件	5 250	7 750	9 900	9 100	32 000
单位产品工时/小时	0.2	0.2	0.2	0.2	0.2
人工总工时/小时	1 050	1 550	1 980	1 820	6 400
每小时人工成本/元	10	10	10	10	10
人工总成本	10 500	15 500	19 800	18 200	64 000

(五) 制造费用预算

制造费用预算是指除了直接材料和直接人工预算以外的其他一切生产成本的预算。制造费用按其成本性态可分为变动制造费用和固定制造费用两部分。变动制造费用以生产预算为基础来编制，即根据预计生产量和预计的变动制造费用分配率来计算；固定制造费用是期间成本直接列入损益作为当期利润的一个扣减项目，与本期的生产量无关，一般可以按照零基预算的编制方法编制。

【例 9-8】 榕辉机械有限责任公司 2017 年度制造费用预算表如表 9-10 所示。

表 9-10 制造费用预算表

2017 年度　　　　　　　　　　　　　　　　　　　　　　　　　　　　单位：元

项　目	每小时费用分配率/(元/小时)	第一季度	第二季度	第三季度	第四季度	全年合计
预计人工总工时/小时		1 050	1 550	1 980	1 820	6 400
变动制造费用						
间接材料	1	1 050	1 550	1 980	1 820	6 400
间接人工	0.6	630	930	1 180	1 092	3 840
修理费	0.4	420	620	792	728	2 560
水电费	0.5	525	775	990	910	3 200
小　计	2.5	2 625	3 875	4 950	4 550	16 000
固定制造费用						
修理费		3 000	3 000	3 000	3 000	12 000
水电费		1 000	1 000	1 000	1 000	4 000
管理人员工资		2 000	2 000	2 000	2 000	8 000
折旧		5 000	5 000	5 000	5 000	20 000
保险费		1 000	1 000	1 000	1 000	4 000
小　计		12 000	12 000	12 000	12 000	48 000
合　计		14 625	15 875	16 950	16 550	64 000

项 目	每小时费用分配率/(元/小时)	第一季度	第二季度	第三季度	第四季度	全年合计
减：折旧		5 000	5 000	5 000	5 000	20 000
现金支出费用		9 625	10 875	11 950	11 550	44 000

在制造费用预算中，除了折旧费以外都需要支付现金。为了便于编制现金预算，需要预计现金支出，将制造费用预算额扣除折旧费后，调整为"现金支出的费用"。

(六)产品生产成本预算

为了计算产品的销售成本，必须先确定产品的生产总成本和单位成本。产品生产成本预算是生产预算、直接材料预算、直接人工预算、制造费用预算的汇总。

【例 9-9】 榕辉机械有限责任公司 2017 年度产品生产成本预算表如表 9-11 所示。

表 9-11 产品生产成本预算

2017 年度　　　　　　　　　　　　　　　　　　　　单位：元

项 目	全年生产量 32 000/件			
	单耗/(千克/件或小时/件)	单价/(元/千克或元/小时)	单位成本/(元/件)	总成本
直接材料	2	2.5	5	160 000
直接人工	0.2	10	2	64 000
变动制造费用	0.2	2.5	0.5	16 000
合 计			7.5	240 000

根据产品生产成本预算表，计算本年销售产品成本，如表 9-12 所示。

表 9-12 本年销售产品成本计算表

产成品存货	数量/件	单位成本/元	总成本/元
年初存货	500	8	4 000
年末存货	1 000	7.5	7 500
本年销售	31 500		236 500

由于期初存货的单位成本为 8 元，而本年生产产品的单位成本为 7.5 元，两者不一致，所以，存货流转采用先进先出法。

(七)销售及管理费用预算

销售及管理费用预算是指为了实现产品销售和维持一般管理业务所发生的费用。它是以销售预算为基础，按照成本的性态分为变动销售及管理费用和固定销售及管理费用。其编制方法与制造费用预算相同。

【例 9-10】 榕辉机械有限责任公司 2017 年度销售及管理费用预算表如表 9-13 所示。

表 9-13　销售及管理费用预算表

2017 年度　　　　　　　　　　　　　　　　　　　　　　　　　单位：元

项　目	变动费用率（按销售收入）	第一季度	第二季度	第三季度	第四季度	全年合计
预计销售收入		100 000	150 000	200 000	180 000	630 000
变动销售及管理费用						
销售佣金	1%	1 000	1 500	2 000	1 800	6 300
运输费	1.60%	1 600	2 400	3 200	2 880	10 080
广告费	5%	5 000	7 500	10 000	9 000	31 500
小　计	7.60%	7 600	11 400	15 200	13 680	47 880
固定销售及管理费用						
薪金		5 000	5 000	5 000	5 000	20 000
办公用品		4 500	4 500	4 500	4 500	18 000
杂项		3 500	3 500	3 500	3 500	14 000
小　计		13 000	13 000	13 000	13 000	52 000
合　计		20 600	24 400	28 200	26 680	99 880

(八)现金预算

现金预算的编制，是以各项日常业务预算和特种决策预算为基础来反映各预算的收入款项和支出款项。其目的在于资金不足时如何筹措资金，资金多余时怎样运用资金，并且提供现金收支的控制限额，以便发挥现金管理的作用。

【例 9-11】根据例 9-4 至例 9-10 所编制的各种预算提供的资料，并假设榕辉机械有限责任公司每季度末应保持现金余额 10 000 元，若资金不足或多余，可以以 2 000 元为单位进行借入或偿还，借款年利率为 8%，于每季初借入，每季末偿还，借款利息于偿还本金时一起支付。同时，在 2017 年度公司准备投资 100 000 元购入设备，于第二季度与第三季度分别支付价款 50%；每季度预交所得税 20 000 元；预算在第三季度发放现金股利 30 000 元；第四季度购买国库券 10 000 元。依上述资料编制榕辉机械有限责任公司 2017 年度现金预算表如表 9-14 所示。

表 9-14　现金预算表

2017 年度　　　　　　　　　　　　　　　　　　　　　　　　　单位：元

项　目	第一季度	第二季度	第三季度	第四季度	全年合计
期初现金余额	8 000	13 400	10 125	11 725	8 000
加：销货现金收入	91 000	130 000	180 000	188 000	589 000
可供使用现金	99 000	143 400	190 125	199 725	597 000

续表

项　　目	第一季度	第二季度	第三季度	第四季度	全年合计
减：现金支出					
直接材料	24 875	34 500	46 450	48 175	154 000
直接人工	10 500	15 500	19 800	18 200	64 000
制造费用	9 625	10 875	11 950	11 550	44 000
销售及管理费用	20 600	24 400	28 200	26 680	99 880
预交所得税	20 000	20 000	20 000	20 000	80 000
购买国库券				10 000	10 000
发放股利			30 000		30 000
购买设备		50 000	50 000		100 000
支出合计	85 600	155 275	206 400	134 605	581 880
现金收支差额	13 400	(11 875)	(16 275)	65 120	15 120
向银行借款		22 000	28 000		50 000
归还银行借款				50 000	50 000
借款利息(年利率为8%)				2 440	2 440
期末现金余额	13 400	10 125	11 725	12 680	12 680

案例解析

丰华公司财务预算管理中存在问题的解决对策如下。

(1) 加强人才资源建设，提高财务预算管理人员素质。规范公司管理制度，树立以人为本的管理理念，让全体员工参与和认同公司财务预算管理工作，使其在整个预算程序中发挥应有的作用，从而深化各部门职责，进一步促进整个公司的管理时效，提高经济效益。

(2) 转换传统观念，树立以长期战略为导向的管理理念。财务预算的编制要对公司资金的使用情况、长期投资计划和盈亏状况等作出详细的评估，并通过评估结果重新分配预算项目，修正预算指标，最终得出确切的财务预算报告。

项 目 小 结

财务预算是一系列专门反映企业未来一定预算期内预计财务状况和经营成果，以及现金收支等价值指标的各种预算总称，包括现金预算、预计利润表、预计资产负债表和预计现金流量表。财务预算的作用：财务预算使决策目标具体化、系统化和定量化；财务预算是总预算，其余预算是辅助预算；财务预算有助于财务目标的顺利实现。固定预算和弹性预算的特点：固定预算是针对某一特定业务量编制的；弹性预算是针对一系列可能达到的预计业务量水平编制的。增量预算和零基预算的特点：增量预算是以基期成本费用水平为基础；零基预算是一切从零开始。定期预算和滚动预算的特点：定期预算一般以会计年度为单位定期编制；滚动预算的要点在于不将预算期与会计年度挂钩，而是始终保持为12个月。现金预算的内容包括：现金收入、现金支出、现金收支差额和资金的筹集及应用。现金预算实际上是销售预算、生产预算、直接材料预算、直接人工预算、制造费用预算、产品生产成本预算、销售及管理费用预算等预算中有关现金收支部分的汇总。现金预算的编制，要以其他各项预算为基础。

项目强化训练

一、单项选择题

1. 在现金预算表内，(　　)应分类列示预算期内可能发生的一切。
   A. 现金收支项目　　　　　　B. 资金增减项目
   C. 资金流入和流出项目　　　D. 营业收入和支出项目
2. 生产预算的编制依据是(　　)。
   A. 现金预算　　B. 资本预算　　C. 成本预算　　D. 销售预算
3. 增量预算的对称是(　　)。
   A. 静态预算　　B. 滚动预算　　C. 零基预算　　D. 弹性预算
4. 企业的直接材料、直接人工和制造费用预算是根据(　　)直接确定的。
   A. 销售预算　　B. 成本预算　　C. 现金预算　　D. 生产预算
5. 预计人工总成本=(　　)×(单位产品工时×每工时工资率)。
   A. 预计销售量　　B. 预计生产量　　C. 预计工时量　　D. 预计材料消耗量
6. 不受现有费用项目和开支水平限制，并能够克服增量预算方法缺点的是(　　)。
   A. 弹性预算方法　　　　　　B. 固定预算方法
   C. 零基预算方法　　　　　　D. 滚动预算方法
7. 全面预算体系的各种预算，是以企业决策确定的经营目标为出发点，根据以销定产的原则，按照(　　)的顺序编制的。
   A. 先经营预算后财务预算　　B. 先财务预算后经营预算
   C. 先经营预算后现金预算　　D. 先现金预算后财务预算
8. 须按成本性态分析的方法将企业划分为固定成本和变动成本的预算编制方法是(　　)。
   A. 固定预算　　B. 零基预算　　C. 滚动预算　　D. 弹性预算
9. 零基预算在编制时，对于所有的预算费用支出均以(　　)为基底。
   A. 可能需要　　　　　　　　B. 零
   C. 现有费用支出　　　　　　D. 基期费用支出
10. 下列各项预算中，作为全面预算体系中最后环节的是(　　)。
    A. 财务预算　　　　　　　　B. 日常业务预算
    C. 销售预算　　　　　　　　D. 特种决策预算

二、多项选择题

1. 预算的编制方法主要有(　　)。
   A. 弹性预算　　B. 零基预算　　C. 全面预算　　D. 滚动预算

2. 在实际工作中,弹性预算主要适用于编制与业务量有关的各种预算,因而主要用于编制(　　　)等。
   A. 直接材料预算　　　　　　　　B. 直接人工预算
   C. 制造费用预算　　　　　　　　D. 销售管理费用预算
3. 现金预算的组成部分包括(　　　)。
   A. 现金收入　　　　　　　　　　B. 现金收支差额
   C. 现金支出　　　　　　　　　　D. 资金筹集与运用
4. 财务预算包括(　　　)。
   A. 现金预算　　B. 业务预算　　C. 预计损益表　　D. 预计资产负债表
5. 为编制现金预算提供依据的预算有(　　　)。
   A. 销售预算　　　　　　　　　　B. 预计现金流量表
   C. 成本预算　　　　　　　　　　D. 资本支出预算
6. 财务预算能使决策目标(　　　)。
   A. 定性化　　　B. 定量化　　　C. 系统化　　　D. 具体化
7. 下列预算中,能够既反映经营业务又反映现金收支内容的有(　　　)。
   A. 销售预算　　　　　　　　　　B. 直接材料预算
   C. 生产预算　　　　　　　　　　D. 制造费用预算
8. 在下列各项预算中,(　　　)是编制产品生产成本预算的基础。
   A. 支付各项利息　　　　　　　　B. 生产预算
   C. 直接材料消耗及采购预算　　　D. 直接人工预算
9. 在所有的预算中,(　　　)不是生产企业最为关键的预算。
   A. 销售预算　　B. 生产预算　　C. 现金预算　　D. 直接人工预算
10. 滚动预算的优点包括(　　　)。
    A. 透明度高　　B. 及时性强　　C. 连续性好　　D. 完整性突出

三、判断题

1. 在编制制造费用预算时,应将固定资产折旧费剔除。(　　)
2. 财务预算是关于企业在未来一定期间内财务状况和经营成果以及现金收支等价值指标的各种预算总称。(　　)
3. 在编制零基预算时,应以企业现有的费用水平为基础。(　　)
4. 能够克服固定预算缺点的预算方法是滚动预算。(　　)
5. 销售管理费用预算是根据生产预算来编制的。(　　)
6. 滚动预算的主要特点是预算期永远保持12个月。(　　)
7. 销售量和单价预测的准确性,直接影响企业财务预算的质量。(　　)
8. 直接人工预算可以直接参加现金预算汇总。(　　)
9. 预算比决策估算更细致、更精确。(　　)
10. 生产预算是日常业务预算中唯一仅以实物量作为计量单位的预算,不直接涉及现金收支。(　　)

四、名词解释

财务预算　　固定预算　　弹性预算　　增量预算　　零基预算　　定期预算　　滚动预算　　现金预算　　生产预算　　销售预算

五、思考题

怎样编制弹性预算、零基预算和滚动预算？

六、计算分析题

1. A 公司 2017 年 1 月份现金收支的预计资料如下。

(1) 1 月 1 日的现金(包括银行存款)余额为 13 000 元，已收到未入账支票 36 000 元。

(2) 产品售价 7.2 元/件。2016 年 11 月销售 18 000 件，2016 年 12 月销售 27 000 件，2017 年 1 月预计销售 36 000 件，2016 年 2 月预计销售 22 500 件。根据经验，商品售出后当月可收回货款的 60%，次月收回 30%，再次月收回 8%，另外 2%为坏账。

(3) 进货成本为 4.5 元/件，平均在 15 天后付款。编制预算时月底存货为次月销售的 10%加 500 件。2016 年 12 月末的实际存货为 3 600 件，应付账款余额为 69 750 元。

(4) 1 月的费用预算为 76 500 元，其中折旧费为 10 800 元，其余费用须当月用现金支付。

(5) 预计 1 月份将购置设备一台，支出 135 000 元，须当月付款。

(6) 1 月份预交所得税 18 000 元。

(7) 现金不足时可从银行借入，借款额为 10 000 元的整数倍，利息在还款时支付。期末现金余额不少于 5 000 元。

要求：编制 2017 年 1 月份的现金预算表如表 9-15 所示。(分别列示各项收支金额)

表 9-15　1 月份的现金预算表

单位：元

项　　目	金　　额
期初现金	
现金收入：	
可使用现金合计	
现金支出：	

项　目	金　额
现金支出合计	
现金多余(或不足)	
借入银行借款	
期末现金余额	

2. 某公司 2017 年第 1~3 月实际销售额分别为 38 000 万元、36 000 万元和 41 000 万元，预计 4 月份销售额为 40 000 万元。每月销售收入中有 70%能于当月收现，20%于次月收现，10%于第三个月收讫，不存在坏账。假定该公司销售的产品在流通环节只需缴纳消费税，税率为 10%，并于当月以现金缴纳。该公司 3 月末现金余额为 80 万元，应付账款余额为 5 000 万元(需要在 4 月份付清)，不存在其他应收应付款项。

4 月份有关项目预计资料如下：采购材料 8 000 万元(当月付款 70%)；工资及其他支出 8 400 万元(用现金支付)；制造费用 8 000 万元(其中折旧费等非付现费用为 4 000 万元)；销售费用和管理费用 1 000 万元(用现金支付)；所得税费用 1 900 万元；购买设备 12 000 万元(用现金支付)。现金不足时，通过向银行借款解决。4 月末现金余额要求不低于 100 万元。

要求：根据上述资料，计算该公司 4 月份的下列预算指标。
(1) 经营性现金流入。
(2) 经营性现金流出。
(3) 现金余缺。
(4) 应向银行借款的最低金额。
(5) 4 月末应收账款余额。

项目十 财务控制

【知识目标】

- 掌握财务控制的含义、特征、分类。
- 掌握财务控制分类的依据、实现方式。
- 掌握成本中心、利润中心和投资中心的含义、类型、特点及考核指标。
- 掌握财务评价的内涵及意义。

【技能目标】

- 能领会财务控制的意义和重要性。
- 能运用成本中心、利润中心和投资中心实施财务控制。
- 能对企业进行财务评价。
- 能进行责任预算及责任报告的编制。
- 能将财务控制思想运用于生活中的其他领域。

案例引导

佳佳食品公司内部甲车间是以个人为利润中心，本期实现内部销售收入 100 万元，销售变动成本为 60 万元，该车间负责人可控固定成本为 5 万元，车间负责人不可控但应由该车间负担的固定成本为 10 万元。

要求：计算该利润中心的各项考核指标(利润中心边际贡献总额、利润中心负责人可控利润总额、利润中心可控利润总额)。

理论认知

任务一　财务控制概述

一、财务控制的含义和特征

财务控制是指按照一定的程序和方法，确保企业及其内部机构和人员全面落实及实现财务预算的过程。财务控制具有以下特征。

(1) 以价值控制为手段。财务控制以实现财务预算为目标，必须借助价值手段进行。

(2) 以综合经济业务为控制对象。财务控制以价值为手段，可以将不同岗位、不同部门、不同层次的业务活动综合起来。

(3) 以现金流量控制为日常控制的内容。由于日常的财务活动过程表现为组织现金流量的过程，因此，控制现金流量成为日常财务控制的主要内容。

二、财务控制的基本原则

财务控制的基本原则包括以下内容。

(1) 目的性原则。财务控制作为一种财务管理职能，必须具有明确的目的性，为企业理财目标服务。

(2) 充分性原则。财务控制的手段对于目标而言，应当是充分的，应当足以保证目标的实现。

(3) 及时性原则。财务控制的及时性要求及时发现偏差，并能及时采取措施加以纠正。

(4) 认同性原则。财务控制的目标、标准和措施必须为相关人士所认同。

(5) 经济性原则。财务控制的手段应当是必要的，没有多余，财务控制所获得的价值应大于所需费用。

(6) 客观性原则。管理者对绩效的评价应当客观公正，防止主观片面。

(7) 灵活性原则。财务控制应当含有足够灵活的要素，以便在出现任何失常情况下，都能保持对运行过程的控制，不受环境变化、计划疏忽、计划变更的影响。

(8) 适应性原则。财务控制的目标、内容和方法与组织结构中的职位相适应。

(9) 协调性原则。财务控制的各种手段在功能、作用、方法和范围方面不能相互制约，而应相互配合，在单位内部形成合力，产生协同效应。

(10) 简明性原则。控制目标应当明确，控制措施与规章制度应当简明易懂，易为执行者所理解和接受。

三、财务控制的内容

1. 组织规划控制

组织规划控制主要包括财务治理结构的科学设置、财权和财务控制权的合理分割、明确与财务管理相关的各职能部门间的横向或纵向财务关系、不相容职务的分离等。

2. 业务处理程序控制

财务管理的"业务"是指资金筹集、资金投放、资金耗费、资金收回、资金分配五个方面。每个方面都必须明确相应的预测决策程序、执行程序和信息反馈程序。

3. 信息控制

一是关于资金筹集、投放、耗费(成本费用)、收回、分配等各项理财业务的运作过程及结果的信息。二是关于各责任中心财务控制方面的信息。这些信息与财务会计有关，更主要的是内部会计信息，也有一部分是其他经济信息。

4. 资金安全控制

无论是筹资、投资(广义的包括资金投放、耗费、收回等过程)，还是利润分配，都有一个风险防范问题。资金安全控制在财务管理中主要是一个风险的评估、预警和防范问题，属于风险控制的内容。一要维持资金收支在数量和时间上的动态平衡；二要保证资金不受无谓的损失和消耗。

5. 人员素质控制

财务控制作为一项风险较大的、复杂的、需要随机应变的管理工作，对从业人员素质要求较高。

6. 预算控制

财务预算控制是财务内控的日常工作和使用最为普遍的控制手段，在财务内控中具有十分重要的地位。

7. 内部财务管理审计

财务内控制度和控制业绩的审计评价是公司内部管理审计的重要组成部分。

四、财务控制的种类

1. 一般控制和应用控制

按照财务控制的内容可将财务控制分为一般控制和应用控制两类。一般控制是指对企业财务活动赖以进行的内部环境所实施的总体控制，因而也称为基础控制或环境控制。应用控制是指直接作用于企业财务活动的具体控制，也称为业务控制。

2. 预防性控制、侦查性控制、纠正性控制、指导性控制和补偿性控制

按照财务控制的功能可将财务控制分为预防性控制、侦查性控制、纠正性控制、指导性控制和补偿性控制。

(1) 预防性控制是为了避免产生错误或尽量减少今后的更正性活动，是为了防止资金、时间或其他资源的损耗而采取的一种预防保证措施。

(2) 侦查性控制是指为及时识别已存在的财务危机和已发生的错弊和非法行为或增强识别风险和发现错弊机会的能力所进行的各种控制。侦查性控制主要解决"如果风险和错弊发生，如何识别"的问题。

(3) 纠正性控制是指为了发现工作中存在的问题以便进行更正而进行的控制。更正性控制的目的是发现行为的偏差并使行为或实施进程回到预先确定的或管理者所希望的水平。

(4) 指导性控制不是为了预防、检查和纠正不利的结果，而是为了实现有利的结果而采取的控制。

(5) 补偿性控制是针对某些环节的不足或缺陷而采取的控制措施。补偿性控制的目的是要排除损失、错误和舞弊，把风险水平限制在一定范围内。例如，岗位轮换、不定期盘点、突击检查等。

3. 事先控制、事中控制和事后控制

按照财务控制的时序可将财务控制分为事先控制、事中控制和事后控制三类。

(1) 事先控制是指企业单位为防止财务资源在质和量上发生偏差，而在行为发生之前所实施的控制。

(2) 事中控制是指财务收支活动发生过程中所进行的控制。

(3) 事后控制是指对财务收支活动的结果所进行的考核及其相应的奖罚。

4. 出资者的财务控制、经营者的财务控制和财务部门的财务控制

按照财务控制的主体可将财务控制分为出资者的财务控制、经营者的财务控制和财务部门的财务控制三类。

(1) 出资者的财务控制是出资者为了实现其资本保全和资本增值目标而对经营者的财务收支活动进行的控制。

(2) 经营者的财务控制是经营者为了实现财务预算目标而对企业及各责任中心的财务收支活动所进行的控制。

(3) 财务部门的财务控制是财务部门为了有效地组织现金流动，通过编制现金预算，执行现金预算，对企业日常财务活动所进行的控制。

5. 预算控制和制度控制

按照财务控制的依据可将财务控制分为预算控制和制度控制两类。

(1) 预算控制是指以财务预算为依据，对预算执行主体的财务收支活动进行监督、调整的一种控制形式。

(2) 制度控制是指通过制定企业内部规章制度，并以此为依据约束企业和各责任中心财务收支活动的一种控制形式。

6. 收支控制和现金控制

按照财务控制的对象可将财务控制分为收支控制和现金控制(或货币资金控制)两类。

(1) 收支控制是对企业和各责任中心的财务收入活动和财务支出活动所进行的控制。

(2) 现金控制是对企业和各责任中心的现金流入和现金支出所进行的控制。

7. 定额控制和定率控制

按照财务控制的手段可将财务控制分为定额控制和定率控制，也可称为绝对控制和相对控制。

(1) 定额控制是指对企业和各责任中心采用绝对额指标进行的控制。

(2) 定率控制是指对企业和各责任中心采用相对比率指标进行的控制。

五、财务控制的实现方式

(1) 公司治理结构控制是财务控制的基础，通过建立职业化的董事会制度和独立董事制度，明确财权分配关系，突出各利益主体间授权控制方式及职责分工。

(2) 预算控制是财务控制中使用最广泛的一种方法，也是最有效的方法。公司通过计划的形式具体、系统地反映出公司为达到经营目标所拥有的经济资源的配置。

(3) 财务制度控制是管理当局通过规章、制度的形式规范、约束公司财务行为，处理公司内部财务关系，以保证管理有利于公司战略目标实现。

(4) 激励控制是指企业通过激励的方式控制人的行为，使他们的行为与企业目标相协调。激励控制强调的是人的创造性。

(5) 业绩评价控制是指企业通过对经营业绩的考核评价来规范企业各级管理者的行为，它强调控制目标而不是控制过程。

(6) 软控制是指那些属于精神层面的事物，如高级管理阶层的管理风格、管理哲学、企业文化、财务控制意识等。

六、财务控制的程序

财务控制作为一种经济调控行为，有其独特的程序和步骤，具体如下。

第一步：制定财务控制标准。

第二步：分解指标。

第三步：实施调控。

第四步：衡量成效。

第五步：纠正偏差。

任务二 责任控制

责任中心是指具有一定的管理权限并承担相应经济责任的企业内部责任单位，是一个责权利结合的实体。划分责任中心的标准是：凡是可以划清管理范围，明确经济责任，能够单独进行业绩考核的内部单位,无论大小都可称为责任中心。责任中心按其责任权限范围及业务活动的特点不同,可分为成本中心、利润中心和投资中心三大类。

一、成本中心

成本中心是指对成本或费用承担责任的责任中心。成本中心往往没有收入,其职责是用一定的成本去完成规定的具体任务。成本中心一般包括产品生产的生产部门、提供劳务的部门和有一定费用控制指标的企业管理部门。成本中心是责任中心中应用最为广泛的一种责任中心形式。任何发生成本的责任领域,都可以确定为成本中心,上至企业,下至车间、工段、班组,甚至个人都可以划分为成本中心。成本中心的规模不一,一个成本中心可以由若干个更小的成本中心组成,因而在企业可以形成一个逐级控制,并层层负责的成本中心体系。

(一)成本中心的类型

广义的成本中心有两种类型:标准成本中心和费用中心。

1. 标准成本中心

标准成本中心是以实际产出量为基础,并按标准成本进行成本控制的成本中心。通常,制造业工厂、车间、工段、班组等是典型的标准成本中心。在产品生产中,这类成本中心的投入与产出有着明确的函数对应关系,它不仅能够计量产品产出的实际数量,而且每个产品因有明确的原材料、人工和制造费用的数量标准和价格标准,从而对生产过程实施有效的弹性成本控制。实际上,任何一项重复性活动,只要能够计量产出的实际数量,并且能够建立起投入与产出之间的函数关系,都可以作为标准成本中心。

2. 费用中心

费用中心是指产出物不能以财务指标衡量,或者投入与产出之间没有密切关系的有费用发生的单位,通常包括一般行政管理部门、研究开发部门及某些销售部门。一般行政管理部门的产出难以度量,研究开发和销售活动的投入量与产出量没有密切的联系。费用中心的费用控制应重在预算总额的审批上。

狭义的成本中心将标准成本中心划分为基本成本中心和复合成本中心两种,前者是指没有下属的成本中心,它是属于较低层次的成本中心。后者是指有若干个下属成本中心,它是属于较高层次的成本中心。

(二)成本中心的责任成本与可控成本

由成本中心承担责任的成本就是责任成本,它是该中心的全部可控成本之和。基本成本中心的责任成本就是其可控成本,复合成本中心的责任成本既包括本中心的责任成本,也包括下属成本中心的责任成本,各成本中心的可控成本之和即为企业的总成本。

可控成本是指责任单位在特定时期内,能够直接控制其发生的成本。作为可控成本必须同时具备以下条件。

(1) 责任中心能够通过一定的方式预知成本的发生。

(2) 责任中心能够对发生的成本进行计量。

(3) 责任中心能够通过自己的行为对这些成本加以调节和控制。

(4) 责任中心可以将这些成本的责任分解落实。

凡不能同时满足上述条件的成本就是不可控成本。对于特定成本中心来说，它不应当承担不可控成本的相应责任。正确判断成本的可控性是成本中心承担责任成本的前提。从整个企业的空间范围和较长时间来看，所有的成本都是人的某种决策或行为的结果，都是可控的。但是，对于特定的人或时间来说，则有些是可控的，有些是不可控的。所以，对成本的可控性理解应注意以下几个方面。

(1) 成本的可控性总是与特定责任中心相关，与责任中心所处管理层次的高低、管理权限及控制范围的大小有直接关系。同一成本项目，受责任中心层次高低影响，其可控性不同。就整个企业而言，所有的成本都是可控成本；而对于企业内部的各部门、车间、工段、班组和个人来讲，则既有其各自的可控成本又有其各自的不可控成本。有些成本对于较高层次的责任中心来说属于可控成本，而对于其下属的较低层次的责任中心来讲，可能就是不可控成本。例如，车间主任的工资，尽管要计入产品成本，但不是车间的可控成本，而它的上级则可以控制。反之，属于较低层次责任中心的可控成本，则一定是其所属较高层次责任中心的可控成本。至于下级责任中心的某项不可控成本对于上一级的责任中心来说，就有两种可能，要么仍然是不可控成本，要么是可控成本。成本的可控性要受到管理权限和控制范围的约束。同一成本项目，对于某一责任中心来讲是可控成本，而对于处在同一层次的另一责任中心来讲却是不可控成本。例如，广告费，对于销售部门是可控的，但对于生产部门却是不可控的。又如，直接材料的价格差异对于采购部门来说是可控的，但对于生产耗用部门却是不可控的。

(2) 成本的可控性要联系时间范围考虑。一般说来，在消耗或支付的当期成本是可控的，一旦消耗或支付了就不再可控了。例如，折旧费、租赁费等成本是过去决策的结果，这在添置设备和签订租约时是可控的，而使用设备或执行契约时就无法控制了。成本的可控性是一个动态概念，随着时间推移，成本的可控性还会随企业管理条件的变化而变化。例如，某成本中心管理人员工资过去是不可控成本，但随着用工制度的改革，该责任中心既能决定工资水平，又能决定用工人数，则管理人员工资成本就转化为可控成本了。

(3) 成本的可控性与成本性态和成本可辨认性的关系。一般来讲，一个成本中心的变动成本大都是可控成本，固定成本大都是不可控成本。直接成本大都是可控成本，间接成本大都是不可控成本。但实际上也并不如此，需要结合有关情况具体分析，如广告费、科研开发费、教育培训费等酌量性固定成本是可控的。某个成本中心所使用的固定资产的折旧费是直接成本，但不是可控成本。

(三)成本中心的责任成本与产品成本

作为产品制造的标准成本中心，必然会同时面对责任成本和产品成本两个问题，承担责任成本还必须了解这两个成本的区别与联系。责任成本和产品成本的主要区别如下。

(1) 成本归集的对象不同。责任成本是以责任成本中心为归集对象；产品成本则以产品为对象。

(2) 遵循的原则不同。责任成本遵循"谁负责谁承担"的原则，承担责任成本的是"人"；

产品成本则遵循"谁收益谁负担"的原则,承担产品成本的是"物"。

(3) 核算的内容不同。责任成本的核算内容是可控成本,产品成本的构成内容是指应归属于产品的全部成本,它既包括可控成本,又包括不可控成本。

(4) 核算的目的不同。责任成本的核算目的是实现责权利的协调统一,考核评价经营业绩,调动各个责任中心的积极性;产品成本的核算目的是反映生产经营过程的耗费,规定配比的补偿尺度,确定经营成果。

责任成本和产品成本的联系是:两者内容同为企业生产经营过程中的资金耗费。就一个企业而言,一定时期发生的广义产品成本总额应当等于同期发生的责任成本总额。

(四) 成本中心考核指标

由于成本中心只对成本负责,对其评价和考核的主要内容是责任成本,即通过各责任成本中心的实际成本与预算责任成本的比较,以此评价各成本中心责任预算的执行情况。成本中心考核指标包括成本(费用)变动额和成本(费用)变动率两个指标,计算公式如下。

$$成本(费用)变动额=实际责任成本(或费用)-预算责任成本(费用)$$

$$成本(费用)变动率=成本(费用)变动额\div预算责任成本(费用)\times 100\%$$

在进行成本中心指标考核时,如果预算产量与实际产量不一致时,应按弹性预算的方法先行调整预算指标,然后再按上述指标进行计算。

【例 10-1】 某公司内部某成本中心,生产甲产品预算产量为 10 000 件,单位成本为 100 元,实际产量为 11 000 件,单位成本为 95 元。

要求:计算该成本中心的成本变动额和成本变动率。

解:

成本变动额=95×11 000-100×11 000=-55000(元)

成本变动率=-550 00÷(100×11 000)×100%=-55%

(五) 成本中心责任报告

成本中心责任报告是以实际产量为基础,反映责任成本预算实际执行情况,揭示实际责任成本与预算责任成本差异的内部报告。成本中心通过编制责任报告,以反映、考核和评价责任中心责任成本预算的执行情况。

【例 10-2】某成本中心责任报告如表 10-1 所示。

表 10-1 某成本中心责任报告

单位:元

项目	实际	预算	差异
下属责任中心转来的责任成本			
甲班组	11 500	11 000	+500
乙班组	13 700	14 000	-300
合计	25 200	25 000	+200
本成本中心的可控成本:间接人工	1 580	1 500	+80
管理人员工资	2 750	2 800	-50

续表

项 目	实 际	预 算	差 异
设备维修费	1 400	1 200	+200
合 计	5 730	5 500	+230
本责任中心的责任成本合计	30 930	30 500	+430

由表 10-1 计算可知，该成本中心实际责任成本较之预算责任成本增加了 430 元，上升了 1.41%，主要由于成本中心的可控成本增加 230 元和下属责任中心转来的责任成本增加 200 元所致，究其主要原因是设备维修费超支 200 元和甲班组责任成本超支 500 元，没有完成责任成本预算。乙班组责任成本减少 300 元，初步表明责任成本控制有成效。

二、利润中心

利润中心是指既能控制成本，又能控制收入，对利润负责的责任中心，它是处于比成本中心高一层次的责任中心，其权利和责任都相对较大。利润中心通常是那些具有产品或劳务生产经营决策权的部门。

(一)利润中心类型

利润中心分为自然利润中心和人为利润中心两种。自然利润中心是指能直接对外销售产品或提供劳务取得收入而给企业带来收益的利润中心。这类责任中心一般具有产品销售权、价格制定权、材料采购权和生产决策权，具有很大的独立性。人为利润中心是不能直接对外销售产品或提供劳务的，只能在企业内部各责任中心之间按照内部转移价格相互提供产品或劳务而形成的利润中心。大多数成本中心都可以转化为人为利润中心。这类责任中心一般也具有相对独立的经营管理权，即能够自主决定本利润中心生产的产品品种、产品产量、作业方法、人员调配和资金使用等。但这些部门提供的产品或劳务主要在企业内部转移，很少对外销售。

(二)利润中心考核指标

由于利润中心既对其发生的成本负责，又对其发生的收入和实现的利润负责，所以利润中心业绩评价和考核的重点是边际贡献和利润。但对于不同范围的利润中心来说，其指标的表现形式也不相同。例如，某公司采用事业部制，其考核指标可采用以下几种形式。

部门边际贡献=部门销售收入总额-部门变动成本总额

部门经理可控利润=部门边际贡献-部门经理可控固定成本

部门可控利润=部门经理边际贡献-部门经理不可控固定成本

部门税前利润=部门边际贡献-分配的公司管理费用

指标一，部门边际贡献是利润中心考核指标中的一个中间指标。指标二，它反映了部门经理在其权限范围内有效使用资源的能力，部门经理可控收入，以及变动成本和部分固定成本，因而可以对可控利润承担责任，该指标主要用于评价部门经理的经营业绩。这里的主要问题是，要将各部门的固定成本进一步区分为可控成本和不可控成本，这是因为有些费用虽然可以追溯到有关部门，却不为部门经理所控制，如广告费、保险费等。因此在考核部门经理业绩时，应将其不可控成本从中剔除。指标三，主要用于对部门的业绩评价和考核，用以反映该部门补偿共同性固定成本后对企业利润所做的贡献。如果要决定该部门的取舍，部门可控利润是有重要意义的信息。指标四，用于计算部门提供的可控利润必须抵补总部的管理费用等，否则企业作为一个整体就不会盈利。这样，部门经理可集中精力增加收入并降低可控成本，为企业实现预期的利润目标做出应有的贡献。

【例10-3】 某企业的某部门(利润中心)的有关资料如下。

部门销售收入　　　　　　　　　　　　　　　　200 万元
部门销售产品的变动生产成本和变动性销售费用　　174 万元
部门可控固定成本　　　　　　　　　　　　　　　6 万元
部门不可控固定成本　　　　　　　　　　　　　　8 万元

要求：计算该部门的各级利润考核指标。

解：
(1) 部门边际贡献=200-174=26(万元)
(2) 部门经理可控利润=26-6=20(万元)
(3) 部门可控利润=20-8=12(万元)
(4) 部门税前利润=12-5=7(万元)

(三)利润中心责任报告

利润中心通过编制责任报告，可以集中反映利润预算的完成情况，并对其产生差异的原因进行具体分析。

【例10-4】某利润中心责任报告如表10-2所示。

表10-2 某利润中心责任报告

单位：万元

项　目	实　际	预　算	差　异
销售收入	260	250	+10
变动成本			
变动生产成本	164	158	+6
变动成本合计	198	193	+5
边际贡献	62	57	+5
固定成本			
直接发生的固定成本	17.4	17	+0.4
上级分配的固定成本	12	12.5	-0.5
固定成本合计	29.4	29.5	-0.1
营业利润	32.6	27.5	+5.1

由表10-2计算可知，该利润中心的实际利润超额完成预算5.1万元，如果剔除上级分配来的固定成本这一因素，利润超额完成4.6万元。

三、投资中心

投资中心是指既要对成本、利润负责,又要对投资效果负责的责任中心。投资中心与利润中心的主要区别是:利润中心没有投资决策权,需要在企业确定投资方向后组织具体的经营;而投资中心则不仅在产品生产和销售上享有较大的自主权,而且具有投资决策权,能够相对独立地运用其所掌握的资金,有权购置或处理固定资产,扩大或削减现有的生产能力。投资中心是最高层次的责任中心,它具有最大的决策权,也承担着最大的责任。一般而言,大型集团所属的子公司、分公司、事业部往往都是投资中心。投资中心拥有投资决策权和经营决策权,同时各投资中心在资产和权益方面应划分清楚,以便准确计算出各投资中心的经济效益,对其进行正确的评价和考核。

(一)投资中心的考核指标

投资中心评价与考核的内容是利润及投资效果,反映投资效果的指标主要是投资报酬率和剩余收益。

1. 投资报酬率

投资报酬率是指投资中心所获得的利润占投资额(或经营资产)的比率,可以反映投资中心的综合盈利能力。其计算公式如下。

$$投资报酬率=净利润(或营业利润)\div投资额(或经营资产)\times 100\%$$

投资报酬率指标可分解为:

$$投资报酬率=投资(或经营资产)周转率\times销售利润率$$

式中,投资额(或经营资产)应按平均投资额(或平均经营资产)计算。

投资报酬率是个相对数正指标,数值越大越好。目前,有许多企业采用投资报酬率作为评价投资中心业绩的指标。该指标的优点是:投资报酬率能反映投资中心的综合盈利能力,且由于剔除了因投资额不同而导致的利润差异的不可比因素,因而具有横向可比性,有利于判断各投资中心经营业绩的优劣;此外,投资利润率可作为选择投资机会的依据,有利于优化资源配置。

这一评价指标的不足之处是缺乏全局观念。当一个投资项目的投资报酬率低于某投资中心的投资报酬率而高于整个企业的投资报酬率时,虽然企业希望接受这个投资项目,但该投资中心可能拒绝它;当一个投资项目的投资报酬率高于该投资中心的投资报酬率而低于整个企业的投资报酬率时,该投资中心可能只考虑自己的利益去接受它,而不顾企业整体利益是否受到损害。

假设某个部门现有资产200万元,年净利润44万元,投资报酬率为22%。部门经理目前面临一个投资报酬率为17%的投资机会,投资额为50万元,每年净利8.5万元。企业投资报酬率为15%。尽管对整个企业来说,由于该项目投资报酬率高于企业投资报酬率,应当利用这个投资机会,但是它却使这个部门的投资报酬率由过去的22%下降到21%。

投资报酬率=(44+8.5)÷(200+50)=21%

同样道理,当情况与此相反,假设该部门现有一项资产价值50万元,每年获利8.5万元,投资报酬率为17%,该部门经理却愿意放弃该项资产,以提高部门的投资报酬率。

投资报酬率=(44-8.5)÷(200-50)=23.67%

当使用投资报酬率作为业绩评价标准时,部门经理可以通过加大公式分子或减少公式分母来提高这个比率。这样做,会失去不是最有利但可以扩大企业总净利的项目。从引导部门经理采取与企业总体利益一致的决策来看,投资报酬率并不是一个很好的指标。

因此为了使投资中心的局部目标与企业的总体目标保持一致,弥补投资报酬率这一指标的不足,还可以采用剩余收益指标来评价、考核投资中心的业绩。

2. 剩余收益

剩余收益是指投资中心获得的利润扣减投资额按预期最低投资报酬率计算的投资报酬后的余额。其计算公式如下。

$$剩余收益 = 利润 - 投资额 \times 预期最低投资报酬率$$

$$剩余收益 = 投资额(投资利润率 - 预期最低投资报酬率)$$

以剩余收益作为投资中心经营业绩评价指标,各投资中心只要投资利润率大于预期最低投资报酬率,即剩余收益大于零,该项投资项目就是可行的。剩余收益是个绝对数正指标,这个指标越大,说明投资效果越好。

【例10-5】 某企业有若干个投资中心,平均投资报酬率为15%,其中甲投资中心的投资报酬率为20%,该中心的经营资产平均余额为150万元。预算期甲投资中心有一追加投资的机会,投资额为100万元,预计利润为16万元。投资报酬率为16%。

要求:

(1) 假定预算期甲投资中心接受了上述投资项目,分别用投资报酬率和剩余收益指标来评价考核甲投资中心追加投资后的工作业绩。

(2) 分别从整个企业和甲投资中心的角度,说明是否应当接受这一追加投资项目。

解:

(1) 甲投资中心接受投资后的评价指标分别为:

投资报酬率=(150×20%+16)÷(150+100)=18.40%

剩余收益=16-100×15%=1(万元)

从投资报酬率指标看,甲投资中心接受投资后的投资报酬率为18.40%,低于该中心原有的投资报酬率20%,追加投资使甲投资中心的投资报酬率指标降低了。从剩余收益指标看,甲投资中心接受投资后可增加剩余收益1万元,大于零,表明接受追加投资可行。

(2) 如果从整个企业角度看,该追加投资项目的投资报酬率为16%,高于企业的投资报酬率15%;剩余收益为1万元,大于零。结论是:无论从哪个指标看,企业都应当接受该项追加投资。

如果从甲投资中心看,该追加投资项目的投资报酬率为16%,低于该中心的投资报酬率20%,若仅用这个指标来考核投资中心的业绩,则甲投资中心不会接受这项追加投资(因为这将导致甲投资中心的投资报酬率指标由20%降低为18.4%);但若以剩余收益指标来考核投资中心的业绩,则甲投资中心会因为剩余收益增加了1万元,而愿意接受该项追加投资。

通过上例可以看出,利用剩余收益指标考核投资中心的工作业绩,能使个别投资中心的局部利益与企业整体利益达到一致,避免投资中心本位主义倾向。

需要注意的是，以剩余收益作为评价指标，所采用的投资报酬率的高低对剩余收益的影响很大，通常应以整个企业的平均投资报酬率作为最低报酬率。

(二) 投资中心责任报告

投资中心责任报告的结构与成本中心和利润中心类似。通过编制投资中心责任报告，可以反映该投资中心投资业绩的具体情况。

【例 10-6】 某投资中心责任报告如表 10-3 所示。

表 10-3　某投资中心责任报告

单位：万元

项　目	实　际	预　算	差　异
营业利润(1)	800	648	+152
平均经营资产(2)	4 000	3 600	+400
投资报酬率(3)=(1)÷(2)	20%	18%	+2%
按最低投资报酬率15%计算的投资报酬(4)=(2)×15%	600	540	+60
剩余收益(5)=(1)-(4)	200	108	+92

由表 10-6 计算可知，该投资中心的投资报酬率和剩余收益指标都超额完成了预算，表明给投资中心投资业绩比较好。

四、责任结算与核算

1. 内部转移价格的含义

内部转移价格是指企业内部各责任中心之间转移中间产品或相互提供劳务，而发生内部结算和进行内部责任结转所使用的计价标准。

从企业总体来看，内部转移价格无论怎样变动，企业利润总额不变，变动的只是企业内部各责任中心的收入或利润的分配份额。

内部转移价格的制定原则：全局性原则；公平性原则；自主性原则；重要性原则。

内部转移价格的类型：市场价格；协商价格；双重价格；成本转移价格。

2. 内部结算方式

内部结算方式：内部支票结算方式；转账通知单方式；内部货币结算方式。

3. 责任成本的内部结转

责任成本的内部结转又称责任转账，是指在生产经营过程中，对于因不同原因造成的各种经济损失，由承担损失的责任中心对实际发生或发现损失的责任中心进行损失赔偿的账务处理过程。责任转账的目的是划清各责任中心的成本责任，使不应承担损失的责任中心在经济上得到合理补偿。

五、现代财务控制的创新——战略成本控制

1. 战略成本控制的产生背景

企业经营环境变化和面临的挑战主要是：全球化竞争；新技术的飞速发展与应用；新经济的产生与应用；组织结构的改变。

2. 战略成本控制的特点

战略成本控制的特点：时间范围的拓展；空间范围的拓展；以增加顾客价值为出发点；更加重视人的因素；管理方法和手段的创新。

3. 战略成本控制的基础

战略成本控制的基础是差异分析。按照成本差异的形成因素，可以分为价格差异和用量差异。

差异的计算公式如下。

$$利润差异=销售差异+成本差异$$

4. 战略成本控制的方法

现代战略成本控制的方法主要包括作业成本管理、全面质量管理、目标成本管理、即时成本管理等。

● 案例解析

利润中心边际贡献总额=100-60=40(万元)
利润中心负责人可控利润总额=40-5=35(万元)
利润中心可控利润总额=35-10=25(万元)

项 目 小 结

财务控制和财务业绩评价是实现企业财务目标的有效手段。一个企业要实现价值最大化就必须采用科学的控制方法，而企业财务活动结果的好坏，又要通过一定的方法进行评价。

财务控制是指按照一定的程序和方法，确保企业及其内部机构和人员全面落实并实现财务预算的过程。责任中心财务控制包括成本中心财务控制、利润中心财务控制和投资中心财务控制。

财务业绩评价是指以财务会计、统计、管理等资料为基础，采用定量和定性方法，依据统一的评价标准，按照一定的程序，对企业一定经营期间的经营业绩作出客观、科学的综合评价。财务业绩评价体系的基本要素构成：评价主体；评价目标；评价对象；评价指标；评价标准；评价报告。

项目强化训练

一、单项选择题

1. ( )既要防止因现金短缺而可能出现的支付危机,也要防止因现金沉淀而可能出现的机会成本增加。
   A. 收支控制　　　B. 现金控制　　　C. 定额控制　　　D. 定率控制

2. 下列说法中错误的是( )。
   A. 定率控制具有投入与产出对比、开源与节流并重的特征
   B. 比较而言,定额控制没有弹性,定率控制具有弹性
   C. 指导性控制在实现有利结果的同时,也避免了不利结果的发生
   D. 侦查性控制是为了把风险水平限制在一定范围内

3. 出资者的财务控制、经营者的财务控制和财务部门的财务控制是将财务控制按( )进行的分类。
   A. 控制的主体　　B. 控制的手段　　C. 控制的依据　　D. 控制的对象

4. ( )是指为了实现有利结果而采取的控制。
   A. 侦查性控制　　B. 预防性控制　　C. 补偿性控制　　D. 指导性控制

5. ( )是针对某些环节的不足或缺陷而采取的控制措施。
   A. 指导性控制　　B. 预防性控制　　C. 侦查性控制　　D. 补偿性控制

6. 责任中心的特征不包括( )。
   A. 是一个责权利结合的实体　　　　B. 不承担经济责任
   C. 责任和权利皆可控　　　　　　　D. 有一定的经营业务和财务收支活动

7. 一个责任中心,如果只对成本、收入和利润负责,该中心则是( )。
   A. 成本中心　　　B. 投资中心　　　C. 利润中心　　　D. 费用中心

8. ( )是指企业在日常经营管理活动中按照既定的职责和程序进行的授权。
   A. 常规性授权　　B. 一般授权　　　C. 临时性授权　　D. 特别授权

9. 下列各项措施中,不属于财产保护控制的是( )。
   A. 限制接触财产　B. 业绩评价　　　C. 财产保险　　　D. 定期盘点

10. 某投资中心当年实现利润10 000元,投资额为50 000元,预期最低的投资收益率为12%,则该中心的剩余收益为( )元。
    A. 4 000　　　　B. 5 000　　　　C. 1 200　　　　D. 600

11. 可以将财务控制分为一般控制和应用控制的分类标准是( )。
    A. 按照财务控制的内容　　　　　B. 按照财务控制的功能
    C. 按照财务控制的时序　　　　　D. 按照财务控制的主体

12. 财务控制按控制的功能分为( )。
    A. 一般控制、应用控制
    B. 预防性控制、侦查性控制、纠正性控制、指导性控制、补偿性控制

C. 收支控制、现金控制
D. 预算控制、制度控制

二、多项选择题

1. 财务控制具有的特征有(　　)。
   A. 以价值控制为手段　　　　　　B. 以综合经济业务为控制对象
   C. 以现金流量控制为日常控制内容　　D. 以过程控制为主,以结果控制为辅
2. 按照财务控制的时序可将财务控制分为(　　)。
   A. 事先控制　　B. 事中控制　　C. 事后控制　　D. 反馈控制
3. 按照财务控制的依据可将财务控制分为(　　)。
   A. 预算控制　　B. 制度控制　　C. 科学控制　　D. 人事控制
4. 按照财务控制的手段可将财务控制分为(　　)。
   A. 定额控制　　B. 定率控制　　C. 定基控制　　D. 环比控制
5. 按照财务控制的对象可将财务控制分为(　　)。
   A. 一般控制　　B. 财务收支控制　C. 应用控制　　D. 现金控制
6. 计算责任成本时,制造费用要分析各种消耗与责任中心的关系,下列办法中,可采用(　　)。
   A. 直接计入某责任中心　　　　B. 按责任基础分配
   C. 按受益基础分配　　　　　　D. 列作不可控费用不进行分摊
7. 下列各项中,属于揭示自然利润中心特征的表述包括(　　)。
   A. 直接面对市场　　　　　　　B. 具有部分生产经营决策权
   C. 通常只计算可控成本　　　　D. 对外销售产品而取得收入
8. 下列关于人为利润中心的说法中,正确的有(　　)。
   A. 该中心可以向其他责任中心提供产品
   B. 该中心可以取得对外销售收入
   C. 能确定合理的内部转移价格
   D. 具有投资决策权
9. 投资中心具备的特征有(　　)。
   A. 拥有投资决策权　　　　　　B. 处于责任中心的最高层次
   C. 承担最大的责任　　　　　　D. 一般都是独立法人
10. 影响剩余收益的因素有(　　)。
    A. 营业现金流量　B. 部门边际贡献　C. 部门资产　　D. 资金成本

三、判断题

1. 职责分工控制要求企业根据职责分工,明确各部门、各岗位办理经济业务与事项的权限范围、审批程序和相应责任等内容。(　　)
2. 纠正性控制是指针对某些环节不足或缺陷而采取的控制措施。(　　)
3. 财务控制按照实施控制的主体分为出资者的财务控制、经营者的财务控制和财务部门的财务控制,通常认为出资者的财务控制是一种内部控制。(　　)

项目十　财务控制

4. 与预算控制相比，制度控制具有激励性的特征。（　）
5. 一般而言，对于激励性指标采用最高控制标准，对于约束性指标采用最低控制标准。（　）
6. 责任中心是指承担一定的经济责任的企业内部单位。（　）
7. 只要有成本发生，需要对成本负责，并实施成本控制的单位，都可以称为成本中心。（　）
8. 利润中心是指既对成本负责又对收入和利润负责的责任中心，它有独立或相对独立的收入和生产经营决策权。（　）
9. 投资中心必然是利润中心，但利润中心并不都是投资中心。（　）
10. 最高层次责任中心的责任报告应当最详细。（　）

四、名词解释

责任中心　　成本中心　　利润中心　　投资中心　　责任报告　　业绩考核
财务控制　　纠正性控制　　收支控制　　现金控制

五、思考题

1. 怎样运用成本中心、利润中心和投资中心实施财务控制？
2. 怎样对企业进行财务评价？
3. 怎样进行责任预算及责任报告的编制。

六、计算分析题

1. 某公司第一车间为成本中心，生产甲产品，预算产量 10 万件，预算单位成本为 82 元；实际产量 9.5 万件，单位成本为 80 元。

要求：
(1) 计算甲产品预算责任成本。
(2) 计算甲产品的成本变动额及成本变动率。

2. 某公司下设三个投资中心，有关资料如表 10-4 所示。

表 10-4　投资中心相关财务指标值

单位：万元

指标投资中心	甲投资中心	乙投资中心	丙投资中心	总公司
净利润	230	280	210	720
净资产平均占用额	1 900	2 400	1 700	6 000
规定的最低投资报酬率	9%	9%	9%	9%

要求：
(1) 计算各投资中心及总公司的投资利润率，并据此评价各投资中心的业绩。
(2) 计算各投资中心及总公司的剩余收益，并据此评价各投资中心的业绩。
(3) 综合评价各投资中心的业绩。

3. 榕辉机械有限责任公司下设 A、B 两个投资中心，A 投资中心的投资额为 200 万元，投资利润率为 15%；B 投资中心的投资利润率为 17%，剩余收益为 20 万元；公司要求的平均最低投资利润率为 12%。公司决定追加投资 100 万元，若投向 A 投资中心，每年可增加利润 20 万元；若投向 B 投资中心，每年可增加利润 15 万元。

要求：
(1) 计算追加投资前 A 投资中心的剩余收益。
(2) 计算追加投资前 B 投资中心的投资额。
(3) 计算追加投资前榕辉机械有限责任公司的投资利润率。
(4) 若 A 投资中心接受追加投资，计算其剩余收益。
(5) 若 B 投资中心接受追加投资，计算其投资利润率。

项目十一 财务分析

【知识目标】

- 理解财务分析的含义和步骤。
- 掌握比较分析法、比率分析法和因素分析法的应用。
- 掌握偿债能力、营运能力、盈利能力、杜邦财务分析的含义及其计算方法。

【技能目标】

- 能够根据相关财务数据及资料,对企业的的偿债能力、营运能力、盈利能力和发展能力作出评价。
- 能够运用杜邦财务分析体系综合评价企业的财务状况与盈利水平。

案例引导

银广夏公司全称为广夏(银川)实业股份有限公司,现证券简称为 ST 广夏(000557)。1994年6月上市的银广夏公司,曾因其骄人的业绩和诱人的前景而被称为"中国第一蓝筹股"。2001年8月,《财经》杂志发表"银广夏陷阱"一文,银广夏虚构财务报表事件被曝光。专家意见认为,天津广夏出口德国诚信贸易公司的为"不可能的产量、不可能的价格、不可能的产品"。以天津广夏萃取设备的产能,即使通宵达旦运作,也生产不出所宣称的数量;天津广夏萃取产品出口价格高到近乎荒谬;对德出口合同中的某些产品,根本不能用二氧化碳超临界萃取设备提取。

2000年深沪两市农业类、中草药类和葡萄酿酒类上市公司的利润率鲜有超过20%的,而银广夏的利润率高达46%。纵观银广夏的财务报表,发现疑点重重:企业连续两年的经营现金净利润指标小于0,现金利息保障倍数较低,经营现金总资产指标连续两年低于0,说明企业盈利质量差,经营活动不能保障负债的偿还,连续两年息税前经营现金流量不足以偿还当期利息,资产产生的现金不足以维持正常的经营,还需要筹集资金来经营。

分析:银广夏这样一个财务风险大、盈余质量低劣、需要举债度日的公司如何蒙蔽了大家的眼睛,实现了其造假的阴谋?如何通过财务报表识别其庐山真面目?

理论认知

任务一 财务分析概述

一、财务分析的含义

财务分析是指以财务报表及其他相关资料为起点,采用专门的方法,系统分析和评价企业的过去和现在的经营成果、财务状况及变动,目的是了解过去、评价现在、预测未来,帮助利益关系集团改善决策。财务分析的内容通常包括:偿债能力分析、营运能力分析、盈利能力分析、发展能力分析及财务综合能力分析五个方面。

二、财务分析的基本功能

财务分析的基本功能是通过将大量的报表数据转换成对特定决策有用的信息,以减少决策的不确定性。

财务分析的结果是对企业的偿债能力、盈利能力和抵抗风险能力作出评价,或找出存在的问题。财务分析是认识的过程,通常只能发现问题而不能提供解决问题的现成答案,只能作出评价而不能改善企业的状况。例如,某企业的资产收益率低,通过分析知道是资产周转率低,进一步分析,知道资产周转率低的原因是存货过高,存货过高的原因是产成品过高。而如何处理积压产品,财务分析则不能回答。

对外发布的财务报表是根据全体使用人的一般要求设计的,不适合特定使用人的特定要求。报表使用人要从中选取自己的信息,重新加工,使之符合特定的决策需求。企业财务报表的主要使用人有投资者、债权人、经理人员、供应商、政府、雇员和工会、中介机构七种，他们的分析目的不完全相同。

(1) 投资人：为决定是否投资，分析企业的资产和盈利能力；为决定是否转让股份，分析盈利状况、股价水平和发展前景；为考查经营者的业绩，分析资产盈利水平、破产风险和竞争能力；为决定股利分配政策，分析筹资状况。

(2) 债权人：是否发放贷款，要分析报酬和风险；了解短期偿债能力，要分析流动状况；了解长期偿债能力，要分析盈利状况；是否转让债权，要分析其价值。

(3) 经理人员：涉及的内容最广泛，几乎包括外部使用人关心的所有问题。

(4) 供应商：要通过分析来看企业是否能长期合作，了解企业信用水平如何，是否应对企业延长付款期。

(5) 政府：纳税；遵守法规和市场秩序；职工收入和就业情况等。

(6) 雇员和工会：通过分析，判断企业盈利与雇员收入、保险、福利之间是否相适应。

(7) 中介机构：审计人员确定审计重点财务分析领域的逐渐扩展与咨询业的发展有关。在一些国家，财务分析师已成为专门的职业，他们为各类报表使用人提供专业咨询。

三、财务分析对企业的作用

(一)财务分析可正确评价企业过去

财务分析通过对实际会计报表等资料的分析能够准确地说明企业过去的业绩状况，指出企业存在的问题及产生的原因，是主观原因还是客观原因等，对企业投资者和债权人的行为产生正确的影响。

(二)财务分析可全面反映企业现状

根据不同分析主体的分析目的，采用不同的分析手段和方法，可得出反映企业在该方面现状的指标，如反映企业资产结构的指标、企业权益结构的指标、企业支付能力和偿债能力的指标、企业营运状况的指标、企业盈利能力的指标等。这种分析对于全面反映和评价企业的现状有重要作用。

(三)财务分析可用于估价企业未来

财务分析不仅可用于评价过去和反映现状，更重要的是可通过对过去与现状的分析与评价，估价企业的未来发展状况与趋势。第一，可为企业未来财务预测、财务决策和财务预算指明方向；第二，可准确评估企业的价值及价值创造，这对企业进行经营者绩效评价、资本经营和产权交易都是十分有益的；第三，可为企业进行财务危机预测提供必要信息。

任务二 财务分析方法

一、常用的财务报表分析方法

财务分析方法是完成财务分析任务、实现财务分析目的的技术手段。财务分析方法多种多样，但常用的方法有比较分析法、比率分析法和因素分析法三种。

(一)比较分析法

比较分析法是指通过对比两期或连续数期财务报告中的相同指标，确定其增减变动的方向、数额和幅度，来说明企业财务状况或经营成果的变动趋势的一种方法。其主要有三种方式：一是重要财务指标的比较；二是会计报表的比较；三是会计报表项目构成的比较。

1. 重要财务指标的比较

(1) 定基动态比率，是以某一时期的数额为固定的基期数额而计算出来的动态比率。其计算公式如下。

$$定基动态比率=分析期数额÷固定基期数额×100\%$$

(2) 环比动态比率，是以每一分析期的前期数额为基期数额而计算出来的动态比率。其计算公式如下。

$$环比动态比率=分析期数额÷前期数额×100\%$$

【例 11-1】 某公司 2010 年净利润为 100 万元，2016 年为 500 万元，2017 年为 600 万元，现以 2010 年为固定基期。

要求：计算 2017 年净利润的定基动态比率和环比动态比率。

解：定基动态比率=600÷100×100%=600%

环比动态比率=600÷500×100%=120%

2. 会计报表的比较

会计报表的比较，具体包括资产负债表比较、利润表比较和现金流量表比较等，是以会计报表中的某个总体指标作为 100%，再计算出其各组成项目占该总体指标的百分比，从而比较各个项目百分比的增减变动，以此来判断有关财务活动的变化趋势。采用比较分析法时，必须注意以下问题。

(1) 用于进行对比的各个时期的指标，在计算口径上必须一致。

(2) 剔除偶发性项目的影响，使作为分析的数据能反映正常的经营状况。

(3) 应运用例外原则，对某项有显著变动的指标作重点分析，研究其产生的原因，以便采取对策，趋利避害。

3. 会计报表项目构成的比较

会计报表项目构成的比较是在会计报表比较的基础上发展而来的，即以会计报表中的某个总体指标作为 100%，再计算出其各组成指标占该总体指标的百分比，从而来比较各个项目百分比的增减变动，以此来判断有关财务活动的变化趋势。这种方法比前面两种方法更能准确地分析企业财务活动的发展趋势，它既可用于同一企业不同时期财务状况的纵向比较，又可用于不同企业之间的横向比较。同时，它还能消除不同时期或不同企业之间业务规模差异的影响，有利于分析企业的耗费水平和赢利水平。

(二)比率分析法

比率分析法是通过计算各种比率指标来确定财务活动变动程度的分析方法。比率指标的类型包括以下三种。

1. 构成比率

构成比率又称结构比率，是某项财务指标的各组成部分数值占总体数值的百分比，反映部分与总体的关系。例如，流动资产占资产总额的比率等。其计算公式如下。

$$构成比率 = 某个组成部分数值 \div 总体数值 \times 100\%$$

2. 效率比率

效率比率是某项经济活动中所费与所得的比率，反映投入与产出的关系。一般而言，涉及利润的有关比率指标基本上均为效率比率，如营业利润率、成本费用利润率等。

3. 相关比率

相关比率是以某个项目和与其有关但又不同的项目加以对比所得的比率，反映有关经济活动的相互关系，如流动比率等。但采用这一方法时应注意以下几点。

(1) 对比项目的相关性(比率指标的分子分母必须具有相关性)。

(2) 对比口径的一致性(分子分母必须在计算时间、范围等方面保持口径一致)，如净资产收益率。其计算公式如下。

$$净资产收益率 = 净利润 \div 年平均净资产 \times 100\%$$

因为净利润是年度的，是一年这个期间产生出来的，而净资产是时点数据，用期初或者期末的净资产，都不是期间数据，故取平均数，保持口径一致。

(3) 衡量标准的科学性。

(三) 因素分析法

因素分析法是依据分析指标与其影响因素的关系，从数量上确定各因素对分析指标影响方向和影响程度的一种方法。其包括连环替代法和差额分析法。其中，连环替代法为基本方法，差额分析法为简化方法。

(1) 连环替代法，是将分析指标分解为各个可以计量的因素，并根据各个因素之间的依存关系，顺次用各因素的比较值(通常为实际值)替代基准值(通常为标准值或计划值)，并据以测定各因素对分析指标的影响。

(2) 差额分析法，是利用各个因素的比较值与基准值之间的差额，来计算各因素对分析指标的影响。

【例 11-2】 某企业 2015 年 10 月某种原材料费用的实际数是 4 620 元，而其计划数是 4 000 元；实际比计划增加 620 元。原材料费用是由产品产量、单位产品材料消耗用量和材料单价三个因素的乘积构成的，以上资料如表 11-1 所示。

表 11-1 产品及相关因素

单位：元

项 目	单 位	计划数	实际数
产品产量	件	100	110
单位产品材料消耗量	千克	8	7
材料单价	元	5	6
材料费用总额	元	4 000	4 620

根据表 11-1 中资料，材料费用总额实际数较计划数增加 620 元，这是分析对象。运用连环替代法可以计算各因素变动对材料费用总额的影响程度。

材料费用总额=产量×单位产品材料消耗量×材料单价

计划指标：100×8×5=4000(元)　　①
第一次替代：110×8×5=4400(元)　　②
第二次替代：110×7×5=3850(元)　　③
第三次替代：110×7×6=4620(元)　　④
实际指标：

②-①=4 400-4 000=400(元)(产量增加的影响)
③-②=3 850-4 400=-550(元)(材料节约的影响)
④-③=4 620-3 850=770(元)(价格提高的影响)
400-550+770=620(元)(全部因素的影响)

【例 11-3】仍以表 11-1 所列数据为例，可采用差额分析法计算确定各因素变动对材料费用的影响。

材料费用总额=产量×单位产品材料消耗量×材料单价

(1) 产量增加对材料费用的影响为：

(110-100)×8×5=400(元)

(2) 材料消耗节约对材料费用的影响为：

110×(7-8)×5=-550(元)

(3) 价格提高对材料费用的影响为：

110×7×(6-5)=770(元)

在应用这一方法时，必须注意以下几个问题。

(1) 因素分解的关联性。即确定构成经济指标的因素，必须是客观上存在着因果关系的因素，要能够反映形成该项指标差异的内在构成原因，否则就失去了其存在的价值。

(2) 因素替代的顺序性。因素替代时，必须按照各因素的依存关系，排列成一定的顺序并依次替代，不可随意加以颠倒，否则就会得出不同的计算结果。

(3) 顺序替代的连环性。因素分析法在计算每一个因素变动的影响时，都是在前一次计算的基础上进行的，并采用连环比较的方法确定因素变化的影响结果。

(4) 计算结果的假定性。由于因素分析法计算的各因素变动的影响会因替代计算顺序的不同而有所差别，因而计算结果难免带有假定性，即它不可能使每个因素计算的结果都达到绝对的准确。

二、财务分析的局限性

财务分析对于了解企业的财务状况和经营成绩，评价企业的偿债能力和经营能力，帮助制定经济决策，有着显著的作用。但由于种种因素的影响，财务分析也存在着一定的局限性。

(一)资料来源的局限性

1. 报表数据的时效性问题

财务报表中的数据，均是企业过去经济活动的结果和总结，用于预测未来发展趋势，只有参考价值，并非绝对合理。

2. 报表数据的真实性问题

在企业形成其财务报表之前，信息提供者往往对信息使用者所关注的财务状况以及对信息的偏好进行仔细的分析与研究，其结果极有可能使信息使用者所看到的报表信息与企业实际状况相差甚远，从而误导信息使用者的决策。

3. 报表数据的可靠性问题

财务报表虽然是按照会计准则编制的，但不一定能准确地反映企业的客观实际。例如，报表数据未按照通货膨胀进行调整；某些资产以成本计价，并不代表其现在的真实价值；许多支出在记账时存在灵活性，既可以作为当期费用，也可以作为资本项目在以后年度摊销；很多资产以估计值入账，但未必正确；偶然事件可能歪曲本期的损益，不能反映盈利的正常水平。

4. 报表数据的可比性问题

根据会计准则的规定，不同的企业或同一个企业的不同时期都可以根据情况采用不同的会计政策和会计处理方法，使得报表上的数据在企业不同时期和不同企业之间的对比在很多时候失去意义。

5. 报表数据的完整性问题

由于报表本身的原因，其提供的数据是有限的。对报表使用者来说，可能不少有用的信息在报表或附注中根本找不到。

(二)财务分析方法的局限性

比率分析法是针对单个指标进行分析的，综合程度较低，在某些情况下无法得出令人满意的结论。比率指标的计算一般都是建立在以历史数据为基础的财务报表之上的，这使比率指标提供的信息与决策之间的相关性大打折扣。无论何种分析法，均是对过去经济事项的反映，随着环境的变化，这些比较标准也会发生变化。而在分析时，分析者往往只注重数据的比较，而忽略经营环境的变化，这样得出的分析结论也是不全面的。

(三)财务分析指标的局限性

1. 财务指标体系不严密

每一个财务指标只能反映企业的财务状况或经营状况的某一方面，每一类指标都过分强调本身所反映的方面，导致整个指标体系不严密。

2. 财务指标所反映的情况具有相对性

在判断某个具体财务指标是好还是坏，或根据一系列指标形成对企业的综合判断时，必须注意财务指标本身所反映情况的相对性。

3. 财务指标的评价标准不统一

对于流动比率，人们一般认为指标值为 2 比较合理，速动比率则认为 1 比较合适，但许多成功企业的流动比率都低于 2，不同行业的速动比率也有很大差别。例如，采用大量现金销售的企业，几乎没有应收账款，速动比率大大低于 1 是很正常的；相反，一些应收账款较多的企业，速动比率可能要大于 1。因此，在不同企业之间用财务指标进行评价时，没有一个统一标准，不便于不同行业间的对比。

4. 财务指标的计算口径不一致

对于反映企业营运能力指标，分母的计算可用年末数，也可用平均数，而平均数的计算又有不同的方法，这些都会导致计算结果不一样，不利于评价、比较。

三、财务分析的步骤

由于分析主体的目的、分析形式、分析方法等不同，因此财务分析没有一个固定模式，分析的具体步骤和程序，是根据特定需要，由分析人员个别设计的。

财务分析的一般步骤如下。

(1) 明确分析目的。只有确定分析目的，才能设计具体的财务分析程序，拟定具体的分析内容，进而决定采用的分析方法。

(2) 拟定分析提纲。分析目的明确以后，要拟定分析提纲，以便做到心中有数，有利于分析工作的安排。

(3) 收集整理资料。资料准备不足，分析就不能深入，就会影响分析的质量。在进行财务分析前需要准备的基本资料包括：有关企业战略发展文件、财务预算、投资融资文件、主要经营情况、财务报表等。

(4) 研究分析。根据分析目的先把整体的各个部分分割开来进行分析，然后深入研究各部分的特殊本质，进一步研究各个部分的联系。

(5) 出具财务分析报告。通过分析结果，提供对决策者有帮助的信息。

任务三　基本财务分析

财务比率也称为财务指标，是通过财务报表数据的相对关系来揭示企业经营管理各方面的问题，是最主要的财务分析方法。基本的财务指标分析包括偿债能力分析、营运能力分析、盈利能力分析、发展能力分析四个方面。

本书以榕辉机械有限责任公司资产负债表和利润表的数据为基础来阐述财务分析的具体内容。该公司的资产负债表如表 11-2 所示，利润表如表 11-3 所示。

表 11-2　资产负债表

编制单位：榕辉机械有限责任公司　　时间：2017年12月31日　　单位：万元

资产	年初数	期末数	负债及所有者权益	年初数	期末数
流动资产：			流动负债：		
货币资金	100	523	短期借款	5 455	5 624
应收票据	173	173	应付账款	2 041	2 509
应收账款	3 290	3 140	应付职工薪酬	399	183
其他应收款	316	148	应交税费	212	305
存货	4 412	5 459	其他应付款	592	604
一年内到期的非流动资产	27	34	流动负债合计	8 699	9 225
流动资产合计	8 318	9 477	非流动负债：		
非流动资产：			长期借款	1 027	982
固定资产	3 227	3 097	非流动负债合计	1 027	982
在建工程	725	783	负债合计	9 726	10 207
其他长期资产	895	387	所有者权益：		
非流动资产合计	4 847	42 67	实收资本	2 412	2 412
资产总计	13 165	13 744	资本公积	324	336
			盈余公积	593	593
			未分配利润	110	196
			所有者权益合计	3 439	3 537
			负债及所有者权益总计	13 165	13 744

表 11-3　利润表

编制单位：榕辉机械有限责任公司　　2017年12月31日　　单位：万元

项　目	本月数	本年累计数
一、营业收入		12 452
减：营业成本		10 089
税金及附加		52
销售费用		437
管理费用		1 269
财务费用		461
加：投资收益		112
二、营业利润		256
加：营业外收入		94
减：营业外支出		84
三、利润总额		266
减：所得税费用		70
四、净利润		196

（备注：资产负债表和利润表均为简化格式，仅用于示例。）

一、偿债能力分析

(一)短期偿债能力

所谓短期偿债能力是指公司在短期债务到期可以转换为现金以偿付流动负债的能力，也可称作支付能力。短期偿债能力的强弱，能直接反映出公司现时财务能力的好坏。目前，可用于分析公司短期偿债能力的指标主要有六项，即：流动比率、速动比率、现金比率、应收账款周转率、存货周转率和现金流量指标。下面主要介绍流动比率、速动比率和现金比率。

1. 流动比率

流动比率又称营运资产比率，是公司中流动资产总额与流动负债总额的比率。该指标主要用于衡量与判断公司流动资产短期债务到期以前可以转换为现金，以用于偿还流动负债的能力强弱与否。其计算公式如下。

$$流动比率=流动资产÷流动负债×100\%$$

该项比率表示每元流动负债可以有多少流动资产来作为还款的保证。

【例11-4】 继续用表11-2资产负债表的资料。

要求：计算榕辉机械有限责任公司的流动比率。

解：流动比率=9 477÷9 225×100%=102.78%

流动比率是衡量公司短期偿债能力的一个重要的财务指标。这个比率越高，表示公司短期偿债能力越强，流动负债获得清偿的机会越大，安全性也越大，债权人的债权就越有保障。从生产经营的角度看，过高的流动比率也不完全是好现象。原因是过高的流动比率可能是由于滞留在流动资产上的资金过多所致，这反映了经营者未能有效地利用资金，可能会影响公司的获利能力。流动比率维持在2∶1左右，表示该公司的财务状况基本上是稳固的。

2. 速动比率

速动比率是速动资产与流动负债的比率，计算公式如下。

$$速度比率=速动资产÷流动负债×100\%$$

简而言之，速动资产就是能迅速转换为现金的资产，包括货币资金、交易性金融资产、应收票据、应收账款、其他应收款等。这是因为货币资金本身就是现款，交易性金融资产能够很快在证券市场变现，应收票据在必要时可以通过贴现变现，应收账款可在较短的时间内收回。

一般来说，1∶1的速动比率是合理的，它说明1元流动负债有1元的速动资产作保证。如果速动比率大于1，说明公司有足够的能力偿还短期债务，但同时也说明公司拥有过多的不能获利的现款和应收账款；如果速动比率小于1，企业将依赖于出售存货或举借新债偿还到期债务，这就可能造成急需售出存货带来的削价损失或举借新债形成的利息负担。

【例11-5】继续用表11-2资产负债表的资料。

要求：计算榕辉机械有限责任公司的速动比率。

解：

速动比率=(9 477-5 459-34)÷9 225 ×100%=43.19%

说明榕辉机械有限责任公司的短期偿债能力很差，财务状况不是很好。

3. 现金比率

现金比率又称负债现金比率，是反映公司的立即变现能力，也就是随时可以还债的能力。其计算公式如下。

$$现金比率=现金类资产÷流动负债$$
$$=(货币资金+交易性金融资产)÷流动负债×100\%$$

现金类资产包括现金、各种存款和交易性金融资产。在数量上，它等于速动资产减去各种应收款项后的资产。这是由于应收账款存在着发生坏账损失的可能，使某些到期的账款也不一定能按时收回。一般来说，现金比率在 0.2 以上为好。

【例 11-6】继续用表 11-2 资产负债表的资料。

要求：计算榕辉机械有限责任公司的现金比率。

解：

现金比率=523÷9 225×100%=5.67%

这说明公司的短期偿债能力很差。但是，也不能认为这项指标越高越好，因为指标太高可能是由于拥有大量不能获利的现款和各种存款。

(二)长期偿债能力

长期偿债能力是指公司偿还长期债务的能力。衡量公司长期偿债能力主要看公司资金结构是否合理、稳定以及公司长期盈利能力的大小。

1. 资产负债率

资产负债率是公司负债总额与资产总额的比率，计算公式如下。

$$资产负债率=负债总额÷资产总额×100\%$$

公司的资金是由所有者权益和负债构成的，因此公司的资产总额应大于负债总额，资产负债率应小于 100%。如果公司的资产负债率较低(50%以下)，说明公司有较好的偿债能力和负债经营能力。

【例 11-7】继续用表 11-2 资产负债表的资料。

要求：计算榕辉机械有限责任公司的资产负债率。

解：

$$资产负债率=(9\ 225+982)÷13\ 744=74.26\%$$

由计算可知，公司的资产负债率偏高。

所有者总希望利用负债经营得到财务杠杆利益，从而提高资产负债率。但债权人希望公司的资产负债低一些，因为债权人的利益主要表现在权益的安全方面。如果企业的资产负债率等于甚至大于 100%，说明公司资不抵债，债权人为维护自己的利益可向人民法院申请公司破产。

2. 产权比率

产权比率又称资本负债率，是公司负债总额与所有者权益之比。其计算公式如下。

$$产权比率=负债总额÷所有者权益×100\%$$

产权比率表明债权人投入的资本受到股东权益保障的程度。该比率越低，债权人承担的风险越小；该比率越高，债权人承担的风险越大。因此，该比率的变动是公司债权人所关注的。

产权比率反映由债权人提供的资本与所有者权益的相对关系，反映公司基本财务结构是否稳定。从股东来看，产权比率高，是高风险、高报酬的财务结构；产权比率低，是低风险、低报酬的结构。

【例11-8】继续用表11-2资产负债表的资料。

要求：计算榕辉机械有限责任公司的产权比率。

解：产权比率=(9 225+982) ÷3 537 ×100%=288%

3. 已获利息倍数

已获利息倍数是指公司在一定时期内息税前利润与利息支出的比率。它是衡量公司偿付利息支出的承担能力和保证程度，同时也反映了债权人投资的风险程度。其计算公式如下。

$$已获利息倍数=息税前利润÷利息支出$$

式中，息税前利润是指包括利息支出和所得税前的正常业务经营利润，利息支出应包括公司在生产经营过程中实际支出的借款利息、债券利息等。这个指标的倍数越大，说明公司承担利息的能力越强。如果倍数小于1，则表示公司的获利能力无法承担举债经营的利息支出。究竟公司息税前利润应是利息支出的多少倍，才算偿付能力强，这要根据往年经验结合行业特点来判断。

【例11-9】继续用表11-3利润表的资料。

要求：计算榕辉机械有限责任公司的已获利息倍数。

解：已获利息倍数=(266+461) ÷461=1.58

二、营运能力分析

公司的经营活动离不开各项资产的运用。对公司营运能力的分析是指对各项资产的周转使用情况进行的分析。资产管理涉及公司的供、产、销各环节。

(一)应收账款周转率

1. 应收账款周转次数

应收账款周转次数是公司一定时期内(一般是1年)的营业收入与应收账款平均余额的比率，反映了年度内应收账款的平均收现次数。其计算公式如下。

$$应收账款周转次数=营业收入÷应收账款平均余额$$

式中， 应收账款平均余额=(期初应收账款+期末应收账款)÷2

2. 应收账款周转天数

应收账款周转天数也称为应收账款平均收账期,是 1 个年度内应收账款平均周转 1 次所需要的天数。其计算公式如下。

$$应收账款周转天数 = 360 \div 应收账款周转次数$$
$$= 应收账款平均余额 \times 360 \div 营业收入$$

应收账款周转率是分析公司资产流动情况的一项指标。应收账款周转次数多,周转天数少,表明应收账款周转快,公司信用销售严格;反之,表明应收账款周转慢,公司信用销售放宽。信用销售严格有利于加速应收账周转,减少坏账损失,但可能丧失销售商品的机会,减少销售收入。

【例 11-10】继续用表 11-2 资产负债表和表 11-3 利润表的资料。

要求:计算榕辉机械有限责任公司的应收账款周转次数和应收账款周转天数。

解:应收账款周转次数 = 12 452 ÷ [(3 290 + 3 140) ÷ 2] = 3.87(次/年)

应收账款周转天数 = 360 ÷ 3.87 = 93.02(天/次)

(二)存货周转率

存货周转率是一定时期内公司销售成本与存货平均资金占用额之比,是反映公司流动资产流动性的一个指标,也是衡量公司生产经营各环节中存货运营效率的一个综合指标。其计算公式如下。

$$存货周转率(次数) = 销售成本 \div 存货平均成本$$
$$存货周转天数 = 360 \div 存货周转次数$$

一般来讲,存货周转速度越快,存货的占用水平越低,流动性越强,存货转换为现金或应收账款的速度越快。提高存货周转率可以提高公司的变现能力,而存货周转速度越慢则变现能力越差。对存货周转率的评价要注意两点:一是要注意存货的结构,是否存在积压、滞销的存货;二是要注意其他公司和行业水平。

【例 11-11】继续用表 11-2 资产负债表和表 11-3 利润表的资料。

要求:计算榕辉机械有限责任公司的存货周转率。

解:存货周转率 = 10 089 ÷ [(4 412 + 5 459) ÷ 2] = 2.04(次/年)

根据存货周转率可以进一步算出存货平均周转天数,即:

存货平均周转天数 = 360 ÷ 存货周转率 = 360 ÷ 2.04 = 176.5(天/次)

根据计算可以看出,公司存货一年周转 2 次,需要近 180 天周转一次,周转速度过慢,公司营运能力不强,同样资产获利能力也不会高。

(三)流动资产周转率

流动资产周转率指标在会计报表分析中具有重要作用,该指标不仅反映流动资产运用效率,同时也影响着企业的偿债能力和盈利水平。企业流动资产周转率越快,周转次数越多,表明企业以相同的流动资产占用实现的营业收入越多,说明企业流动资产的运用效率越好,进而使企业的偿债能力和盈利能力均得以增强;反之,则表明企业利用流动资产进行经营活动的能力差,效率较低。其计算公式如下。

流动资产周转率=营业收入÷平均流动资产

流动资产周转天数=360÷流动资产周转率

式中，　　　平均流动资产=(年初流动资产+年末流动资产)÷2

【例11-12】继续用表11-2资产负债表和表11-3利润表的资料。

要求：计算榕辉机械有限责任公司流动资产周转率和流动资产周转天数。

解：

流动资产周转率=12 452÷[(8 318+9 477)÷2]=1.4(次/年)

流动资产周转天数=360÷1.4=257.1(天/次)

一般情况下，流动资产周转率越高，表明企业流动资产周转速度越快，利用越好。在较快的周转速度下，流动资产会相对节约，相当于流动资产投入的增加，在一定程度上增强了企业的盈利能力；而周转速度慢，则需要补充流动资金参加周转，会形成资金浪费，降低企业的盈利能力。

(四)营业周期

营业周期是基于应收账款周转天数和存货周转天数提出来的，是指从取得存货开始、到销售存货并收回现金为止的这段时间。其计算公式如下。

营业周期=应收账款周转天数+存货周转天数

【例11-13】继续用例11-10和例11-11的资料。

要求：计算榕辉机械有限责任公司的营业周期。

解：营业周期=93.02+176.5=269.52(天/次)

一般情况下，营业周期短，说明资金周转速度快；营业时间长，说明资金周转速度慢。

(五)总资产周转率

总资产周转率是指公司销售收入净额与平均资产总额之比，可用来反映公司全部资产的利用效果。其计算公式如下。

总资产周转率=销售收入净额÷平均资产总额

如果这个比率较低，说明公司利用其资产进行经营的效率较差，或者因为公司过度投资于固定资产而流动资产规模不够，公司应该采取措施提高销售收入，或处置某些资产，或调整资产结构，以提高资产利用效率。

【例11-14】继续用表11-2资产负债表和表11-3利润表的资料。

要求：计算榕辉机械有限责任公司的总资产周转率。

解：总资产周转率=12 452÷[(13 165+13 744)]÷2=0.93

(六)固定资产周转率

固定资产周转率是指企业一定期间的营业收入与固定资产平均净值的比率。它是反映企业固定资产周转状况，衡量固定资产运用效率的指标。其计算公式如下。

固定资产周转率=营业收入净额÷固定资产平均净值

固定资产周转天数=360÷固定资产周转率

式中，　　　固定资产平均净值=(期初固定资产净值+期末固定资产净值)÷2

固定资产周转率越高,表明企业固定资产利用越充分,说明企业固定资产投资得当,固定资产结构分布合理,能够较充分地发挥固定资产的使用效率,企业的经营活动越有效;反之,则表明固定资产使用效率不高,提供的生产经营成果不多,企业固定资产的营运能力较差。

【例11-15】 继续用表11-2资产负债表和表11-3利润表的资料。

要求:计算榕辉机械有限责任公司的本年度固定资产周转率和固定资产周转天数。

解:固定资产周转率=12 452÷[(3 227+3 097)÷2]=3.94

固定资产周转天数=360÷3.94=91.37(天/次)

三、盈利能力分析

盈利能力是公司资金增值的能力,即公司获取利润的能力。它是衡量公司经营效果的重要指标。

(一)销售毛利率

销售毛利率又称营业毛利率,是指企业一定时期的毛利占营业收入的百分比,其中,毛利是营业收入减去营业成本后的差额。其计算公式如下。

$$销售毛利率=销售毛利÷营业收入×100\%$$
$$=(营业收入-营业成本)÷营业收入×100\%$$

销售毛利率表示每百元营业收入扣除营业成本后,还有多少可用于支付各项期间费用和税金,形成利润。销售毛利率是企业销售净利率的最初基础,没有足够大的毛利率便不能有盈利。

【例11-16】 继续用表11-3利润表的资料。

要求:计算榕辉机械有限责任公司的本年度销售毛利率。

解:销售毛利率=(12 452-10 089)÷12 452×100%=18.98%

从计算结果可知,该公司的销售毛利率是18.98%,企业应把该指标与行业的平均水平进行比较,评价企业的盈利能力。

销售毛利率指标的作用主要表现在:①有助于选择投资方向。②有助于预测企业的发展、衡量企业的成长性。③有助于发现企业是否隐瞒销售收入或者虚报销售成本。④有助于评价经理人员的经营业绩。⑤有助于合理预测企业的核心竞争力。⑥有助于发现公司潜在的问题。

(二)销售净利率

销售净利率又称营业净利率,是指企业一定时期的净利润与营业收入的百分比。其计算公式如下。

$$销售净利率=净利润÷营业收入×100\%$$

销售净利率反映每百元营业收入能带来多少净利润,表示营业收入的收益水平。企业在增加营业收入的同时,必须相应获得更多的净利润,才能使销售净利率保持不变或有所提高。通过分析销售净利率的升降变动,可以促使企业在扩大销售的同时,注意改进经营管理，提高盈利水平。

【例 11-17】 继续用表 11-3 利润表的资料。

要求：计算榕辉机械有限责任公司的本年度销售净利率。

解：销售净利率=196÷12 452×100%=1.57%

从计算结果可知，该公司的销售净利率是 1.57%，企业应把该指标与行业的平均水平进行比较，评价企业的盈利能力。

(三)总资产报酬率

总资产报酬率是指企业一定时期内获得的报酬总额与平均资产总额的比率。它是反映企业综合资产利用效果的指标，也是衡量企业利用债权人和所有者权益总额所取得盈利的重要指标。其计算公式如下。

$$总资产报酬率=息税前利润总额÷平均资产总额×100\%$$

【例 11-18】 继续用表 11-2 资产负债表和表 11-3 利润表的资料。

要求：计算榕辉机械有限责任公司的本年度总资产报酬率。

解：总资产报酬率=(266+461)÷[(13 165+13 744)÷2]×100%=5.40%

总资产报酬率全面反映了企业全部资产的获利水平，企业所有者和债权人对该指标都非常关心。一般情况下，该指标越高，表明企业的资产利用效益越好，整个企业的盈利能力越强，经营管理水平越高。企业还可将该指标与市场利率进行比较，如果前者大于后者，则说明企业可以充分利用财务杠杆，适当举债经营，以获取更多的收获。

(四)营业利润率

营业利润率是指公司营业利润与营业收入净额的比率。该指标越大，说明公司的盈利能力越强，也是评价公司销售增长是否与利润同步增长的依据。其计算公式如下。

$$营业利润率=营业利润÷营业收入净额×100\%$$

【例 11-19】 继续用表 11-3 利润表的资料。

要求：计算榕辉机械有限责任公司的营业利润率。

解：营业利润率=256÷12 452×100%=2.06%

(五)成本费用利润率

成本费用利润率是指公司利润总额与成本费用总额的比率。该指标越大，说明公司耗费所取得的收益越高。它也是评价公司增收节支效果的综合性指标。其计算公式如下。

$$成本费用利润率=利润÷成本费用×100\%$$

式中，成本费用是指成本与费用的合计，包括营业成本、税金及附加、销售费用、管理费用、财务费用；利润一般是指利润总额。

【例 11-20】 继续用表 11-3 利润表的资料。

要求：计算榕辉机械有限责任公司的成本费用利润率。

解：成本费用利润率=266÷(10 089+52+437+1 269+461)=2.16%

从计算结果可知，公司的获利能力较低，100 元的成本费用仅能获得 2.16 元的利润。可见，该公司成本费用控制能力较差，除制造成本偏高外，管理费用以及其他费用过多，直接影响公司的利润水平。

(六)净资产收益率

净资产收益率也称股东权益报酬率或所有者收益报酬率,是一定时期内公司的净利润与股东权益平均总额的比率。这个比率越高,说明公司的获利能力越强,越有可能保持住现有的投资者并吸引潜在的投资者进入。其计算公式如下。

$$净资产收益率=净利润÷股东权益平均余额×100\%$$

式中,股东权益平均余额是股东权益期初数与期末数的平均数,在股东权益比较稳定的情况下,也可以直接用期末数代替平均数进行计算。

【例11-21】继续用表11-2资产负债表和表11-3利润表的资料。

要求:计算榕辉机械有限责任公司的净资产收益率。

解:净资产收益率=196÷[(3 439+3 537)÷2]×100%=5.62%

从计算结果看,该公司的获利能力较差,对投资者吸引力较小。

(七)资本保值增值率

资本保值增值率是公司所有者关注的。资本保值增值率是公司期末所有者权益总额与期初所有者权益总额之比。如果该比率大于100%,说明公司所有者权益总额增加,资本达到增值效果;如果该比率小于100%,则意味着所有者权益遭受损失。其计算公式如下。

$$资本保值增值率=年末所有者权益÷年初所有者权益×100\%$$

【例11-22】继续用表11-2资产负债表的资料。

要求:计算榕辉机械有限责任公司的资本保值增值率。

解:资本保值增值率=3 537÷3 439×100%=102.85%

(八)社会贡献率

社会贡献率是公司社会贡献总额与平均资产总额的比率。其计算公式如下。

$$社会贡献率=公司社会贡献总额÷平均资产总额$$

式中,公司社会贡献总额包括工资(含奖金、津贴等工资性收入)、劳保退休统筹及其他社会福利支出、利息支出净额、应交或已交的各种税款、附加及福利等。

【例11-23】根据榕辉机械有限责任公司的其他资料得知,该公司2016年末的社会贡献总额为710万元。

要求:计算该公司的社会贡献率。

解:社会贡献率=710÷[(13 165+13 744)÷2]=0.053

四、发展能力分析

发展能力是公司在生存的基础上,扩大规模、壮大实力的潜在能力。

(一)销售增长率

销售增长率是公司本年销售收入增长额同上年销售收入总额的比率。其计算公式如下。

$$销售增长率=本年销售增长额÷上年销售收入总额×100\%$$

计算过程中,销售收入可以使用利润表中的"营业收入"数据。

该指标是衡量公司经营状况和市场占有能力、预测公司经营业务拓展趋势的重要标志,不断增加的销售收入是公司生存的基础和发展的条件。

【例11-24】榕辉机械有限责任公司上年的销售收入总额为10 260万元。

要求:计算该公司的销售增长率。

解:销售增长率=(12 452−10 260)÷10 260×100%=21.36%

(二)资本增长率

资本增长率是指公司本年所有者权益增长额同年初所有者权益的比率。其计算公式如下。

$$资本增长率=本年所有者权益增长额÷年初所有者权益×100\%$$

该指标反映了公司所有者权益在当年的变动水平,资本增长率是公司发展强盛的标志,也是公司扩大再生产的源泉,展示了公司的发展活力。

【例11-25】继续用表11-2资产负债表的资料。

要求:计算榕辉机械有限责任公司的资本增长率。

解:资本增长率=(3 537−3 439)÷3 439×100%=2.85%

(三)总资产增长率

总资产增长率是指公司本年总资产增长额同年初资产总额的比率。其计算公式如下。

$$总资产增长率=本年总资产增长额÷年初资产总额×100\%$$

该指标表明公司规模增长水平对公司发展后劲的影响。但应注意规模扩张的质量,避免资产盲目扩张。

【例11-26】继续用表11-2资产负债表的资料。

要求:计算榕辉机械有限责任公司的总资产增长率。

解:总资产增长率=(13 744−13 165)÷13 165×100%=4.40%

(四)每股收益

每股收益是指普通股每股的收益额。它是指股份有限公司实现的税后利润总额扣减优先股股利后的余额与普通股发行总股数的比值,反映普通股的每股获利水平。其计算公式如下。

$$每股收益=(税后利润-优先股股利)÷普通股总股数$$

每股收益是衡量上市公司盈利能力最重要的财务指标,反映了普通股的获利水平。一般来讲,每股收益越大,说明公司的盈利能力越强,股东投资效益越好,公司有较好的经营和财务状况。由于每股收益高,就可能使公司有发放较高股利率的能力,促使公司股票价格在市场上有良好的表现。

使用每股收益指标分析公司盈利性时还需要注意以下三点。

(1) 每股收益多,不一定意味着分红多,还要看公司股利分配政策。

(2) 股票是一个"份额"概念,不同股票的每一股在经济上不等量,限制了每股收益的公司间的比较。

(3) 每股收益不能反映股票所含有的风险。

(五)每股股利

每股股利是指普通股每股股利，它是股利总额与发行在外的普通股股数的比率，是用于衡量股份制企业获利能力的重要指标之一。其计算公式如下。

$$每股股利 = 当年宣布分派的股利总额 \div 普通股股数$$

该指标表明每一普通股所能获得的股利额。该指标值越高，说明企业盈利能力越强，对投资者越有吸引力。并且由于每股股利是按当年宣布分派的股利总额计算的，因而指标值高也反映了企业资金运转流畅，经营状况良好。

(六)市盈率

市盈率是指普通股每股市价与其每股收益的比值。其计算公式如下。

$$市盈率 = 普通股每股市场价格 \div 普通股每股净收益$$

每股市场价格是指普通股每股在证券市场的买卖价格，通常采用年度平均价格，但为计算简便，也可采用报告日前一日的实际股价。

市盈率是衡量股份制企业盈利能力的重要指标。它表明投资者对每元利润所愿支付的价格。由于上市公司的股票可自由买卖或转让，股东在购买股票时支付的代价并不是股票面额，而是股票市价，所以考查股东投资效益应以市价计算。市盈率将每股收益额与每股市价进行比较，也就是将所费与所得联系起来综合考虑，有助于投资者作出投资决策。对于投资者来说，似乎该指标越低越值得投资。但基于股票投资的特征，在完善而健全的金融市场中，市盈率高反而吸引投资者。这是因为市盈率较高，表明公司具有良好的盈利能力和发展前景，投资者对公司前景看好。市盈率过低，同时资产收益率也低，表明公司的成长潜力小。但过高的市盈率表明公众对公司股票盈利能力的预期过高，市场风险大。市盈率的高低通常以金融市场当时的平均市盈率为依据进行评价。

使用市盈率对公司价值进行分析时还需要注意以下几点。

(1) 该指标不能用于不同行业公司间的比较。例如，极具发展前景的新兴行业市盈率普遍较高，而成熟工业的市盈率普遍较低，这并不说明后者的股票没有投资价值。

(2) 在每股收益很小或亏损时，市价不会降至零，市盈率很高，已无实际意义。

(3) 市盈率的高低受市价的影响，市价变动的影响因素很多，因此，观察市盈率的长期趋势很重要。

(4) 单纯运用市盈率指标来分析公司价值，可能会错误地估计公司的发展。投资者必须结合其他有关信息，才能对公司股票的价值作出正确的判断。

任务四　财务综合分析

财务综合分析就是对企业的偿债能力、营运能力、盈利能力和发展能力等各个方面的分析纳入一个有机的整体，全面对企业的财务状况和经营成果进行剖析，对企业经济效益的优劣作出判断。

财务综合分析的意义在于能够全面、正确地评价企业的财务状况和经营成果。因为局部不能代替整体，某项指标的好坏不能说明整个企业经济效益的高低。除此之外，财务综合分析的结果在进行企业不同时期比较分析和不同企业之间比较分析时，消除了时间上和空间上的差异，使之更具有可比性，有利于总结经验、汲取教训、发现差距、赶超先进。进而从整体上、本质上反映和把握企业生产经营的财务状况和经营成果。

财务综合分析的方法有很多，传统方法主要有：杜邦分析法和沃尔评分法。本书主要介绍杜邦分析法。

一、杜邦分析法

杜邦分析法又称杜邦财务分析体系，简称杜邦体系，是利用各主要财务比率指标间的内在联系，对企业财务状况及经济效益进行综合系统分析评价的方法。

杜邦分析法是一种分解财务比率的方法，可用于任何财务指标的分解。杜邦分析体系的作用是揭示指标变动的原因和变动的趋势，为采取措施指明方向。

该体系是以净资产收益率为起点，以总资产净利率和权益乘数为核心，重点揭示企业获利能力及权益乘数对净资产收益率的影响，以及各相关指标间的相互影响作用关系。因其最初由美国杜邦企业成功应用，故得名。相关计算公式如下。

$$净资产收益率 = 净利 \div 平均资产 \times 平均资产 \div 平均净资产$$

$$= 总资产净利率 \times 权益乘数$$

$$净利 \div 收入 \times 收入 \div 平均资产 = 销售净利率 \times 资产周转率$$

杜邦分析法将净资产收益率(权益净利率)分解如下。

$$净资产收益率 = 总资产净利率 \times 权益乘数$$

$$= 销售净利率 \times 总资产周转率 \times 权益乘数$$

$$净资产收益率 = 净利润 \div 平均净资产(所有者权益)$$

$$总资产净利率 = 净利润 \div 平均总资产$$

$$权益乘数 = 资产 \div 权益(在杜邦分析中一般分子分母均应用平均数)$$

$$= 1 \div (1 - 资产负债率)(资产负债率也根据平均数计算)$$

注意：权益乘数与资产负债率呈同方向变化，并且二者是可以相互推算的。

$$销售净利率 = 净利润 \div 销售收入$$

$$总资产周转率 = 销售收入 \div 平均总资产$$

用杜邦分析法需要抓住以下几点。

(1) 净资产收益率是一个综合性最强的财务分析指标，是杜邦分析体系的起点。

(2) 销售净利率反映了企业净利润与销售收入的关系，它的高低取决于销售收入与成本总额的高低。

(3) 影响总资产周转率的一个重要因素是资产总额。

(4) 权益乘数主要受资产负债率指标的影响。

杜邦分析法是一种综合性较强的财务分析方法，在实践中得到广泛应用与好评。但其指标较为机械，只能是若干财务指标的集合。

【例11-27】榕辉机械有限责任公司基本财务数据如表11-4、表11-5所示。

要求：分析该企业净资产收益率变化的原因。

表 11-4 基本财务数据

单位：万元

年度	净利润	销售收入	平均资产总额	平均负债总额	全部成本	制造成本	销售费用	管理费用	财务费用
2016	10 284.04	411 224.01	306 222.94	205 677.07	403 967.43	373 534.53	10 203.05	18 667.77	1 562.08
2017	12 653.92	757 613.81	330 580.21	215 659.54	736 747.24	684 261.91	21 740.96	25 718.20	5 026.17

表 11-5 财务比率

年度	2016	2017
净资产收益率	10.23%	11.01%
权益乘数	3.05	2.88
资产负债率	67.2%	65.2%
资产净利率	3.36%	3.83%
销售净利率	2.5%	1.67%
总资产周转率/次	1.34	2.29

解：根据表 11-4 与表 11-5 的数据分析如下。

(1) 对净资产收益率的分析。

企业的净资产收益率在 2016 — 2017 年出现了一定程度的好转，从 2016 年的 10.23%增加至 2017 年的 11.01%。

净资产收益率=权益乘数×总资产净利率

2016 年 10.23%=3.05×3.36%

2017 年 11.01%=2.88×3.83%

通过分解可以明显地看出，该企业权益净利率的变动在于资本结构(权益乘数)变动和资产利用效果(资产净利率)变动两方面共同作用的结果。而该企业的资产净利率太低，显示出很差的资产利用效果。

(2) 对总资产净利率的分析。

总资产净利率=销售净利率×总资产周转率

2016 年 3.36%=2.5%×1.34

2017 年 3.38%=1.67%×2.29

通过分解可以看出，2017 年该企业的总资产周转率有所提高，说明资产的利用得到了比较好的控制，显示出比 2016 年较好的效果，表明该企业利用其总资产产生销售收入的效率在增加。总资产周转率提高的同时销售净利率的减少阻碍了资产净利率的增加。

(3) 对销售净利率的分析。

销售净利率=净利润÷销售收入

2016 年 2.5%=10 284.04÷411 224.01

2017 年 1.67%=12 653.92÷757 613.81

企业 2017 年大幅度提高了销售收入，但是净利润的提高幅度却很小，分析其原因是成本费用增多。从表 14-5 可知，全部成本从 2016 年的 403 967.43 万元增加到 2017 年的 736 747.24 万元，与销售收入的增加幅度大致相当。

(4) 对全部成本的分析。

全部成本=制造成本+销售费用+管理费用+财务费用

2016 年 403 967.43=373 534.53+10 203.05+18 667.77+1 562.08

2017 年 736 747.24=684 261.91+21 740.962+25 718.20+5 026.17

本例中，导致该企业权益利润率小的主原因是全部成本过大。也正是因为全部成本的大幅度提高导致了净利润提高幅度不大，而销售收入大幅度增加，就引起了销售净利率的减少，显示出该企业销售盈利能力的降低。

由计算结果可见，总资产净利率的提高应当归功于总资产周转率的提高，销售净利率的减少却起到了阻碍的作用。

(5) 对权益乘数的分析。

权益乘数=资产总额÷权益总额

2016 年 3.05=306 222.94÷(306 222.94-205 677.07)

2017 年 2.88=330 580.21÷(330 580.21-215 659.54)

该企业下降的权益乘数，说明企业的资本结构在 2016—2017 年发生了变动。2017 年的权益乘数较 2016 年有所减小。权益乘数越小，企业负债程度越低，偿还债务能力越强，财务风险程度越低。这个指标同时也反映了财务杠杆对利润水平的影响。该企业的权益乘数一直处于 2~5，即负债率在 50%~80%，属于激进战略型企业。管理者应该准确把握企业所处的环境，准确预测利润，合理控制负债带来的风险。

(6) 结论。

对于该企业，最为重要的就是要努力减少各项成本，在控制成本上下功夫，同时要保持自己高的总资产周转率。这样，可以使销售利润率得到提高，进而使资产净利率有大的提高。

二、沃尔评分法

企业财务综合分析的先驱者之一是亚历山大·沃尔。他在 20 世纪初出版的《信用晴雨表研究》和《财务报表比率分析》中提出了信用能力指数的概念，他把若干个财务比率用线性关系结合起来，以此来评价企业的信用水平，被称为沃尔评分法。他选择了七种财务比率，即流动比率、净资产负债比、资产与固定资产比，存货周转率、应收账款周转率、销售额与固定资产比以及销售额与净资产比，分别给定了其在总评价中所占的比重，总和为 100 分；然后确定标准比率，并与实际比率相比较，评出每项指标的得分，求出总评分，从而对企业的业绩作出评价。

沃尔评分法从理论上讲有一个弱点，就是未能证明为什么要选择这七个财务比率，而不是更多些或更少些，或者选择别的财务比率，以及未能证明每个指标所占比重的合理性。沃尔评分法从技术上讲有一个问题，就是当某一个指标严重异常时，会对综合指数产生不合逻辑的重大影响。

案例解析

银广夏是盈余操纵过于严重的公司，使传统以利润为核心的财务分析指标和现金流量指标分析得出的结论呈现出天壤之别。但我们必须看到，两种分析中现金流量分析结果更切合实际，它不仅反映了公司资金捉襟见肘的真实财务状况，并且揭示出银广夏盈余中存在的猫腻。其中的主要原因是现金流量信息能够避免应计制会计对盈余的操纵，因此反映的信息更为真实、客观。

项目小结

财务分析是指以财务报表及其他相关资料为起点，采用专门的方法，系统分析和评价企业的过去和现在的经营成果、财务状况及变动，目的是了解过去、评价现在、预测未来，帮助利益关系集团改善决策。常用的财务报表分析方法有比较分析法、比率分析法和因素分析法三种。财务分析的内容通常包括：偿债能力分析、营运能力分析、盈利能力分析、发展能力分析及财务综合能力分析五个方面。财务综合分析就是将企业偿债能力、营运能力、盈利能力和发展能力等方面的分析纳入一个有机的分析系统之中，全面地对企业财务状况和经营成果进行解剖和分析，从而对企业经济效益作出较为准确的评价与判断。财务综合分析的方法主要有杜邦分析法和沃尔评分法。

项目强化训练

一、单项选择题

1. 如果企业的流动比率大于 2，则下列说法中正确的是（　　）。
   A. 流动资产大于流动负债　　　　B. 短期负债能力绝对有保障
   C. 速动比例大于 1　　　　　　　D. 已达到合理水平
2. 杜邦分析法主要用于（　　）。
   A. 企业偿债能力分析　　　　　　B. 企业盈利能力分析
   C. 企业资产管理能力分析　　　　D. 财务综合分析
3. 企业的债权人分析财务报表时重点关注的是（　　）。
   A. 企业的发展能力　　　　　　　B. 企业的营运能力
   C. 企业的盈利能力　　　　　　　D. 企业的偿债能力
4. 企业的股东分析财务报表时重点关注的是（　　）。
   A. 企业的发展能力　　　　　　　B. 企业的营运能力
   C. 企业的盈利能力　　　　　　　D. 企业的偿债能力
5. 下列财务分析主体中，必须对企业营运能力、偿债能力、盈利能力及发展能力的全部信息予以详尽了解和掌握的是（　　）。
   A. 短期投资者　　B. 企业债权人　　C. 企业经营者　　D. 税务机关

6. 下列分析法中，属于财务综合分析方法的是(　　)。
   A. 因素分析法　　B. 比率分析法　　C. 趋势分析法　　D. 沃尔比重分析法
7. (　　)指标是一个综合性最强的财务比率，也是杜邦财务分析体系的核心。
   A. 销售利润率　　B. 资产周转率　　C. 权益乘数　　D. 净资产收益率
8. 财务报表分析中，投资人是指(　　)。
   A. 社会公众　　B. 金融机构　　C. 优先股东　　D. 普通股东
9. 流动资产和流动负债的比值称为(　　)。
   A. 流动比率　　B. 速动比率　　C. 营运比率　　D. 资产负债比率
10. 当法定盈余公积达到注册资本的(　　)时，可以不再计提。
    A. 5%　　B. 10%　　C. 25%　　D. 50%
11. 企业为股东创造财富的主要手段是增加(　　)。
    A. 自由现金流量　　B. 净利润　　C. 净现金流量　　D. 营业收入
12. 某企业的流动资产为360 000元，长期资产为4 800 000元，流动负债为205 000元，长期负债为780 000元，则资产负债率为(　　)。
    A. 15.12%　　B. 19.09%　　C. 16.25%　　D. 20.52%

二、多项选择题

1. 下列关于财务分析的说法中正确的有(　　)。
   A. 以企业财务报告为主要依据
   B. 对企业的财务状况和经营成果进行评价和剖析
   C. 反映企业在运营过程中的利弊得失和发展趋势
   D. 为改进企业财务管理工作和优化经济决策提供重要的财务信息
2. 财务分析的基本内容包括(　　)。
   A. 发展能力分析　　B. 营运能力分析
   C. 盈利能力分析　　D. 偿债能力分析
3. 从企业股权投资者角度看财务分析的目的有(　　)
   A. 看企业的盈利能力状况　　B. 权益结构
   C. 支付能力　　D. 营运状况
4. 从企业债权者角度看财务分析的目的有(　　)。
   A. 看其对企业的借款或其他债权是否能及时、足额收回，即研究企业偿债能力的大小
   B. 看债务者的收益状况与风险程度是否相适应
   C. 将偿债能力分析与盈利能力分析相结合
   D. 衡量企业为税收所做的贡献
5. 财务分析常用的方法有(　　)。
   A. 比较分析法　　B. 比率分析法　　C. 因素分析法　　D. 计量经济学方法
6. 因素分析法包括(　　)。
   A. 连环替代法　　B. 差额分析法　　C. 相关分析法　　D. 因果分析法
7. 企业财务分析的局限性有(　　)。
   A. 资料来源　　B. 分析方法　　C. 分析指标　　D. 人员素质

8. 计算存货周转率时，应考虑的因素有(　　　　)。
   A. 主营业务收入　　B. 期初存货净额　C. 期末存货净额
   D. 主营业务成本　　E. 存货平均净额
9. 分析长期资本收益率指标所适用的长期资本额是指(　　　　)。
   A. 长期负债　　　　B. 长期股票投资　C. 长期债券投资
   D. 所有者权益　　　E. 长期资产
10. 在现金再投资比率中，总投资具体是指(　　　　)项目之和。
    A. 流动资产　　　　B. 固定资产总额
    C. 对外投资　　　　D. 其他长期资产　E. 营运资金
11. 与息税前利润相关的因素包括(　　　　)。
    A. 利息费用　　　　B. 所得税　　　　C. 营业费用
    D. 净利润　　　　　E. 投资收益
12. 分析企业投资报酬情况时，可使用的指标有(　　　　)。
    A. 市盈率　　　　　B. 股票获利率　　C. 市净率
    D. 销售利润率　　　E. 资产周转率

三、判断题

1. 对债权人而言，企业的资产负债率越高越好。（　）
2. 盈利能力分析主要分析企业各项资产的使用效果。（　）
3. 相关比率反映部分与总体的关系。（　）
4. 在采用因素分析法时，可任意颠倒顺序，其计算结果是相同的。（　）
5. 盈利能力分析主要分析企业各项资产的使用效果。（　）
6. 存货周转率是销售收入与存货平均余额之比。（　）
7. 采用因素分析法，可以分析引起变化的主要原因、变动性质，并可预测企业未来的发展前景。（　）
8. 企业负债比率越高，财务杠杆系数越大，财务风险越小。（　）
9. 在资本总额、息税前利润相同的情况下，负债比例越大，财务杠杆系数越大。（　）
10. 一般来说，企业的获利能力越强，则长期偿债能力越强。（　）
11. 对企业市盈率高低的评价必须依据当时金融市场的平均市盈率进行，并非越高越好或越低越好。（　）
12. 企业的现金股利保障倍数越大，表明该企业支付现金股利的能力越强。（　）

四、名词解释

财务分析　　比较分析法　　比率分析法　　偿债能力　　营运能力　　盈利能力　　发展能力　　市盈率　　每股股利　　每股收益　　杜邦分析法

五、思考题

1. 怎样根据相关财务数据及资料，对企业的偿债能力、营运能力、盈利能力和发展能力作出评价？
2. 怎样运用杜邦财务分析体系综合评价企业的财务状况与盈利水平？

六、计算分析题

1. 某公司有关资料如表 11-6 所示。

表 11-6 资料

单位：万元

项　目	2015 年	2016 年	2017 年
净利润		3 500	3 800
营业收入净额		26 000	31 000
年末资产总额	28 000	32 000	36 500
年末所有者权益总额	19 500	22 000	24 500

要求：计算该公司 2016 年、2017 年的如下指标。
(1) 销售净利率。
(2) 总资产周转率。
(3) 年末权益乘数。

2. 某企业 2017 年赊销收入净额为 4 000 万元，销售成本为 3 200 万元；年初、年末应收账款余额分别为 400 万元和 800 万元；年初、年末存货余额分别为 400 万元和 1 200 万元；年末速动比率为 1.2，年末现金比率为 0.7。假定该企业流动资产由速动资产和存货组成，速动资产由应收账款和现金资产组成，一年按 360 天计算。

要求：
(1) 计算 2017 年应收账款周转天数。
(2) 计算 2017 年存货周转天数。
(3) 计算 2017 年年末流动负债余额和速动资产余额。
(4) 计算 2017 年年末流动比率。

3. 某公司 2017 年有关资料为：平均总资产为 369 805 万元，利润总额为 10 534 万元，利息费用为 3 592 万元，平均净资产为 153 163 万元，所得税费用为 4 530 万元。

要求：
(1) 计算该公司的已获利息倍数。
(2) 计算该公司的总资产净利率。
(3) 计算该公司的净资产收益率。

4. 某企业 2016 年和 2017 年有关总资产报酬率、总资产产值率、产品销售率和销售利润率的资料如表 11-7 所示。

表 11-7 资料

指　标	2017 年	2016 年
总资产产值率/%	80	82
产品销售率/%	98	94
销售利润率/%	30	22
总资产报酬率/%	23.52	16.96

项目十一 财务分析

要求:
(1) 应用连环替代法分析各因素变动对总资产报酬率的影响程度。
(2) 运用差额计算法分析各因素变动对总资产报酬率的影响程度。

5. 某公司2015—2017年利润表部分数据如表11-8所示。

表11-8 利润表部分数据

项 目	2017年	2016年	2015年
销售收入/元	32 168	30 498	29 248
销售成本/元	20 281	18 531	17 463
净利润/元	2 669	3 385	3 305

要求:
(1) 分别计算该公司三年的销售净利率,并作出简要分析。
(2) 分别计算该公司三年的销售毛利率,并作出简要分析。

6. 某企业上年产品销售收入为6 624万元,全部资产平均余额为2 760万元,流动资产占全部资产的比重为40%;本年产品销售收入为7 350万元,全部资产平均余额为2 940万元,速动资产占全部资产的比重为45%。

要求:
(1) 分别计算上年和本年的总资产周转率、流动资产周转率和固定资产周转率指标。
(2) 对周转率变动的原因进行分析。

7. 某公司2017年12月31日资产负债表资料如表11-9所示。

表11-9 资产负债表

单位:元

资 产	年 初	年 末	负债及所有者权益	年 初	年 末
流动资产			流动负债	450	300
货币资金	100	90	长期负债	250	400
应收账款	120	180	负债	700	700
存货	230	360	所有者权益	700	700
流动资产合计	450	630			
固定资产	950	770			
总 计	1 400	1 400	总 计	1 400	1 400

2017年度销售收入为840万元,净利润为117.6万元。
要求:
(1) 计算2017年年末速动比率、资产负债率和权益乘数。
(2) 计算2017年总资产周转率、销售净利率。

附录

附表 1 复利终值系数表

计算公式：$f = (1+i)^n$

期数	1%	2%	3%	4%	5%	6%	7%	8%	9%	10%	11%	12%	13%	14%	15%
1	1.010 0	1.020 0	1.030 0	1.040 0	1.050 0	1.060 0	1.070 0	1.080 0	1.090 0	1.100 0	1.110 0	1.120 0	1.130 0	1.140 0	1.150 0
2	1.020 1	1.040 4	1.060 9	1.081 6	1.102 5	1.123 6	1.144 9	1.166 4	1.188 1	1.210 0	1.232 1	1.254 4	1.276 9	1.299 6	1.322 5
3	1.030 3	1.061 2	1.092 7	1.124 9	1.157 6	1.191 0	1.225 0	1.259 7	1.295 0	1.331 0	1.367 6	1.404 9	1.442 9	1.481 5	1.520 9
4	1.040 6	1.082 4	1.125 5	1.169 9	1.215 5	1.262 5	1.310 8	1.360 5	1.411 6	1.464 1	1.518 1	1.573 5	1.630 5	1.689 0	1.749 0
5	1.051 0	1.104 1	1.159 3	1.216 7	1.276 3	1.338 2	1.402 6	1.469 3	1.538 6	1.610 5	1.685 1	1.762 3	1.842 4	1.925 4	2.011 4
6	1.061 5	1.126 2	1.194 1	1.265 3	1.340 1	1.418 5	1.500 7	1.586 9	1.677 1	1.771 6	1.870 4	1.973 8	2.082 0	2.195 0	2.313 1
7	1.072 1	1.148 7	1.229 9	1.315 9	1.407 1	1.503 6	1.605 8	1.713 8	1.828 0	1.948 7	2.076 2	2.210 7	2.352 6	2.502 3	2.660 0
8	1.082 9	1.171 7	1.266 8	1.368 6	1.477 5	1.593 8	1.718 2	1.850 9	1.992 6	2.143 6	2.304 5	2.476 0	2.658 4	2.852 6	3.059 0
9	1.093 7	1.195 1	1.304 8	1.423 3	1.551 3	1.689 5	1.838 5	1.999 0	2.171 9	2.357 9	2.558 0	2.773 1	3.004 0	3.251 9	3.517 9
10	1.104 6	1.219 0	1.343 9	1.480 2	1.628 9	1.790 8	1.967 2	2.158 9	2.367 4	2.593 7	2.839 4	3.105 8	3.394 6	3.707 2	4.045 6
11	1.115 7	1.243 4	1.384 2	1.539 5	1.710 3	1.898 3	2.104 9	2.331 6	2.580 4	2.853 1	3.151 8	3.478 6	3.835 9	4.226 2	4.652 4
12	1.126 8	1.268 2	1.425 8	1.601 0	1.795 9	2.012 2	2.252 2	2.518 2	2.812 7	3.138 4	3.498 5	3.896 0	4.334 5	4.817 9	5.350 3
13	1.138 1	1.293 6	1.468 5	1.665 1	1.885 6	2.132 9	2.409 8	2.719 6	3.065 8	3.452 3	3.883 3	4.363 5	4.898 0	5.492 4	6.152 8
14	1.149 5	1.319 5	1.512 6	1.731 7	1.979 9	2.260 9	2.578 5	2.937 2	3.341 7	3.797 5	4.310 4	4.887 1	5.534 8	6.261 3	7.075 7
15	1.161 0	1.345 9	1.558 0	1.800 9	2.078 9	2.396 6	2.759 0	3.172 2	3.642 5	4.177 2	4.784 6	5.473 6	6.254 3	7.137 9	8.137 1
16	1.172 6	1.372 8	1.604 7	1.873 0	2.182 9	2.540 4	2.952 2	3.425 9	3.970 3	4.595 0	5.310 9	6.130 4	7.067 3	8.137 2	9.357 6
17	1.184 3	1.400 2	1.652 8	1.947 9	2.292 0	2.692 8	3.158 8	3.700 0	4.327 6	5.054 5	5.895 1	6.866 0	7.986 1	9.276 5	10.761 3
18	1.196 1	1.428 2	1.702 4	2.025 8	2.406 6	2.854 3	3.379 9	3.996 0	4.717 1	5.559 9	6.543 6	7.690 0	9.024 3	10.575 2	12.375 5
19	1.208 1	1.456 8	1.753 5	2.106 8	2.527 0	3.025 6	3.616 5	4.315 7	5.141 7	6.115 9	7.263 3	8.612 8	10.197 4	12.055 7	14.231 8
20	1.220 2	1.485 9	1.806 1	2.191 1	2.653 3	3.207 1	3.869 7	4.661 0	5.604 4	6.727 5	8.062 3	9.646 3	11.523 1	13.743 5	16.366 5
21	1.232 4	1.515 7	1.860 3	2.278 8	2.786 0	3.399 6	4.140 6	5.033 8	6.108 8	7.400 2	8.949 2	10.803 8	13.021 1	15.667 6	18.821 5

续表

期数	1%	2%	3%	4%	5%	6%	7%	8%	9%	10%	11%	12%	13%	14%	15%
22	1.244 7	1.546 0	1.916 1	2.369 9	2.925 3	3.603 5	4.430 4	5.436 5	6.658 6	8.140 3	9.933 6	12.100 3	14.713 8	17.861 0	21.644 7
23	1.257 2	1.576 9	1.973 6	2.464 7	3.071 5	3.819 7	4.740 5	5.871 5	7.257 9	8.954 3	11.026 3	13.552 3	16.626 6	20.361 6	24.891 5
24	1.269 7	1.608 4	2.032 8	2.563 3	3.225 1	4.048 9	5.072 4	6.341 2	7.911 1	9.849 7	12.239 2	15.178 6	18.788 1	23.212 2	28.625 2
25	1.282 4	1.640 6	2.093 8	2.665 8	3.386 4	4.291 9	5.427 4	6.848 5	8.623 1	10.834 7	13.585 5	17.000 1	21.230 5	26.461 9	32.919 0
26	1.295 3	1.673 4	2.156 6	2.772 5	3.555 7	4.549 4	5.807 4	7.396 4	9.399 2	11.918 2	15.079 9	19.040 1	23.990 5	30.166 6	37.856 8
27	1.308 2	1.706 9	2.221 3	2.883 4	3.733 5	4.822 3	6.213 9	7.988 1	10.245 1	13.110 0	16.738 7	21.324 9	27.109 3	34.389 9	43.535 3
28	1.321 3	1.741 0	2.287 9	2.998 7	3.920 1	5.111 7	6.648 8	8.627 1	11.167 1	14.421 0	18.579 9	23.883 9	30.633 5	39.204 5	50.065 6
29	1.334 5	1.775 8	2.356 6	3.118 7	4.116 1	5.418 4	7.114 3	9.317 3	12.172 2	15.863 1	20.623 7	26.749 9	34.615 8	44.693 1	57.575 5
30	1.347 8	1.811 4	2.427 3	3.243 4	4.321 9	5.743 5	7.612 3	10.062 7	13.267 7	17.449 4	22.892 3	29.959 9	39.115 9	50.950 2	66.211 8

期数	16%	17%	18%	19%	20%	21%	22%	23%	24%	25%	26%	27%	28%	29%	30%
1	1.160 0	1.170 0	1.180 0	1.190 0	1.200 0	1.210 0	1.220 0	1.230 0	1.240 0	1.250 0	1.260 0	1.270 0	1.280 0	1.290 0	1.300 0
2	1.345 6	1.368 9	1.392 4	1.416 1	1.440 0	1.464 1	1.488 4	1.512 9	1.537 6	1.562 5	1.587 6	1.612 9	1.638 4	1.664 1	1.690 0
3	1.560 9	1.601 6	1.643 0	1.685 2	1.728 0	1.771 6	1.815 8	1.860 9	1.906 6	1.953 1	2.000 4	2.048 4	2.097 2	2.146 7	2.197 0
4	1.810 6	1.873 9	1.938 8	2.005 3	2.073 6	2.143 6	2.215 3	2.288 9	2.364 2	2.441 4	2.520 5	2.601 4	2.684 4	2.769 2	2.856 1
5	2.100 3	2.192 4	2.287 8	2.386 4	2.488 3	2.593 7	2.702 7	2.815 3	2.931 6	3.051 8	3.175 8	3.303 8	3.436 0	3.572 3	3.712 9
6	2.436 4	2.565 2	2.699 6	2.839 8	2.986 0	3.138 4	3.297 3	3.462 8	3.635 2	3.814 7	4.001 5	4.195 9	4.398 0	4.608 3	4.826 8
7	2.826 2	3.001 2	3.185 5	3.379 3	3.583 2	3.797 5	4.022 7	4.259 3	4.507 7	4.768 4	5.041 9	5.328 8	5.629 5	5.944 7	6.274 9
8	3.278 4	3.511 5	3.758 9	4.021 4	4.299 8	4.595 0	4.907 7	5.238 9	5.589 5	5.960 5	6.352 8	6.767 5	7.205 8	7.668 6	8.157 3
9	3.803 0	4.108 4	4.435 5	4.785 4	5.159 8	5.559 9	5.987 4	6.443 9	6.931 0	7.450 6	8.004 5	8.594 8	9.223 4	9.892 5	10.604 5
10	4.411 4	4.806 8	5.233 8	5.694 7	6.191 7	6.727 5	7.304 6	7.925 9	8.594 4	9.313 2	10.085 7	10.915 3	11.805 9	12.761 4	13.785 8
11	5.117 3	5.624 0	6.175 9	6.776 7	7.430 1	8.140 3	8.911 7	9.748 9	10.657 1	11.641 5	12.708 0	13.862 5	15.111 6	16.462 2	17.921 6
12	5.936 0	6.580 1	7.287 6	8.064 2	8.916 1	9.849 7	10.872 2	11.991 2	13.214 8	14.551 9	16.012 0	17.605 3	19.342 8	21.236 2	23.298 1
13	6.885 8	7.698 7	8.599 4	9.596 4	10.699 3	11.918 2	13.264 1	14.749 1	16.386 3	18.189 9	20.175 2	22.358 8	24.758 8	27.394 7	30.287 5

续表

期数	16%	17%	18%	19%	20%	21%	22%	23%	24%	25%	26%	27%	28%	29%	30%
14	7.987 5	9.007 5	10.147 2	11.419 8	12.839 2	14.421 0	16.182 2	18.141 4	20.319 1	22.737 4	25.420 7	28.395 7	31.691 3	35.339 1	39.373 8
15	9.265 5	10.538 7	11.973 7	13.589 5	15.407 0	17.449 4	19.742 3	22.314 0	25.195 6	28.421 7	32.030 1	36.062 5	40.564 8	45.587 5	51.185 9
16	10.748 0	12.330 3	14.129 0	16.171 5	18.488 4	21.113 8	24.085 6	27.446 2	31.242 6	35.527 1	40.357 9	45.799 4	51.923 0	58.807 9	66.541 7
17	12.467 7	14.426 5	16.672 2	19.244 1	22.186 1	25.547 7	29.384 4	33.758 8	38.740 8	44.408 9	50.851 0	58.165 2	66.461 4	75.862 1	86.504 2
18	14.462 5	16.879 0	19.673 3	22.900 5	26.623 3	30.912 7	35.849 0	41.523 3	48.038 6	55.511 2	64.072 2	73.869 8	85.070 6	97.862 2	112.455 4
19	16.776 5	19.748 4	23.214 4	27.251 6	31.948 0	37.404 3	43.735 8	51.073 7	59.567 9	69.388 9	80.731 0	93.814 7	108.890 4	126.242 2	146.192 0
20	19.460 8	23.105 6	27.393 0	32.429 4	38.337 6	45.259 3	53.357 6	62.820 6	73.864 1	86.736 2	101.721 1	119.144 6	139.379 7	162.852 4	190.049 6
21	22.574 5	27.033 6	32.323 8	38.591 0	46.005 1	54.763 7	65.096 3	77.269 4	91.591 5	108.420 2	128.168 5	151.313 7	178.406 0	210.079 6	247.064 5
22	26.186 4	31.629 3	38.142 1	45.923 3	55.206 1	66.264 1	79.417 5	95.041 3	113.573 5	135.525 3	161.492 4	192.168 3	228.359 6	271.002 7	321.183 9
23	30.376 2	37.006 2	45.007 6	54.648 7	66.247 4	80.179 5	96.889 4	116.900 8	140.831 2	169.406 6	203.480 4	244.053 8	292.300 3	349.593 5	417.539 1
24	35.236 4	43.297 3	53.109 0	65.032 0	79.496 8	97.017 2	118.205 0	143.788 0	174.630 6	211.758 2	256.385 3	309.948 3	374.144 4	450.975 6	542.800 8
25	40.874 2	50.657 8	62.668 6	77.388 1	95.396 2	117.390 9	144.210 1	176.859 3	216.542 0	264.697 8	323.045 4	393.634 4	478.904 9	581.758 5	705.641 0
26	47.414 1	59.269 7	73.949 0	92.091 8	114.475 5	142.042 9	175.936 4	217.536 9	268.512 1	330.872 2	407.037 3	499.915 7	612.998 2	750.468 5	917.333 3
27	55.000 4	69.345 5	87.259 8	109.589 3	137.370 6	171.871 9	214.642 4	267.570 4	332.955 0	413.590 3	512.867 0	634.892 9	784.637 7	968.104 4	1 192.533 3
28	63.800 4	81.134 2	102.966 6	130.411 2	164.844 7	207.965 1	261.863 7	329.111 5	412.864 2	516.987 9	646.212 4	806.314 0	1 004.336 3	1 248.854 6	1 550.293 3
29	74.008 5	94.927 1	121.500 5	155.189 3	197.813 6	251.637 7	319.473 7	404.807 1	511.951 6	646.234 9	814.227 6	1 024.018 7	1 285.550 4	1 611.022 5	2 015.381 3
30	85.849 9	111.064 7	143.370 6	184.675 3	237.376 3	304.481 6	389.757 9	497.912 9	634.819 9	807.793 6	1 025.926 7	1 300.503 8	1 645.504 6	2 078.219 0	2 619.995 6

附表 2 复利现值系数表

计算公式：$f = (1+i)^{-n}$

期数	1%	2%	3%	4%	5%	6%	7%	8%	9%	10%	11%	12%	13%	14%	15%
1	0.9901	0.9804	0.9709	0.9615	0.9524	0.9434	0.9346	0.9259	0.9174	0.9091	0.9009	0.8929	0.8850	0.8772	0.8696
2	0.9803	0.9612	0.9426	0.9246	0.9070	0.8900	0.8734	0.8573	0.8417	0.8264	0.8116	0.7972	0.7831	0.7695	0.7561
3	0.9706	0.9423	0.9151	0.8890	0.8638	0.8396	0.8163	0.7938	0.7722	0.7513	0.7312	0.7118	0.6931	0.6750	0.6575
4	0.9610	0.9238	0.8885	0.8548	0.8227	0.7921	0.7629	0.7350	0.7084	0.6830	0.6587	0.6355	0.6133	0.5921	0.5718
5	0.9515	0.9057	0.8626	0.8219	0.7835	0.7473	0.7130	0.6806	0.6499	0.6209	0.5935	0.5674	0.5428	0.5194	0.4972
6	0.9420	0.8880	0.8375	0.7903	0.7462	0.7050	0.6663	0.6302	0.5963	0.5645	0.5346	0.5066	0.4803	0.4556	0.4323
7	0.9327	0.8706	0.8131	0.7599	0.7107	0.6651	0.6227	0.5835	0.5470	0.5132	0.4817	0.4523	0.4251	0.3996	0.3759
8	0.9235	0.8535	0.7894	0.7307	0.6768	0.6274	0.5820	0.5403	0.5019	0.4665	0.4339	0.4039	0.3762	0.3506	0.3269
9	0.9143	0.8368	0.7664	0.7026	0.6446	0.5919	0.5439	0.5002	0.4604	0.4241	0.3909	0.3606	0.3329	0.3075	0.2843
10	0.9053	0.8203	0.7441	0.6756	0.6139	0.5584	0.5083	0.4632	0.4224	0.3855	0.3522	0.3220	0.2946	0.2697	0.2472
11	0.8963	0.8043	0.7224	0.6496	0.5847	0.5268	0.4751	0.4289	0.3875	0.3505	0.3173	0.2875	0.2607	0.2366	0.2149
12	0.8874	0.7885	0.7014	0.6246	0.5568	0.4970	0.4440	0.3971	0.3555	0.3186	0.2858	0.2567	0.2307	0.2076	0.1869
13	0.8787	0.7730	0.6810	0.6006	0.5303	0.4688	0.4150	0.3677	0.3262	0.2897	0.2575	0.2292	0.2042	0.1821	0.1625
14	0.8700	0.7579	0.6611	0.5775	0.5051	0.4423	0.3878	0.3405	0.2992	0.2633	0.2320	0.2046	0.1807	0.1597	0.1413
15	0.8613	0.7430	0.6419	0.5553	0.4810	0.4173	0.3624	0.3152	0.2745	0.2394	0.2090	0.1827	0.1599	0.1401	0.1229
16	0.8528	0.7284	0.6232	0.5339	0.4581	0.3936	0.3387	0.2919	0.2519	0.2176	0.1883	0.1631	0.1415	0.1229	0.1069
17	0.8444	0.7142	0.6050	0.5134	0.4363	0.3714	0.3166	0.2703	0.2311	0.1978	0.1696	0.1456	0.1252	0.1078	0.0929
18	0.8360	0.7002	0.5874	0.4936	0.4155	0.3503	0.2959	0.2502	0.2120	0.1799	0.1528	0.1300	0.1108	0.0946	0.0808
19	0.8277	0.6864	0.5703	0.4746	0.3957	0.3305	0.2765	0.2317	0.1945	0.1635	0.1377	0.1161	0.0981	0.0829	0.0703
20	0.8195	0.6730	0.5537	0.4564	0.3769	0.3118	0.2584	0.2145	0.1784	0.1486	0.1240	0.1037	0.0868	0.0728	0.0611
21	0.8114	0.6598	0.5375	0.4388	0.3589	0.2942	0.2415	0.1987	0.1637	0.1351	0.1117	0.0926	0.0768	0.0638	0.0531

续表

期数	1%	2%	3%	4%	5%	6%	7%	8%	9%	10%	11%	12%	13%	14%	15%
22	0.8034	0.6468	0.5219	0.4220	0.3418	0.2775	0.2257	0.1839	0.1502	0.1228	0.1007	0.0826	0.0680	0.0560	0.0462
23	0.7954	0.6342	0.5067	0.4057	0.3256	0.2618	0.2109	0.1703	0.1378	0.1117	0.0907	0.0738	0.0601	0.0491	0.0402
24	0.7876	0.6217	0.4919	0.3901	0.3101	0.2470	0.1971	0.1577	0.1264	0.1015	0.0817	0.0659	0.0532	0.0431	0.0349
25	0.7798	0.6095	0.4776	0.3751	0.2953	0.2330	0.1842	0.1460	0.1160	0.0923	0.0736	0.0588	0.0471	0.0378	0.0304
26	0.7720	0.5976	0.4637	0.3607	0.2812	0.2198	0.1722	0.1352	0.1064	0.0839	0.0663	0.0525	0.0417	0.0331	0.0264
27	0.7644	0.5859	0.4502	0.3468	0.2678	0.2074	0.1609	0.1252	0.0976	0.0763	0.0597	0.0469	0.0369	0.0291	0.0230
28	0.7568	0.5744	0.4371	0.3335	0.2551	0.1956	0.1504	0.1159	0.0895	0.0693	0.0538	0.0419	0.0326	0.0255	0.0200
29	0.7493	0.5631	0.4243	0.3207	0.2429	0.1846	0.1406	0.1073	0.0822	0.0630	0.0485	0.0374	0.0289	0.0224	0.0174
30	0.7419	0.5521	0.4120	0.3083	0.2314	0.1741	0.1314	0.0994	0.0754	0.0573	0.0437	0.0334	0.0256	0.0196	0.0151

期数	16%	17%	18%	19%	20%	21%	22%	23%	24%	25%	26%	27%	28%	29%	30%
1	0.8621	0.8547	0.8475	0.8403	0.8333	0.8264	0.8197	0.8130	0.8065	0.8000	0.7937	0.7874	0.7813	0.7752	0.7692
2	0.7432	0.7305	0.7182	0.7062	0.6944	0.6830	0.6719	0.6610	0.6504	0.6400	0.6299	0.6200	0.6104	0.6009	0.5917
3	0.6407	0.6244	0.6086	0.5934	0.5787	0.5645	0.5507	0.5374	0.5245	0.5120	0.4999	0.4882	0.4768	0.4658	0.4552
4	0.5523	0.5337	0.5158	0.4987	0.4823	0.4665	0.4514	0.4369	0.4230	0.4096	0.3968	0.3844	0.3725	0.3611	0.3501
5	0.4761	0.4561	0.4371	0.4190	0.4019	0.3855	0.3700	0.3552	0.3411	0.3277	0.3149	0.3027	0.2910	0.2799	0.2693
6	0.4104	0.3898	0.3704	0.3521	0.3349	0.3186	0.3033	0.2888	0.2751	0.2621	0.2499	0.2383	0.2274	0.2170	0.2072
7	0.3538	0.3332	0.3139	0.2959	0.2791	0.2633	0.2486	0.2348	0.2218	0.2097	0.1983	0.1877	0.1776	0.1682	0.1594
8	0.3050	0.2848	0.2660	0.2487	0.2326	0.2176	0.2038	0.1909	0.1789	0.1678	0.1574	0.1478	0.1388	0.1304	0.1226
9	0.2630	0.2434	0.2255	0.2090	0.1938	0.1799	0.1670	0.1552	0.1443	0.1342	0.1249	0.1164	0.1084	0.1011	0.0943
10	0.2267	0.2080	0.1911	0.1756	0.1615	0.1486	0.1369	0.1262	0.1164	0.1074	0.0992	0.0916	0.0847	0.0784	0.0725
11	0.1954	0.1778	0.1619	0.1476	0.1346	0.1228	0.1122	0.1026	0.0938	0.0859	0.0787	0.0721	0.0662	0.0607	0.0558
12	0.1685	0.1520	0.1372	0.1240	0.1122	0.1015	0.0920	0.0834	0.0757	0.0687	0.0625	0.0568	0.0517	0.0471	0.0429
13	0.1452	0.1299	0.1163	0.1042	0.0935	0.0839	0.0754	0.0678	0.0610	0.0550	0.0496	0.0447	0.0404	0.0365	0.0330

续表

期数	16%	17%	18%	19%	20%	21%	22%	23%	24%	25%	26%	27%	28%	29%	30%
14	0.1252	0.1110	0.0985	0.0876	0.0779	0.0693	0.0618	0.0551	0.0492	0.0440	0.0393	0.0352	0.0316	0.0283	0.0254
15	0.1079	0.0949	0.0835	0.0736	0.0649	0.0573	0.0507	0.0448	0.0397	0.0352	0.0312	0.0277	0.0247	0.0219	0.0195
16	0.0930	0.0811	0.0708	0.0618	0.0541	0.0474	0.0415	0.0364	0.0320	0.0281	0.0248	0.0218	0.0193	0.0170	0.0150
17	0.0802	0.0693	0.0600	0.0520	0.0451	0.0391	0.0340	0.0296	0.0258	0.0225	0.0197	0.0172	0.0150	0.0132	0.0116
18	0.0691	0.0592	0.0508	0.0437	0.0376	0.0323	0.0279	0.0241	0.0208	0.0180	0.0156	0.0135	0.0118	0.0102	0.0089
19	0.0596	0.0506	0.0431	0.0367	0.0313	0.0267	0.0229	0.0196	0.0168	0.0144	0.0124	0.0107	0.0092	0.0079	0.0068
20	0.0514	0.0433	0.0365	0.0308	0.0261	0.0221	0.0187	0.0159	0.0135	0.0115	0.0098	0.0084	0.0072	0.0061	0.0053
21	0.0443	0.0370	0.0309	0.0259	0.0217	0.0183	0.0154	0.0129	0.0109	0.0092	0.0078	0.0066	0.0056	0.0048	0.0040
22	0.0382	0.0316	0.0262	0.0218	0.0181	0.0151	0.0126	0.0105	0.0088	0.0074	0.0062	0.0052	0.0044	0.0037	0.0031
23	0.0329	0.0270	0.0222	0.0183	0.0151	0.0125	0.0103	0.0086	0.0071	0.0059	0.0049	0.0041	0.0034	0.0029	0.0024
24	0.0284	0.0231	0.0188	0.0154	0.0126	0.0103	0.0085	0.0070	0.0057	0.0047	0.0039	0.0032	0.0027	0.0022	0.0018
25	0.0245	0.0197	0.0160	0.0129	0.0105	0.0085	0.0069	0.0057	0.0046	0.0038	0.0031	0.0025	0.0021	0.0017	0.0014
26	0.0211	0.0169	0.0135	0.0109	0.0087	0.0070	0.0057	0.0046	0.0037	0.0030	0.0025	0.0020	0.0016	0.0013	0.0011
27	0.0182	0.0144	0.0115	0.0091	0.0073	0.0058	0.0047	0.0037	0.0030	0.0024	0.0019	0.0016	0.0013	0.0010	0.0008
28	0.0157	0.0123	0.0097	0.0077	0.0061	0.0048	0.0038	0.0030	0.0024	0.0019	0.0015	0.0012	0.0010	0.0008	0.0006
29	0.0135	0.0105	0.0082	0.0064	0.0051	0.0040	0.0031	0.0025	0.0020	0.0015	0.0012	0.0010	0.0008	0.0006	0.0005
30	0.0116	0.0090	0.0070	0.0054	0.0042	0.0033	0.0026	0.0020	0.0016	0.0012	0.0010	0.0008	0.0006	0.0005	0.0004

附表 3 年金终值系数表

计算公式：$f = \dfrac{(1+i)^n}{i}$

期数	1%	2%	3%	4%	5%	6%	7%	8%	9%	10%	11%	12%	13%	14%	15%
1	1.0000	1.0000	1.0000	1.0000	1.0000	1.0000	1.0000	1.0000	1.0000	1.0000	1.0000	1.0000	1.0000	1.0000	1.0000
2	2.0100	2.0200	2.0300	2.0400	2.0500	2.0600	2.0700	2.0800	2.0900	2.1000	2.1100	2.1200	2.1300	2.1400	2.1500
3	3.0301	3.0604	3.0909	3.1216	3.1525	3.1836	3.2149	3.2464	3.2781	3.3100	3.3421	3.3744	3.4069	3.4396	3.4725
4	4.0604	4.1216	4.1836	4.2465	4.3101	4.3746	4.4399	4.5061	4.5731	4.6410	4.7097	4.7793	4.8498	4.9211	4.9934
5	5.1010	5.2040	5.3091	5.4163	5.5256	5.6371	5.7507	5.8666	5.9847	6.1051	6.2278	6.3528	6.4803	6.6101	6.7424
6	6.1520	6.3081	6.4684	6.6330	6.8019	6.9753	7.1533	7.3359	7.5233	7.7156	7.9129	8.1152	8.3227	8.5355	8.7537
7	7.2135	7.4343	7.6625	7.8983	8.1420	8.3938	8.6540	8.9228	9.2004	9.4872	9.7833	10.0890	10.4047	10.7305	11.0668
8	8.2857	8.5830	8.8923	9.2142	9.5491	9.8975	10.2598	10.6366	11.0285	11.4359	11.8594	12.2997	12.7573	13.2328	13.7268
9	9.3685	9.7546	10.1591	10.5828	11.0266	11.4913	11.9780	12.4876	13.0210	13.5795	14.1640	14.7757	15.4157	16.0853	16.7858
10	10.4622	10.9497	11.4639	12.0061	12.5779	13.1808	13.8164	14.4866	15.1927	15.9374	16.7220	17.5487	18.4197	19.3373	20.3037
11	11.5668	12.1687	12.8078	13.4864	14.2068	14.9716	15.7836	16.6455	17.5603	18.5312	19.5614	20.6546	21.8143	23.0445	24.3493
12	12.6825	13.4121	14.1920	15.0258	15.9171	16.8699	17.8885	18.9771	20.1407	21.3843	22.7132	24.1331	25.6502	27.2707	29.0017
13	13.8093	14.6803	15.6178	16.6268	17.7130	18.8821	20.1406	21.4953	22.9534	24.5227	26.2116	28.0291	29.9847	32.0887	34.3519
14	14.9474	15.9739	17.0863	18.2919	19.5986	21.0151	22.5505	24.2149	26.0192	27.9750	30.0949	32.3926	34.8827	37.5811	40.5047
15	16.0969	17.2934	18.5989	20.0236	21.5786	23.2760	25.1290	27.1521	29.3609	31.7725	34.4054	37.2797	40.4175	43.8424	47.5804
16	17.2579	18.6393	20.1569	21.8245	23.6575	25.6725	27.8881	30.3243	33.0034	35.9497	39.1899	42.7533	46.6717	50.9804	55.7175
17	18.4304	20.0121	21.7616	23.6975	25.8404	28.2129	30.8402	33.7502	36.9737	40.5447	44.5008	48.8837	53.7391	59.1176	65.0751
18	19.6147	21.4123	23.4144	25.6454	28.1324	30.9057	33.9990	37.4502	41.3013	45.5992	50.3959	55.7497	61.7251	68.3941	75.8364
19	20.8109	22.8406	25.1169	27.6712	30.5390	33.7600	37.3790	41.4463	46.0185	51.1591	56.9395	63.4397	70.7494	78.9692	88.2118
20	22.0190	24.2974	26.8704	29.7781	33.0660	36.7856	40.9955	45.7620	51.1601	57.2750	64.2028	72.0524	80.9468	91.0249	102.4436

续表

期数	1%	2%	3%	4%	5%	6%	7%	8%	9%	10%	11%	12%	13%	14%	15%
21	23.239 2	25.783 3	28.676 5	31.969 2	35.719 3	39.992 7	44.865 2	50.422 9	56.764 5	64.002 5	72.265 1	81.698 7	92.469 9	104.768 4	118.810 1
22	24.471 6	27.299 0	30.536 8	34.248 0	38.505 2	43.392 3	49.005 7	55.456 8	62.873 3	71.402 7	81.214 3	92.502 6	105.491 0	120.436 0	137.631 6
23	25.716 3	28.845 0	32.452 9	36.617 9	41.430 5	46.995 8	53.436 1	60.893 3	69.531 9	79.543 0	91.147 9	104.602 9	120.204 8	138.297 0	159.276 4
24	26.973 5	30.421 9	34.426 5	39.082 6	44.502 0	50.815 6	58.176 7	66.764 8	76.789 8	88.497 3	102.174 2	118.155 2	136.831 5	158.658 6	184.167 8
25	28.243 2	32.030 3	36.459 3	41.645 9	47.727 1	54.864 5	63.249 0	73.105 9	84.700 9	98.347 1	114.413 3	133.333 9	155.619 6	181.870 8	212.793 0
26	29.525 6	33.670 9	38.553 0	44.311 7	51.113 5	59.156 4	68.676 5	79.954 4	93.324 0	109.181 8	127.998 8	150.333 9	176.850 1	208.332 7	245.712 0
27	30.820 9	35.344 3	40.709 6	47.084 2	54.669 1	63.705 8	74.483 8	87.350 8	102.723 1	121.099 9	143.078 6	169.374 0	200.840 6	238.499 3	283.568 8
28	32.129 1	37.051 2	42.930 9	49.967 6	58.402 6	68.528 1	80.697 7	95.338 8	112.968 2	134.209 9	159.817 3	190.698 9	227.949 9	272.889 2	327.104 1
29	33.450 4	38.792 2	45.218 9	52.966 3	62.322 7	73.639 8	87.346 5	103.965 9	124.135 4	148.630 9	178.397 2	214.582 8	258.583 4	312.093 7	377.169 7
30	34.784 9	40.568 1	47.575 4	56.084 9	66.438 8	79.058 2	94.460 8	113.283 2	136.307 5	164.494 0	199.020 9	241.332 7	293.199 2	356.786 8	434.745 1

期数	16%	17%	18%	19%	20%	21%	22%	23%	24%	25%	26%	27%	28%	29%	30%
1	1.000 0	1.000 0	1.000 0	1.000 0	1.000 0	1.000 0	1.000 0	1.000 0	1.000 0	1.000 0	1.000 0	1.000 0	1.000 0	1.000 0	1.000 0
2	2.160 0	2.170 0	2.180 0	2.190 0	2.200 0	2.210 0	2.220 0	2.230 0	2.240 0	2.250 0	2.260 0	2.270 0	2.280 0	2.290 0	2.300 0
3	3.505 6	3.538 9	3.572 4	3.606 1	3.640 0	3.674 1	3.708 4	3.742 9	3.777 6	3.812 5	3.847 6	3.882 9	3.918 4	3.954 1	3.990 0
4	5.066 5	5.140 5	5.215 4	5.291 3	5.368 0	5.445 7	5.524 2	5.603 8	5.684 2	5.765 6	5.848 0	5.931 3	6.015 6	6.100 8	6.187 0
5	6.877 1	7.014 4	7.154 2	7.296 6	7.441 6	7.589 2	7.739 6	7.892 6	8.048 4	8.207 0	8.368 4	8.532 7	8.699 9	8.870 0	9.043 1
6	8.977 5	9.206 8	9.442 0	9.683 0	9.929 9	10.183 0	10.442 1	10.707 9	10.980 1	11.258 8	11.544 2	11.836 6	12.135 9	12.442 3	12.756 0
7	11.413 9	11.772 0	12.141 5	12.522 7	12.915 9	13.321 4	13.739 6	14.170 8	14.615 3	15.073 5	15.545 8	16.032 4	16.533 9	17.050 6	17.582 8
8	14.240 1	14.773 3	15.327 0	15.902 0	16.499 1	17.118 9	17.762 3	18.430 0	19.122 9	19.841 9	20.587 6	21.361 2	22.163 4	22.995 3	23.857 7
9	17.518 5	18.284 7	19.085 9	19.923 4	20.798 9	21.713 9	22.670 0	23.669 0	24.712 5	25.802 3	26.940 4	28.128 7	29.369 2	30.663 9	32.015 0
10	21.321 3	22.393 1	23.521 3	24.708 9	25.958 7	27.273 8	28.657 1	30.112 8	31.643 4	33.252 5	34.944 9	36.723 5	38.592 6	40.556 4	42.619 5
11	25.732 9	27.199 9	28.755 1	30.403 5	32.150 4	34.001 3	35.962 0	38.038 8	40.237 9	42.566 1	45.030 6	47.638 8	50.398 5	53.317 8	56.405 3
12	30.850 2	32.823 9	34.931 1	37.180 2	39.580 5	42.141 6	44.873 7	47.787 7	50.895 0	54.207 7	57.738 6	61.501 3	65.510 0	69.780 5	74.327 0

续表

期数	16%	17%	18%	19%	20%	21%	22%	23%	24%	25%	26%	27%	28%	29%	30%
13	36.786 2	39.404 0	42.218 7	45.244 5	48.496 6	51.991 3	55.745 9	59.778 8	64.109 7	68.759 6	73.750 6	79.106 6	84.852 9	91.016 1	97.625 0
14	43.672 0	47.102 7	50.818 0	54.840 9	59.195 9	63.909 5	69.010 0	74.528 0	80.496 1	86.949 5	93.925 8	101.465 4	109.611 7	118.410 8	127.912 5
15	51.659 5	56.110 1	60.965 3	66.260 7	72.035 1	78.330 5	85.192 2	92.669 4	100.815 1	109.686 8	119.346 5	129.861 1	141.302 9	153.750 0	167.286 3
16	60.925 0	66.648 8	72.939 0	79.850 2	87.442 1	95.779 9	104.934 5	114.983 4	126.010 8	138.108 5	151.376 6	165.923 6	181.867 7	199.337 4	218.472 2
17	71.673 0	78.979 2	87.068 0	96.021 8	105.930 6	116.893 7	129.020 1	142.429 5	157.253 4	173.635 7	191.734 5	211.723 0	233.790 7	258.145 3	285.013 9
18	84.140 7	93.405 6	103.740 3	115.265 9	128.116 7	142.441 3	158.404 5	176.188 3	195.994 2	218.044 6	242.585 5	269.888 2	300.252 1	334.007 4	371.518 0
19	98.603 2	110.284 6	123.413 5	138.166 4	154.740 0	173.354 0	194.253 5	217.711 6	244.032 8	273.555 8	306.657 7	343.758 0	385.322 7	431.869 6	483.973 4
20	115.379 7	130.032 9	146.628 0	165.418 0	186.688 0	210.758 4	237.989 3	268.785 3	303.600 6	342.944 7	387.388 7	437.572 6	494.213 1	558.111 8	630.165 5
21	134.840 5	153.138 5	174.021 0	197.847 4	225.025 6	256.017 6	291.346 9	331.605 9	377.464 8	429.680 9	489.109 8	556.717 3	633.592 7	720.964 2	820.215 1
22	157.415 0	180.172 1	206.344 8	236.438 5	271.030 7	310.781 3	356.443 2	408.875 3	469.056 3	538.101 1	617.278 3	708.030 9	811.998 7	931.043 8	1 067.279 6
23	183.601 3	211.801 3	244.486 8	282.361 8	326.236 9	377.045 4	435.860 7	503.916 6	582.629 8	673.626 4	778.770 7	900.199 3	1 040.358 3	1 202.046 5	1 388.463 5
24	213.977 6	248.807 6	289.494 5	337.010 5	392.484 2	457.224 9	532.750 1	620.817 4	723.461 0	843.032 9	982.251 1	1 144.253 1	1 332.658 6	1 551.640 0	1 806.002 6
25	249.214 0	292.104 9	342.603 5	402.042 5	471.981 1	554.242 2	650.955 1	764.605 4	898.091 6	1 054.791 2	1 238.636 3	1 454.201 4	1 706.803 1	2 002.615 6	2 348.803 3
26	290.088 3	342.762 7	405.272 1	479.430 6	567.377 3	671.633 0	795.165 3	941.464 7	1 114.633 6	1 319.489 0	1 561.681 8	1 847.835 8	2 185.707 9	2 584.374 1	3 054.444 3
27	337.502 4	402.032 3	479.221 1	571.522 4	681.852 8	813.675 9	971.101 6	1 159.001 5	1 383.145 7	1 650.361 2	1 968.719 1	2 347.751 5	2 798.706 1	3 334.842 6	3 971.777 6
28	392.502 8	471.377 8	566.480 9	681.111 6	819.223 3	985.547 9	1 185.744 0	1 426.571 9	1 716.100 7	2 063.951 2	2 481.586 0	2 982.644 4	3 583.343 8	4 302.947 0	5 164.310 9
29	456.303 2	552.512 1	669.447 5	811.522 8	984.068 0	1 193.512 9	1 447.607 7	1 755.683 5	2 128.964 8	2 580.939 4	3 127.798 4	3 788.958 3	4 587.680 1	5 551.801 6	6 714.604 2
30	530.311 7	647.439 1	790.948 0	966.712 2	1 181.881 6	1 445.150 7	1 767.081 3	2 160.490 7	2 640.916 4	3 227.174 3	3 942.026 0	4 812.977 1	5 873.230 6	7 162.824 1	8 729.985 5

附表4 年金现值系数表

计算公式：$f = \dfrac{(1+i)^{-n}}{i}$

期数	1%	2%	3%	4%	5%	6%	7%	8%	9%	10%	11%	12%	13%	14%	15%
1	0.990 1	0.980 4	0.970 9	0.961 5	0.952 4	0.943 4	0.934 6	0.925 9	0.917 4	0.909 1	0.900 9	0.892 9	0.885 0	0.877 2	0.869 6
2	1.970 4	1.941 6	1.913 5	1.886 1	1.859 4	1.833 4	1.808 0	1.783 3	1.759 1	1.735 5	1.712 5	1.690 1	1.668 1	1.646 7	1.625 7
3	2.941 0	2.883 9	2.828 6	2.775 1	2.723 2	2.673 0	2.624 3	2.577 1	2.531 3	2.486 9	2.443 7	2.401 8	2.361 2	2.321 6	2.283 2
4	3.902 0	3.807 7	3.717 1	3.629 9	3.546 0	3.465 1	3.387 2	3.312 1	3.239 7	3.169 9	3.102 4	3.037 3	2.974 5	2.913 7	2.855 0
5	4.853 4	4.713 5	4.579 7	4.451 8	4.329 5	4.212 4	4.100 2	3.992 7	3.889 7	3.790 8	3.695 9	3.604 8	3.517 2	3.433 1	3.352 2
6	5.795 5	5.601 4	5.417 2	5.242 1	5.075 7	4.917 3	4.766 5	4.622 9	4.485 9	4.355 3	4.230 5	4.111 4	3.997 5	3.888 7	3.784 5
7	6.728 2	6.472 0	6.230 3	6.002 1	5.786 4	5.582 4	5.389 3	5.206 4	5.033 0	4.868 4	4.712 2	4.563 8	4.422 6	4.288 3	4.160 4
8	7.651 7	7.325 5	7.019 7	6.732 7	6.463 2	6.209 8	5.971 3	5.746 6	5.534 8	5.334 9	5.146 1	4.967 6	4.798 8	4.638 9	4.487 3
9	8.566 0	8.162 2	7.786 1	7.435 3	7.107 8	6.801 7	6.515 2	6.246 9	5.995 2	5.759 0	5.537 0	5.328 2	5.131 7	4.946 4	4.771 6
10	9.471 3	8.982 6	8.530 2	8.110 9	7.721 7	7.360 1	7.023 6	6.710 1	6.417 7	6.144 6	5.889 2	5.650 2	5.426 2	5.216 1	5.018 8
11	10.367 6	9.786 8	9.252 6	8.760 5	8.306 4	7.886 9	7.498 7	7.139 0	6.805 2	6.495 1	6.206 5	5.937 7	5.686 9	5.452 7	5.233 7
12	11.255 1	10.575 3	9.954 0	9.385 1	8.863 3	8.383 8	7.942 7	7.536 1	7.160 7	6.813 7	6.492 4	6.194 4	5.917 6	5.660 3	5.420 6
13	12.133 7	11.348 4	10.635 0	9.985 6	9.393 6	8.852 7	8.357 7	7.903 8	7.486 9	7.103 4	6.749 9	6.423 5	6.121 8	5.842 4	5.583 1
14	13.003 7	12.106 2	11.296 1	10.563 1	9.898 6	9.295 0	8.745 5	8.244 2	7.786 2	7.366 7	6.981 9	6.628 2	6.302 5	6.002 1	5.724 5
15	13.865 1	12.849 3	11.937 9	11.118 4	10.379 7	9.712 2	9.107 9	8.559 5	8.060 7	7.606 1	7.190 9	6.810 9	6.462 4	6.142 2	5.847 4
16	14.717 9	13.577 7	12.561 1	11.652 3	10.837 8	10.105 9	9.446 6	8.851 4	8.312 6	7.823 7	7.379 2	6.974 0	6.603 9	6.265 1	5.954 2
17	15.562 3	14.291 9	13.166 1	12.165 7	11.274 1	10.477 3	9.763 2	9.121 6	8.543 6	8.021 6	7.548 8	7.119 6	6.729 1	6.372 9	6.047 2
18	16.398 3	14.992 0	13.753 5	12.659 3	11.689 6	10.827 6	10.059 1	9.371 9	8.755 6	8.201 4	7.701 6	7.249 7	6.839 9	6.467 4	6.128 0
19	17.226 0	15.678 5	14.323 8	13.133 9	12.085 3	11.158 1	10.335 6	9.603 6	8.950 1	8.364 9	7.839 3	7.365 8	6.938 0	6.550 4	6.198 2
20	18.045 6	16.351 4	14.877 5	13.590 3	12.462 2	11.469 9	10.594 0	9.818 1	9.128 5	8.513 6	7.963 3	7.469 4	7.024 8	6.623 1	6.259 3

续表

期数	1%	2%	3%	4%	5%	6%	7%	8%	9%	10%	11%	12%	13%	14%	15%
21	18.857 0	17.011 2	15.415 0	14.029 2	12.821 2	11.764 1	10.835 5	10.016 8	9.292 2	8.648 7	8.075 1	7.562 0	7.101 6	6.687 0	6.312 5
22	19.660 4	17.658 0	15.936 9	14.451 1	13.163 0	12.041 6	11.061 2	10.200 7	9.442 4	8.771 5	8.175 7	7.644 6	7.169 5	6.742 9	6.358 7
23	20.455 8	18.292 2	16.443 6	14.856 8	13.488 6	12.303 4	11.272 2	10.371 1	9.580 2	8.883 2	8.266 4	7.718 4	7.229 7	6.792 1	6.398 8
24	21.243 4	18.913 9	16.935 5	15.247 0	13.798 6	12.550 4	11.469 3	10.528 8	9.706 6	8.984 7	8.348 1	7.784 3	7.282 9	6.835 1	6.433 8
25	22.023 2	19.523 5	17.413 1	15.622 1	14.093 9	12.783 4	11.653 6	10.674 8	9.822 6	9.077 0	8.421 7	7.843 1	7.330 0	6.872 9	6.464 1
26	22.795 2	20.121 0	17.876 8	15.982 8	14.375 2	13.003 2	11.825 8	10.810 0	9.929 0	9.160 9	8.488 1	7.895 7	7.371 7	6.906 1	6.490 6
27	23.559 6	20.706 9	18.327 0	16.329 6	14.643 0	13.210 5	11.986 7	10.935 2	10.026 6	9.237 2	8.547 8	7.942 6	7.408 6	6.935 2	6.513 5
28	24.316 4	21.281 3	18.764 1	16.663 1	14.898 1	13.406 2	12.137 1	11.051 1	10.116 1	9.306 6	8.601 6	7.984 4	7.441 2	6.960 7	6.533 5
29	25.065 8	21.844 4	19.188 5	16.983 7	15.141 1	13.590 7	12.277 7	11.158 4	10.198 3	9.369 6	8.650 1	8.021 8	7.470 1	6.983 0	6.550 9
30	25.807 7	22.396 5	19.600 4	17.292 0	15.372 5	13.764 8	12.409 0	11.257 8	10.273 7	9.426 9	8.693 8	8.055 2	7.495 7	7.002 7	6.566 0

期数	16%	17%	18%	19%	20%	21%	22%	23%	24%	25%	26%	27%	28%	29%	30%
1	0.862 1	0.854 7	0.847 5	0.840 3	0.833 3	0.826 4	0.819 7	0.813 0	0.806 5	0.800 0	0.793 7	0.787 4	0.781 3	0.775 2	0.769 2
2	1.605 2	1.585 2	1.565 6	1.546 5	1.527 8	1.509 5	1.491 5	1.474 0	1.456 8	1.440 0	1.423 5	1.407 4	1.391 6	1.376 1	1.360 9
3	2.245 9	2.209 6	2.174 3	2.139 9	2.106 5	2.073 9	2.042 2	2.011 4	1.981 3	1.952 0	1.923 4	1.895 6	1.868 4	1.842 0	1.816 1
4	2.798 2	2.743 2	2.690 1	2.638 6	2.588 7	2.540 4	2.493 6	2.448 3	2.404 3	2.361 6	2.320 2	2.280 0	2.241 0	2.203 1	2.166 2
5	3.274 3	3.199 3	3.127 2	3.057 6	2.990 6	2.926 0	2.863 6	2.803 5	2.745 4	2.689 3	2.635 1	2.582 7	2.532 0	2.483 0	2.435 6
6	3.684 7	3.589 2	3.497 6	3.409 8	3.325 5	3.244 6	3.166 9	3.092 3	3.020 5	2.951 4	2.885 0	2.821 0	2.759 4	2.700 0	2.642 7
7	4.038 6	3.922 4	3.811 5	3.705 7	3.604 6	3.507 9	3.415 5	3.327 0	3.242 3	3.161 1	3.083 3	3.008 7	2.937 0	2.868 2	2.802 1
8	4.343 6	4.207 2	4.077 6	3.954 4	3.837 2	3.725 6	3.619 3	3.517 9	3.421 2	3.328 9	3.240 7	3.156 4	3.075 8	2.998 6	2.924 7
9	4.606 5	4.450 6	4.303 0	4.163 3	4.031 0	3.905 4	3.786 3	3.673 1	3.565 5	3.463 1	3.365 7	3.272 8	3.184 2	3.099 7	3.019 0
10	4.833 2	4.658 6	4.494 1	4.338 9	4.192 5	4.054 1	3.923 2	3.799 3	3.681 9	3.570 5	3.464 8	3.364 4	3.268 9	3.178 1	3.091 5
11	5.028 6	4.836 4	4.656 0	4.486 5	4.327 1	4.176 9	4.035 4	3.901 8	3.775 7	3.656 4	3.543 5	3.436 5	3.335 1	3.238 8	3.147 3
12	5.197 1	4.988 4	4.793 2	4.610 5	4.439 2	4.278 4	4.127 4	3.985 2	3.851 4	3.725 1	3.605 9	3.493 3	3.386 8	3.285 9	3.190 3

续表

期数	16%	17%	18%	19%	20%	21%	22%	23%	24%	25%	26%	27%	28%	29%	30%
13	5.342 3	5.118 3	4.909 5	4.714 7	4.532 7	4.362 4	4.202 8	4.053 0	3.912 4	3.780 1	3.655 5	3.538 1	3.427 2	3.322 4	3.223 3
14	5.467 5	5.229 3	5.008 1	4.802 3	4.610 6	4.431 7	4.264 6	4.108 2	3.961 6	3.824 1	3.694 9	3.573 5	3.458 7	3.350 7	3.248 7
15	5.575 5	5.324 2	5.091 6	4.875 9	4.675 5	4.489 0	4.315 2	4.153 0	4.001 3	3.859 3	3.726 1	3.601 0	3.483 4	3.372 6	3.268 2
16	5.668 5	5.405 2	5.162 4	4.937 7	4.729 6	4.536 4	4.356 7	4.189 4	4.033 3	3.887 4	3.750 9	3.622 8	3.502 6	3.389 6	3.283 2
17	5.748 7	5.474 6	5.222 3	4.989 7	4.774 6	4.575 5	4.390 8	4.219 0	4.059 1	3.909 9	3.770 5	3.640 0	3.517 7	3.402 8	3.294 8
18	5.817 8	5.533 9	5.273 2	5.033 3	4.812 2	4.607 9	4.418 7	4.243 1	4.079 9	3.927 9	3.786 5	3.653 6	3.529 4	3.413 0	3.303 7
19	5.877 5	5.584 5	5.316 2	5.070 0	4.843 5	4.634 6	4.441 5	4.262 7	4.096 7	3.942 4	3.798 5	3.664 2	3.538 6	3.421 0	3.310 5
20	5.928 8	5.627 8	5.352 7	5.100 9	4.869 6	4.656 7	4.460 3	4.278 6	4.110 3	3.953 9	3.808 3	3.672 6	3.545 8	3.427 1	3.315 8
21	5.973 1	5.664 8	5.383 7	5.126 8	4.891 3	4.675 0	4.475 6	4.291 3	4.121 2	3.963 1	3.816 1	3.679 2	3.551 4	3.431 9	3.319 8
22	6.011 3	5.696 4	5.409 9	5.148 6	4.909 4	4.690 0	4.488 2	4.302 1	4.130 0	3.970 5	3.822 3	3.684 4	3.555 8	3.435 6	3.323 0
23	6.044 2	5.723 4	5.432 1	5.166 8	4.924 5	4.702 5	4.498 5	4.310 6	4.137 1	3.976 4	3.827 3	3.688 5	3.559 2	3.438 4	3.325 4
24	6.072 6	5.746 5	5.450 9	5.182 2	4.937 1	4.712 8	4.507 0	4.317 6	4.142 8	3.981 1	3.831 2	3.691 8	3.561 9	3.440 6	3.327 2
25	6.097 1	5.766 5	5.466 9	5.195 1	4.947 5	4.721 3	4.513 9	4.323 2	4.147 4	3.984 9	3.834 2	3.694 3	3.564 0	3.442 3	3.328 6
26	6.118 2	5.783 1	5.480 4	5.206 0	4.956 3	4.728 4	4.519 6	4.327 8	4.151 1	3.987 9	3.836 7	3.696 3	3.565 6	3.443 7	3.329 7
27	6.136 4	5.797 5	5.491 9	5.215 1	4.963 6	4.734 2	4.524 3	4.331 6	4.154 2	3.990 3	3.838 7	3.697 9	3.566 9	3.444 7	3.330 5
28	6.152 0	5.809 9	5.501 6	5.222 8	4.969 7	4.739 0	4.528 1	4.334 6	4.156 6	3.992 3	3.840 2	3.699 1	3.567 9	3.445 5	3.331 2
29	6.165 6	5.820 4	5.509 8	5.229 2	4.974 7	4.743 0	4.531 2	4.337 1	4.158 5	3.993 8	3.841 4	3.700 1	3.568 7	3.446 1	3.331 7
30	6.177 2	5.829 4	5.516 8	5.234 7	4.978 9	4.746 3	4.533 8	4.339 1	4.160 1	3.995 0	3.842 4	3.700 9	3.569 3	3.446 6	3.332 1

参 考 文 献

[1] 财政部会计资格评价中心. 财务管理[M]. 北京：经济科学出版社，2018.
[2] 中国注册会计师协会. 财务成本管理[M]. 北京：中国财政经济出版社，2018.
[3] 王满. 财务管理基础[M]. 2版. 大连：东北财经大学出版社，2018.
[4] 薄建奎，田欣欣. 财务管理基础[M]. 大连：东北财经大学出版社，2018.
[5] 陈宏桥，张俐娟，向美英. 财务管理实务[M]. 2版. 大连：东北财经大学出版社，2018.
[6] 吴宗奎，宋建涛. 财务管理[M]. 3版. 北京：中国人民大学出版社，2018.
[7] 金佳，陈娟. 财务管理实务[M]. 2版. 北京：中国人民大学出版社，2018.
[8] 蒋葵. 中级财务管理[M]. 武汉：武汉理工大学出版社，2018.
[9] 魏永宏. 高级财务管理[M]. 北京：电子工业出版社，2018.
[10] 杨欣，刘银楼. 企业财务管理[M]. 2版. 上海：立信会计出版社，2018.
[11] 闫华红，邹颖. 财务管理学[M]. 北京：首都经济贸易大学出版社，2018.